타인을 읽는 말

| 4가지 상징으로 풀어내는 대화의 심리학 |

타인을 읽는 말

로런스 앨리슨·에밀리 앨리슨 지음 | 김두완 옮김

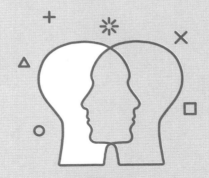

Rapport: The Four Ways to Read People

흐름출판

말은 하지만
대화하지 않는 사람들

에밀리 1996년, 당시 스물두 살이던 나는 남자 네 명과 교도소에서 운영하는 정신 병원의 승강기 안에 있다. 네 사람 모두 폭력 혐의로 유죄 선고를 받았고, 정신 건강에 문제가 있었다. 나는 그들을 감시하는 경비원 겸 간병인이었다.

우리는 포켓볼을 치러 시설 지하에 위치한 레크리에이션실에 가고 있다. 레크리에이션실에 간다는 건 보안동을 지나 기밀식 보안문세 곳을 통과한 뒤 좁고 불빛이 환한, 표백제 냄새가 진동하는 승강기를 타고 지하로 내려간다는 뜻이다. 승강기는 옛 영화에서나 등장할 법한 크고 오래된 철제 부엌 트롤리처럼 생겼다.

난 승강기 뒤쪽 제어판 옆에 서 있고 남자들은 내 앞쪽 공간에 한데 몰려 있다. 이들 모두 시설로 오기 전에 정말 끔찍한 짓을 저지른 범죄자들이었다. 그럼에도 그때까지는 그들과 일하는 게 즐거웠다. 그들에게서 재미있고, 뭔가 별나면서도, 예의 바른 모습을 발견하곤 했다.

　먼저 월은 잔혹한 강간을 다섯 차례 저질렀다. 그가 자신의 손에 있는 다섯 개의 작은 별 문신을 만지작거리는 모습을 보면 기분이 꺼림칙했다. 월은 '자신의 과오를 상기하려고' 새긴 문신이라고 변명했지만, 선배 심리학자는 그 문신이 자신의 범죄를 되새기려고 마련한 트로피에 가깝다고 설명했다. 월 옆에 서서 몸을 어색하게 가누고 있는 이는 아이작이다. 덩치는 좋으나 말솜씨가 형편없었던 그는 연로한 아버지를 목 졸라 죽였다. 아이작은 보통 발치만 내려다보다가 누가 말을 걸어야만 몇 마디를 하곤 했다. 몇 시간 동안 카드놀이를 해도 말수가 적은 편이었다.

　"B층 버튼 눌러 줄래요?" 세 번째 남자인 찰스에게 부탁한다. 그당시 열여덟 살이던 찰스는 멀쑥한 외모와 달리 조현병 환자로 불을 지르는 버릇이 있었다. 집 근처 잔디에 수차례 방화를 하다 결국은 자기가 다녔던 초등학교 건물에 불을 냈다. 다행히 그때가 일요일 아침이어서 학교에는 아무도 없었지만 수십만 달러에 달하는 피해가 발생했다. 경찰이 그를 발견했을 때, 운동장 그네에서 학교가 불타는 광경을 태연히 보고 있었다고 한다. 찰스는 평소 아주 예의 바르고 정감 가는 사내다. 그러나 가끔 식당 벽에 설치된 온도 조절 장치에 대고 알 수 없는 농담을 건네곤 했다.

"그럼요." 그가 B층 버튼을 누르면서 답한다. 문이 '쉿' 소리를 내며 닫힌다.

그들은 불안할 만큼 조용하다. 병동에서 그들 사이에 내가 모르는 불평이 오갔던 걸까? 평범한 대화나 우스갯소리조차 한마디 없다. 승강기가 내려가는 내내 긴장감이 감돈다. 마침내 승강기가 멈추고 문이 열린다. 그들 중 세 사람이 내리고, 한 사람은 그대로 있다.

네 번째 남자는 제롬이다. 승강기 출입구에 거대한 비석처럼 서 있는 그는 키가 180센티미터가 넘는 데다 몸무게도 100킬로그램에 달했다. 제롬 역시 조현병 환자로 방화범 찰스보다 훨씬 더 위험한 인물이었다. 환자 기록에도 폭력적이고 화를 잘 낸다고 되어 있었다. 열아홉 살이 되던 해에 이웃 여성이 비밀 정보기관을 위해 자신의 대화를 녹음한다며 무참히 살해했다. 그는 오후 세 시에 옆집을 찾아가서 문을 두드린 후, 피해자가 모습을 드러내자마자 장도리로 머리를 열두 차례나 내리쳤다. 피해자의 나이는 여든두 살이었다.

"제롬, 가요, 우리 가야죠." 난 말은 이렇게 하면서도 머릿속으로는 지원을 요청하는 무선 암호가 뭐였는지 떠올린다.

제롬이 "아니에요, 여성분 먼저." 하고 답한다. 그의 얼굴에 다소 불길한 미소가 번지는 듯하더니 내게 지나가라는 손짓을 한다.

"제롬," 난 소름이 돋은 채 말한다. "규칙 알잖아요. 내가 마지막으로 내려야 한다는 거, 기억하죠?"

"네, 그래도 규칙은 싫어요." 그의 얼굴빛이 갑자기 어두워졌다.

나와 맞서려고 한다. 난 손가락 하나는 문 정지 버튼에 두고, 또 다른 손가락 하나는 무전기 위에 둔다. "알아요, 제롬. 그래도 우리 모두 규칙을 지켜야 해요. 당신이 내리지 않으면 나도 못 내려요. 그렇게 해야 해요." 난 이렇게 말하면서 침착하려고 애쓰지만, 공포로 말미암아 입안이 텁텁하고 떫은맛으로 가득찬다. "가서 우리 포켓볼이나 칩시다, 어서. 여기 가만히 있는 것보다 그게 더 재밌을 것 같은데요?" 난 평정을 잃지 않으려고 애쓰면서 그를 보며 긴장된 미소를 띤다.

꽤 오랫동안 정적이 흐른 뒤에도 그는 여전히 나를 바라본다. 그의 눈은 커지고 입술은 화가 난 듯 얇아져 있다. 그 순간 그가 폭력을 휘두르면 어쩌나 하는 생각이 머리를 스친다. 하지만 나는 여유로운 척하느라 무진 애를 쓴다. 내 심장이 너무 세차게 뛰어서 그가 그 소리를 듣지 못한다는 게 신기할 지경이다.

"제롬이 그렇게 해야 나도 움직여요." 난 그를 응시하면서 조용하면서도 단호하게 말한다.

그는 얼굴을 일그러뜨리며 나를 노려본다. 두 눈은 어둡게 빛난다. 그러더니 내게 다가와 거친 숨을 쉬며 내려다본다. 그의 두 손이 옆구리 쪽에서 떨리는 게 보인다.

난 생각한다. '무전기를 잡을 수 있겠어? 아냐! 지금 무전기를 잡으면 끝이야. 이 승강기에서 나를 패 죽일 거라고! 사람들이 오는 데 2분은 걸리는데 난 30초 안에 죽는 거지. 저 녀석 손을 보라고! 망치나 다름없어!'

제롬은 몸을 구부리더니 내 얼굴에 대고 '쉬' 하는 소리를 낸다. "난 여자가 나한테 뭘 하라고 말하는 게 싫어요. 그것 때문에 힘들다고요. 당신은 그걸 명심해야 해요." 그는 그렇게 으르렁거리며 손가락으로 내 얼굴을 쿡쿡 찌른다.

"그래요, 그렇게 할게요, 제롬, 약속할게요." 난 가슴을 졸이며 계속 제롬의 눈을 쳐다보고 침착하게 이야기한다.

그러자 돌연 그가 몸을 돌리더니 레크리에이션실로 걸어간다.

난 분노를 삭이며 떨리는 두 손을 다잡은 뒤 보조 직원에게 무전을 보낸다. 그리고 그에게 내려와서 남자들을 보안동으로 데려갈 때 도와달라고 부탁한다. 그날 이후 병원은 환자가 세 명 이상 함께 이동할 때는 반드시 경비 두 명이 동행하도록 방침을 변경했다.

그날 내가 얻은 교훈은 그게 전부가 아니었다.

확신하건대 그날 그에게 목소리를 높여 내 요구에 따르라고 강요하거나 지원 요청을 하려고 무전을 시도했다면, 전혀 다른 결말을 맞았을 것이다. 제롬은 내가 자기에게 이래라저래라 하는 걸 원하지 않았다. 그래서 난 그렇게 하지 않았다. 한편 제롬은 내가 그에게 등을 보이길 내심 기대했지만, 난 그렇게 하지 않았다. 그 대신 침착하고 조용하게 내 자리를 지켰다.

무엇보다 우리가 대화하는 동안 그가 나를 그저 장애물이나, 적으로 보는 게 아닌, 오로지 한 인간으로 볼 수 있도록 관계를 유지하는 데 신경을 썼다. (속이 완전히 뒤집히는데도) 자신 있고 침착한 모습을 보이며 (마음속으로는 살려 달라고 외치는데도) 조용하면서도 단호한 말투를 유지함으로써 제롬을 자극하지 않았다. 가장 중요한 점은 그에게 내 요구(이 승강기에서 내리는 것)에 따르라고 강요하지 않았고, 그가 원하는 바(이래라저래라 하는 말을 듣지 않는 것)를 끈기 있게 경청했다는 것이다.

물론 이는 범죄심리학을 한참 공부하고 나서야 내린 평가다. 당시에는 내가 사용하던 그 어떤 심리 기술도 전혀 의식하지 못했다. 그저 직감적인 본능으로 승강기에서 빠져나오려고 했다. 지금 와서 그날을 돌이켜 보면, 내가 승강기에서 빠져나오기 위해 사용했던 전략이 이 책에서 다룰 라포르rapport였다.

내가 제롬에게 말한 방식은 우리 사이에 보이진 않지만 강한 유대관계를 거미줄처럼 엮어 주었다. 그래서 그가 그 순간 나를 해치려는 마음이 들지 않게 했고, 결국 우리는 서로의 자존심을 상하지 않은 채 온전한 상태로 걸어 나올 수 있었다. 그가 나를 거기에 잡아 두려고 마음만 먹었다면, 내겐 그를 막을 방법이 없었다. 내가 만약 무전으로 지원 요청을 보냈다면, 십중팔구 우리는 바닥에서 잠시 시간을 보내야 했을 것이다.

이처럼 극한 상황에서도 유대관계를 맺을 기회가 있다. 우리 부부가 발견한 바에 따르면, 당신이 누군가와 한번 유대관계를 맺으면 상대방이 당신을 적이라고 여기더라도 당신을 공격하기 어려워진다. 그리고 당신과 논쟁을 벌이거나 거짓말하기도 어려워진다. 지금부터 살펴보겠지만 라포르 전략은 그 어떤 대화, 설득, 압박 기술(심지어 고문까지도)보다 효과적이다. 심리학자이자 프로파일러로서 우리는 20여 년 동안 라포르 전략을 실행하는 효과적인 공식을 연구하고 이를 현실에 적용해 왔다. 우리가 찾은 공식들은 10대 자녀와 대화할 때는 물론이고 직장 동료, 비즈니스 관계에도 효과를 발휘하며 범죄자, 테러리스트를 회유하는 데도 탁월한 효과를 증명했다.

라포르, 타인의 마음을 여는 열쇠

라포르는 자주 쓰면서도 정의하기 힘든 용어다. 누군가와 라포르를 맺었다는 건 무슨 뜻일까? 대체로 두 사람이 관계를 맺거나 서로 '딱' 맞을 때 '라포르를 형성했다'고 말한다. 사전에서는 라포르에 대해 동의, 상호이해, 공감 등을 특징으로 하는 조화로운 관계라고 정의한다. 쉽게 표현하자면 두 사람이 서로 '통했을' 때 형성되는 게 라포르다.

이 정도면 아주 간단하고 어렵지 않게 들린다. 정의하긴 어려워도 라포르가 있을 때와 없을 때의 차이 정도는 파악할 수 있을 것 같다. 하지만 누군가와 라포르를 맺었다면 그걸 **어떻게** 맺게 됐는지 알 수 있을까? 그리고 라포르가 끊어졌다면 **왜** 그랬는지 이해할 수 있을까? 누군가와 라포르를 맺을 수 없을 것 같다면 **무엇** 때문에 그렇게 판단한 걸까?

성공적인 대인관계의 바탕에는 대부분 라포르가 있다. 그리고 우리는 자신도 모르는 사이에 사람들과 매일 라포르를 형성하고 유지하며 살아간다. 처음 만난 이들과 날씨로 수다를 떠는 것부터 친밀한 사람들과 복잡다단한 상호작용을 하는 것까지, 이 모두가 관계를 설정하고 지속하는 라포르 맺기에 해당한다. 하지만 사람들 대부분이 라포르를 형성하는 핵심 요소나 공식을 알지는 못한다. 오히려 라포르를 맺는 방법을 타고난 성격의 문제로 여기는 경우가 많다. "그 친구는 참 사교적이야." 하는 식으로 말이다.

타고난 성격과는 무관하게 라포르를 형성하는 방법을 배울 수는 없을까? 심리학자로서 연구한 결과에 근거해 말하자면 그것은 가능하다. 라포르를 형성하는 요소를 이해하고 공식을 파악하면 모든 인간 관계를 더 긍정적으로 이끌 수 있다. 우리가 이 책에서 소개할 라포르 전략은 공감하고 적응하는 능력이자 확실한 효과를 발휘하는 융통성 있는 대인 기술이다.

CIA가 우리를 찾아온 이유

자신의 계획이나 관점에 초점을 맞추기보다 상대의 이야기를 경청하고 이해하는 노력을 기울이는 것이 라포르 형성의 첫걸음이다. 말이 쉽지 우리 부부를 비롯해 사람들 대부분에게 이건 그리 간단치 않은 도전이다. 모임에서 가장 시끄럽고 집요하게 굴어서 주도권을 잡는 데 익숙한 사람들에겐 특히 그렇다. 때론 상대의 요구를 듣고 이해하는 게 자신이 바라는 바를 얻기 위한 계획된 전략처럼 느껴져 거부감이 들 수도 있다. 하지만 상대방의 이야기를 들어야 그 사람의 목표를 이해하고 자신과 생각이 같은지 다른지를 헤아릴 수 있다. 상대방의 요구를 이해해야 타협점을 찾을 수 있을지, 아니면 자신의 이익을 지키면서 갈등을 감수해야 할지를 결정할 수 있다.

라포르는 '~을 다시 가져오다, 알리다'라는 뜻의 프랑스어 'rapporter'에서 유래했다. 마치 CIA나 MI6에서 쓸 것 같은 용어로 우리 부부가 해 온 일이 이와 비슷하다. 우리는 면담 대상자(범죄자, 테러리스트, 조력자 등)에게서 믿을 수 있는 증거나 정보를 얻는 방법을 정보기관과 경찰, 군인 등에게 조언하는 일을 해 왔다. 이들과 일하면서 라포르가 성공적인 관계의 기반이 될 뿐 아니라 스파이와 같은 까다로운 사람에게서도 정보를 얻어 낼 수 있는 최선의 방법임을 실증적으로 확인할 수 있었다. 이 책에 담긴 접근법은 어떤 전략이 사람들의 마음과 입을 열게 만드는지를 둘러싼 과학적 조사를 토대로 한다. 할리우드 영화가 (그리고 일부 정치인이) 우리에게 알려 준 것과 달리, 그 모범답안은 가족을 위협하거나 얼굴에 주먹을 갈기거나 물고문을 하는 따위의 방식이 아니다.

2012년에 우리는 미국 정부로부터 주요억류자신문그룹High-Value Detainee Interrogation Group(이하 HIG)의 일원으로서, 테러 용의자에게서 증언, 정보, 증거를 얻어 내는 효과적인 전략을 연구해 달라는 요청을 받았다. HIG는 테러 용의자에 대한 신문 방식의 개선을 목표로 2009년에 버락 오바마 미국 대통령이 만든 전문 조직이다. HIG는 모범적인 신문 전략을 연구하고 그 조사 사례를 보관하는 저장고 역할을 한다. FBI, CIA, 국방부, 국토안전부, 국가안전보장회의 등 미국 정부 기관의 관계자로 구성되어 있고, 신문에 관한 과학 연구에서 중추 역할을 하고 있다.

우리 부부가 맡은 연구는 '고문의 대안'을 찾는 것이었다. 당시 미국은 테러 용의자에게 불법감금과 고문을 자행했다는 사실이 드러나 곤욕을 치르고 있었는데, HIG는 범죄 용의자 인터뷰를 통해 지금까지 자신들이 써 온 방식(정신적, 신체적 압박과 고문)이 실제로 효과가 있었는지를 검증하고 싶어 했다.

우리는 먼저 이른바 '고강도 신문 기법'과 같은 혹독한 기법의 효과를 조사했는데, 결과적으로 그런 전략은 전혀 효과적이지 않았다(이때 전략이란 수면 박탈, 자세 압박, 훈육에 관련된 소음 노출 등은 물론이고 벌레로 채운 상자에 넣기, 물고문까지 광범위하다).[1] 끽해야 왜곡된 정보를 얻거나, 대다수는 가치 있는 정보를 전혀 끌어내지 못했다. 또한 고문은 보안 기관과 심리학자들에 대한 평판을 바닥으로 떨어뜨렸고, 세상을 더 안전한 곳이 아닌 위험한 곳으로 만들었다.[2] 다행히 미국과 영국의 정보기관은 변화하려는 열망과 함께 현명하고 솔직하게 접근하고자 하는 열의가 있었다. 물론 아프가니스탄과 이라크 전쟁 당시 자행됐던 고문 사건을 아는 독자라면, 이를 신뢰하지 못할 수도 있다.

하지만 우리를 비롯하여 다수의 연구자가 확인한 결과, 실력 있는 신문 전문가는 이미 라포르 맺기 같은 일종의 관계를 형성하는 설득 방법이 정보를 얻을 수 있는 가장 신뢰도 높은 방편이란 사실을 인지하고 있었다. 그런 전문가들은 힘과 강압으로 말미암은 폐해를 이해하며, 고문의 사용을 지지하거나 받아들이지 않았다.

그럼에도 고문이 취조실에서 자행된 이유는 전문가들이 갑자기 소매를 걷어 올리고 비장의 무기를 꺼내 들었기 때문이 아니다. 사기꾼과 이른바 초짜 전문가가 전투 상황을 거대한 생체 실험장으로 활용했기 때문이다. 재차 강조하지만, 고문은 필요악이 아니라 완벽한 무용지물임을 연구를 통해 확인했다. 이라크 아부그라이브 교도소와 관타나모 수용소 캠프 엑스레이의 어둡고 탁한 학대 장소에서 자행된 고문은 포로를 설득하거나 그들에게서 정보를 얻어 내는 데 철저히 실패했다.

그렇다고 테러 용의자에게 따뜻한 차와 비스킷을 건네면 그들이 술술 입을 열까? 효과가 없기는 마찬가지다. 주도권을 잡고 자백을 얻어 내야 하는 상황이 있고, 생사가 걸린 정보를 얻어 내야 할 때도 있다. 이런 상황에서 목적을 이루고자 '그 어떤 수단'이라도 쓰고 싶은 충동이 강하게 드는 것은 당연하다.

이러한 이유 때문에 우리가 HIG에 제시할 대테러 심리 모델은, 법을 준수하고, 우리가 심리학자로서 맹세한 도덕적 의무를 따르는 것은 물론이고 과학적 증거가 뒷받침되며, 확실한 효과 또한 있어야 했다. 문제를 고치지 않는 방법을 말하는 것만으론 문제를 풀 수 없다. 실행 가능한 해결책을 제시해야 했다.

안타깝게도 학술 연구는 해결책에 초점을 맞추지 않는다. 그래서 우리 두 사람은 학술 집단만 이해하는 개념을 논하기보다 최전선의 실무자가 활용할 수 있는 전략을 만들기로 했다. 우리 작업은 실제 세계에서, 실제 사람들에게 도움을 줄 수 있어야 했다. 학생들이 돈 몇 푼 받고 테러리스트 역할을 연기하면서, 경찰 역할을 연기하는 또 다른 학생에게 정보를 내줄 수 없다고 거부하는 식의 역할 실험 정도로는 해결할 수 없는 문제였다.

그래서 우리는 진짜 테러리스트와 진짜 조사관을 만나기로 했다. 전 세계 각국에서 유죄 판결을 받은 테러범을 대상으로 진행된 경찰과 정보 당국 인터뷰의 데이터 세트에 접근할 권한을 요구했고 곧이어 승인을 얻어 냈다.

사실 HIG와 일하기 전에 이미 영국에서는 우리가 만든 라포르 전략을 다양한 이슈, 예컨대 자식과 갈등을 빚는 부모를 교육하고 강력 범죄자(살인범, 강간범, 강도 등)를 신문하는 데 적용하고 있었다. 하지만 동일한 접근법이 테러리스트에게도 정말 통할까? 탁자 맞은편에 있는 상대의 모든 걸 증오하는 사람이 라포르 전략에는 반응할까?

답을 찾기 위해 2,000시간 넘게 정보기관은 물론이고 각국의 검찰, 경찰과 협업하며 우리의 방법을 시험했다. 결과는 놀라웠다. 라포르 모델은 적대적인 상호관계 속에서도 탁월하게 기능했다. 또한 범죄자가 기밀 정보, 증거가 되는 유의미한 정보를 넘기는 비율을 크게 높였다. 라포르는 상대의 입을 열게 하는 보증서는 아니었지만, 부담스러운 상황에서도 취조관이 성공을 거둘 수 있는 최고의 기회를 만들었다.[3]

4가지 상징으로 타인을 읽다

우리는 연구 결과에 크게 놀랐지만 한편으로는 겸허해졌다. 수많은 경찰, 군인, 취조관이 우리 전략이 취조 대상자와 맺은 관계뿐 아니라 개인적 관계까지 돌아보게 만들었다고 보고했다. 실제로 그들은 배우자, 10대 자녀, 상사와의 까다로운 대화 상황에 우리에게서 배웠던 기술을 적용하여 효과를 보았다고 했다.

우리 부부는 이처럼 라포르의 다양한 활용 범위를 확인하고 이 책을 쓰기로 마음 먹었다. 이 책에서는 라포르 형성에서 중요한 두 가지 측면을 다룬다. 1부에서는 솔직함honesty, 공감empathy, 자율성autonomy, 복기reflection 등 라포르 전략의 네 가지 기본 원칙(HEAR 대화 원칙)을 소개한다. HEAR 대화 원칙은 타인과의 소통 능력을 키우고 자신이 바라는 결과를 얻을 수 있는 기회를 늘려 준다. 2부에서는 의사소통 유형 네 가지를 다룬다. 우리는 각각의 의사소통 유형을 이를 상징하는 각 동물에 대입해 설명한다. 요약하면 다음과 같다.

- **대립의 티라노사우루스** : 말다툼을 하거나 이의를 제기할 때 솔직하고 숨김없이 이야기한다. 단, 공격하거나 빈정대거나 가혹하게 굴기도 한다.
- **순응의 쥐** : 패배를 인정하거나 존중을 표현해야 할 때 겸허함과 인내심을 보인다. 단, 유약하고 이도 저도 아닌 모습을 보이기도 한다.

- **통제의 사자** : 좋은 리더는 태도를 확고히 하고, 책임을 지며, 계획을 세우고, 다른 사람을 지지한다. 단, 부담을 주거나 독단적이거나 융통성 없게 행동하기도 한다.
- **협력의 원숭이** : 온정과 배려와 유대를 보인다. 단, 과도한 친근감이나 부적절한 친밀감을 보이기도 한다.

2부에서 이 유형을 하나씩 살펴보고 어떤 상황에서 어떤 동물을 활용할지 알아본다. 당신은 어떤 '동물의 방식'이 자신과 가장 닮았는지 확인할 수 있고, 이를 바탕으로 대인 기술을 키울 수 있다.

라포르 전략은 자백을 100퍼센트 받아 내거나 누가 얼마나 거짓말을 하는지 꿰뚫어 보는 기술이 아니다. 첩보 영화와 달리 자백을 확실히 보장하는 기술이나 약물은 이 세상에 존재하지 않는다. 하지만 우리의 방식은 유용한 정보를 얻을 수 있는 기회를 상당히 늘려줄 것이다.

경찰 취조를 연구한 결과를 보면, 경험이 많은 범죄자 대부분은 취조를 받는 일에 익숙한 데다 취조 과정에서 정보를 내놓을 의향이 전혀 없다. 가장 흔한 예로, 어떤 범죄자는 녹음기가 켜지자마자 후드 점퍼의 지퍼를 말 그대로 입 부위까지 바짝 올리고는 그 상태로 취조가 끝날 때까지 가만히 있었다. 이런 상대에게도 라포르 전략이 통할까? 상대가 말할 생각이 전혀 없다면 그런 노력을 들이는 게 무슨 소용이 있을까?

흥미롭게도 뻔뻔하고 경험이 많은 범죄자조차 라포르에 기반한 원칙에 따라 대했을 때 변화를 보였다. 이들은 녹음기에는 끝까지 한 마디도 하지 않으려고 했지만, 녹음기를 끄면 수사관에게 기밀 정보를 털어놓았다. 군인 출신의 어떤 살인자는 지도를 요청해 세 곳에 동그라미를 그리고는 그 지도를 경찰관에게 건네기도 했다(경찰은 각 장소에서 시체를 찾을 수 있었다). 그 당시 경찰은 살인범이 '전쟁' 중일 때 '사망한 자는 돌려주어야 한다'는 원칙을 존중해 시체 유기 장소를 밝힌 것으로 파악했다. 중요한 건 그가 아무것도 털어놓을 필요가 없었음에도 취조관과의 사이에 형성된 존중감과 자신의 '가치'에 따라 범죄 증거를 내놓기로 결심했다는 점이다. 아마 이런 현상이 믿기지 않겠지만 라포르 전략은 지금도 취조실에서 범죄나 테러리스트 조직을 파악하는 데 중요한 역할을 하고 있다.

라포르 전략은 일상생활에서도 유용하게 활용할 수 있다. 우리 부부는 둘 다 심리학자로 라포르 형성에 관한 한 전문가다. 또한 결혼 이후 20년 넘게 함께 살고 있다. 우리는 지금도 서로에게 라포르 전략을 쓰고 있으며 여전히 잘 먹힌다. 우리의 10대 자녀에게도 효과적이다(아이가 우리한테 역으로 쓸 때도 마찬가지다!). 속임수나 복잡한 수싸움을 하지 않아도 효과가 있다는 것이 라포르 전략의 장점이다. 심지어 상대가 자신을 설득하려고 수를 쓰고 있다는 것을 알고 있더라도 유용한 효과를 발휘한다.

한 가지 주의할 점이 있다. 이 책은 상대방을 설득해서 그 사람이 필요하지 않거나 원하지 않는 것을 사게 하는 방법을 다루지 않는다. 상대를 속여서 그 사람이 정말 말하고 싶어 하지 않는 속내를 억지로 끄집어내는 방법을 다루지도 않는다. 당신이 책 내용을 제대로 이해했다면 상대방이 중고차 전시장을 막 나설 때처럼 '방금 무슨 일이 있었던 거지? 내가 판매원 손에 놀아난 거야?' 하며 자리를 떠나게 해서는 안 된다.

라포르 전략이란, 당신이 자리를 뜨자마자 사라지는 겉만 멀쩡한 단기성 속임수가 아니다. 상대방과 진정한 관계를 맺는 것이다. (그렇다고 테러리스트와 친구가 되란 뜻은 아니다.) 상대가 어떻게 행동하는지와 상관없이 존중, 존엄, 동정을 보일 때 진정한 라포르가 형성된다.

그렇다면 우리가 라포르를 통해 얻는 건 무엇일까?

라포르로 얻을 수 있는 것

개인적·직업적 인간관계의 깊이와 의미는 신체 건강은 물론이고 정신 건강에도 직접적인 영향을 미친다. 이는 라포르 전략을 배우는 데 관심을 가질 만한 아주 좋은 이유다.[4] 이 책을 통해 라포르 전략을 자유자재로 쓸 수 있다면, 다음과 같은 효과를 얻을 수 있다.

- 새로운 친분과 관계를 만들고 사회적 고립을 막을 수 있다.
- 배우자, 자녀, 친구, 부모와의 관계를 더 탄탄하고 더 깊이 있게 만들 수 있다.
- 한층 더 향상된 의사소통 능력으로 할 말은 하면서도 동료, 관

리자, 주요 고객과 효과적인 비즈니스 관계를 펼칠 수 있다.

- 동의할 수 없는 상황에서도 상대에 대한 이해도를 높이고, 어렵고 까다로운 상황을 부정적 방향이 아닌 생산적 방향으로 이끌 수 있다.

라포르 전략은, 당신에게 건강한 인간관계의 기반이자 효과적인 의사소통을 위한 비밀무기가 되어 줄 것이다. 이제 이에 대해 하나씩 알아보자.

— 로런스 앨리슨, 에밀리 앨리슨

차 례
Contents

2부

4가지 상징으로 타인을 읽는 법

애니멀 서클

△

+

□

1부

❋

○

✕

마음을
움직이는 말

HEAR 대화 원칙

1장

간절할수록 신중하게,
궁금할수록 솔직하게

단어―사전 안에서는 아주 순수하고 무력한데,
그것들을 조합할 줄 아는 이의 손에서는
좋건 나쁘건 어찌나 강해지는지.

― 너새니얼 호손Nathaniel Hawthorne

"당신이 살인자라면 좋겠어!"

로런스 1993년, 대학교를 갓 졸업한 나는 길퍼드에 위치한 작은 사무실에서 종이로 꽉 찬 검은 상자 여섯 개와 마주했다. 법심리학자로서 처음 마주한 사건 서류들이었다. 상자 옆면에는 검정 마커펜으로 각각 "R-v-스태그Stagg"라고 적혀 있었다. 콜린 스태그Colin Stagg는 레이철 니켈이란 여성을 살해한 혐의를 받던 유력 용의자였다. 레이철은 당시 두 살배기 아들 알렉스와 산책을 나갔다가 아들 앞에서 마흔일곱 차례나 칼에 찔려 사망했다. 발견 당시 알렉스는 "엄마, 일어나." 하고 애원하면서 피범벅이 된 엄마 몸에 매달려 있었다. 경찰은 목격자 진술을 받았지만 용의자를 특정하지 못했다. 그래서 경찰은 폴 브리튼Paul Britton(영국 경찰과 많은 사건을 협업했던 심리학자 겸 유명 프로파일러)이 작성한 '가상의 범죄 프로파일'에 따라 범죄자를 추적했다.[1]

폴 브리튼이 작성한 가상의 범죄자 프로파일에 따르면, 용의자는 비정상적인 성적 관심을 보이는 외톨이며, 사건 현장 근처에서 사는 20대 후반에서 30대 초반 남자로 추정됐다. 그래서 경찰은 해당 지역에서 프로파일을 토대로 용의자를 찾아다녔고 콜린 스태그가 그 프로파일과 딱 맞아떨어졌다. 스태그는 사건 현장과 가까운 로햄턴 지구에 혼자 살았고, 주기적으로 사건 현장 근처로 개를 산책시켰다. 그는 술과 약물을 하지 않았지만, 스스로도 인정한 외톨이였다. 서른 살이 될 때까지 성적 경험이 없었고 그래서 연애를 간절히 원했다.

심증은 있지만 물증이 없었던 경찰은 ('에드젤 수사'라고 알려진) 잠복 수사를 시작했다. 살인자만이 알 만한 증거를 스태그가 스스로 드러내도록, '리지 제임스'라는 코드명을 가진 잠복 수사관이 스태그에게 접근했다. 처음에는 편지로, 그다음에는 통화로, 결국에는 몇 차례 만남으로 이어졌고 마침내 스태그의 자백을 받아 냈다. (경찰들이 그의 작은 아파트를 수색했을 때 그곳에 있던 방 하나를 보고 크게 동요했다. 방 전체가 검은색으로 페인트칠이 되어 있었고, 악마나 사탄의 이미지로 보이는 그림들이 하얀 분필로 그려져 있었기 때문이다.)

나는 이 사건의 몇몇 특이점을 검토해 달라는 요청을 받았다. 법심리학자 자격으로 처음 의뢰받은 사건이었다(그 당시 나는 20대 초반이었다). 내가 이 사건을 맡았다고 알려지자 대학 선배였던 경찰관이 내게 금기 사항이라며 충고를 했다. "런던 경찰국에서는 이 사건을 매우 중요하게 다루고 있어." 그의 말은 단호했다. "만약 네가 용의자 편에 선다면, 단언컨대 넌 영국 경찰과 다시는 일하지 못할 거야." 이런 주의를 받고도 나는 내 생각대로 밀고 나가야 한다는 느낌을 받았다.

주로 검토 요청을 받은 부분은 스태그와 잠복경찰 리지 제임스 간에 오간 반응이었다. 여기에는 두 사람 사이에 오간 모든 편지와 통화, 만남에 대한 세밀한 분석이 포함됐다. 나는 자료를 꼼꼼히 살펴보면서 용의자가 경찰에게 이끌려 본성을 드러낸 흉포한 강간범이자 살인범인지, 아니면 꼬임에 빠져 마음에 없는 이야기를 지어낸 순진한 사람인지 궁금했다.

근 25년이 지난 지금도 나는 이 고통스러운 사건에 대해 선명히 기억한다. 특히 두 가지가 그렇다. 나는 범죄 현장을 담은 사진을 모두 갖고 있었는데, 사진들은 그 범죄를 시각적으로 자세히 설명해 줬다. 이 끔찍한 이미지들과 함께 레이철 니켈이 살해당한 장소를 원거리에서 찍은 마지막 사진이 이상하게도 내 기억 속에 각인되어 있다. 살해 현장이었던 윔블던 커먼 끝자락에 위치한 풍차 주차장에서 공중 촬영된 기괴한 사진이었다.

주차장을 굽어보는 인상적인 외관의 풍차가 그림자를 드리우고 그 속에 차량 한 대가 서 있는데, 그 차 주인이 레이철이었다. 이 일상적인 이미지가 내게는 극도로 슬픔을 안겨 주었다. 그건 고립의 이미지였다. 풍차라는 힘없는 감시병의 그림자에 포획된 자동차 한 대. 나는 그 당시 사진을 보며 레이철과 알렉스가 그 차에서 내려 기분 좋게 산책하고 그리로 다시 돌아올 거라고 여겼겠지, 하고 생각했던 걸 기억한다. 더없이 평범한 일상이 생각지도 못한 공포와 참화로 끝나다니 정말 끔찍하구나, 하고 생각했던 것도 떠오른다.

지울 수 없는 또 다른 기억은, 경찰이 스태그에게 레이철을 살해했다는 자백을 끌어내려고 동원한 노골적인 방법들이다. 경찰의 방법은 가히 충격적이었다. 사실상 리지 제임스는 스태그에게 자백을 대가로 성적 거래를 시도했다. 스태그는 여성에게서 성적 관심을 미치도록 받고 싶어 했다. 그는 담배, 술, 약물에 손을 대 본 적도, 폭력 전과도 없는 얌전한 사람이었다. 리지는 아름다운 금발 여성으로 그와의 관계에 관심이 있는 것처럼 행동했다. 그가 그녀의 관심에 반응한 동기는 어렵지 않게 상상할 수 있다.

내 분석에 따르면, 유죄처럼 들릴 수 있는 (여성에게 신체적·심리적으로 굴욕감을 주는 것에 대한) 스태그의 발언 대부분이 사실 잠복 수사관에 의해 만들어지고 영향을 받은 결과물이었다. 그는 (후에 일어나지 않았던) 성관계를 대가로 그런 사실을 이야기하도록 설득당했다.

리지는 수치심과 무방비 상태의 느낌이 자기를 성적으로 흥분시킨다고 집요하게 이야기했다. 스태그는 그녀의 욕구를 채워 주기 위해 어떻게든 그런 이야기를 지어내야 했을 텐데, 그건 격정에 찬 폭력성보다는 여성스러움으로 나타나곤 했다. 이는 당연히 경찰이 원하는 방향이 아니었다. 잠복 수사는 스태그의 자백을 끌어내기 위한 절박함 탓에 점점 더 우스꽝스러워졌다. 스태그가 계속 자신이 레이철을 죽였다고 말하기를 거부하자, 리지는 한번은 그를 만나서 이렇게까지 이야기했다.

"당신이 그녀를 죽였으면 참 좋을 텐데… 당신이 딱 그 사람이라면."

이 말에 스태그는 이렇게 답했다. "리지, 미안한데, 난 정말 그런 적이 없어, 미안해." 두 사람이 만나는 동안 스태그는 살인을 고백한 적이 단 한 차례도 없었다.

내가 내린 심리학적 평가는 해리 오그널Harry Ognall 수석 재판관이 이 사건을 기각하는 데 영향을 미쳤다. 오그널은 경찰과 폴 브리튼의 "지나친 열의"가 "가장 역겨운 형태의 기만 행동"으로 이어졌다며 오히려 이들을 고소했다. 그러나 언론과 대중, 심지어 레이철 니켈의 가족까지도 오그널 재판관의 결정에 배신감을 느꼈다. 그들은 섹스 킬러, 짐승, 비정상적 약탈자인 스태그가 자유의 몸으로 다시 살인을 저지를 거라고 굳게 믿었다. 그들은 경찰의 주장처럼 스태그가 그들의 아름다운 딸을 죽인 유일한 범인이라고 믿었다.

그러나 그들은 생사람을 잡고 있었다. 그로부터 17년 후 과학 수사의 발전에 힘입어 로버트 내퍼Robert Napper라는 남성이 살인자로 밝혀졌다. 증거에 근거하여 내퍼는 레이철의 살인뿐만 아니라 그린체인Green Chain 강간으로 알려진 100여 건의 강간을 저지른 것으로 추정됐다. 이 중 다수의 범죄에서 그는 아이를 둔 젊은 엄마를 표적으로 삼았다. 그는 엄마가 아이를 걱정하는 장면에 쾌감을 느꼈고, 그런 피해자를 자신이 통제한다는 걸 즐겼다.

내퍼는 레이철 니켈을 그녀의 아들 앞에서 죽인 지 고작 1년 후에 서맨사 비셋과 그녀의 네 살배기 딸 재스민을 같은 방식으로 살해했다. 살해 현장은 잭 더 리퍼(영국의 전설적인 연쇄 살인마 – 옮긴이)가 저지른 최악의 살인과 맞먹을 정도로 끔찍했다.

조사 팀이 강압, 조작, 속임수에 기반한 미인계를 쓰기로 한 결정은 죄가 없는 사람을 14개월 동안 교도소에 가두었고, 300만 파운드이상의 비용을 초래했다. 무엇보다 진짜 괴물의 강간과 살해를 막지못해 또 다른 엄마와 아이를 죽음으로 내몰았다. 리지 제임스는 속임수와 협잡으로 스태그와 관계를 맺으려고 했다. 성과는? 당연히 엉터리였다. 스태그가 힘없고 나약한 사람이었다면 술수에 넘어가 거짓 자백을 하고, 17년 동안을 교도소에서 보내면서 과학 수사가 끝내 자신을 풀어 줄 만큼 발전하기만을 기다렸을지도 모른다.

때론 그릇된 약속, 압박, 속임수 따위로 다른 사람에게 영향을 주거나, 그 사람을 속여서 우리가 원하는 행동이나 증언을 끌어낼 수있을지 모른다. 하지만 그건 다름 아닌 속임수이기 때문에 정밀한 조사를 거치면 결국 허물어지고 만다. 거짓 소통은 오래가지 못한다.

누군가와 라포르를 형성하는 것은 속임수가 아니다. 라포르는 정직과 공감에 기반한 의미 있는 관계를 뜻한다. 제대로 라포르를 형성한다면 사람들은 자신이 누구이고 무엇을 했는지 사실 그대로 솔직하게 말할 것이다. 그게 아무리 끔찍한 일이더라도 말이다.

"당신 말에 집중하고 있어요!"

 매디슨위스콘신대학교에서 행동과학과 응용범죄학을 공부하고 있을 때, 지역 경찰관 메리 앤 서버Mary Anne Thurber를 따라다닐 수 있는 행운을 얻었다. 서버는 1979년 미국에서 최초로 대규모 여자 경찰관 고용 당시 채용된 사람 중 한 명으로 입지전적인 인물이었다. 은퇴를 앞두고 지역 신문과 했던 인터뷰에서 그녀는 자신의 치안 철학이 "친절은 만국 공통어다"라고 밝혔다. 1993년 그녀와의 짧은 만남에서 얻은 생생하고 충격적인 교훈이 바로 이 말에 담겨 있다.

상쾌하고 화창한 어느 가을날, 서버 경찰관이 자신의 순찰차에 나를 태웠다. 당시 나는 막 열아홉 살이 된 대학생이어서 잔뜩 긴장해 있었다. 서버 경찰관은 체구는 작지만 에너지 넘치는 사람이었다. 헝클어진 검은색 머리칼 아래로 만면에 미소를 띠고 있었다. 그녀는 방탄조끼를 내게 건네며 "혹시 모르니까 입어요"라고 말하고는 윙크를 보냈다. '내가 지금 무슨 짓을 하고 있지?' 난 숨을 깊게 들이마셔야 했다.

마침 지역 노숙자 쉼터에서 신고가 들어왔다. 쉼터에서 근무 중이던 한 여자가 헤어진 남자 친구에게 위협을 받고 있다고 했다. 그 남자는 술에 취한 채 문간에서 욕설을 퍼붓고 있었다. 시설에 있던 직원들과 노숙자들은 건물의 모든 문을 잠그고 철제 셔터를 내린 채 숨어 있었다. 남자는 여자가 나오지 않으면 그녀를 죽이거나 "이 빌어먹을 곳을 전부 불태워 버리겠다"라고 소리를 지르는 중이었다. 그녀는 당연히 공포에 질려 있었고, 건물 안에 있던 다른 사람들도 마찬가지였다. 교환원이 무전기로 우리에게 연락을 주며 남긴 마지막 말은 이랬다. "그 사람들이 그러는데, 그 남자 엄청 크대요, 메리앤. 진짜 크다고…."

"흐음," 메리 앤이 말했다. "위험해 보이면 차 안에 있어요. 걱정 말고요." 나를 안심시키려는 그녀를, 나는 눈을 동그랗게 뜨고 쳐다봤다. 우리는 주차장에 차를 댔다. 아니나 다를까, 아주 거대한 회색 곰 같은 남자가 철제 셔터를 마구 때리고 차고 있었다. 그는 거칠고, 술에 취하고, 정말 험상궂었다.

메리 앤은 나를 보며 침착하고 단호하게 말했다. "우리가 주차를 하면, 차에서 내리되 어떤 경우라도 차로 돌아오지는 말아요. 저쪽 건너편에서 기다리고, 내가 말할 때까지 움직이지 말아요. 알겠죠?" 그녀는 남자를 차에 태워야 하는 상황을 대비해 내가 내리길 바랐는데, 나는 그 결정에 전적으로 동의했다.

"알겠어요." 나는 용감하게 들리길 바라며 대답했다. 차에서 내리자, 남자가 외치는 소리를 들을 수 있었다.

"이리 나와, 이 바람난 년아! 내가 네 인생 다 날려 버릴 거야! 이 개떡 같은 문 열어, 안 그러면 이 망할 곳 다 불태워 버릴 거야!"

그는 우리가 주차하는 걸 알아채지 못할 정도로 만취한 상태였는데 건물 안으로 들어가려고 기를 쓰고 있었다.

"저기!" 메리 앤이 그에게 소리쳤다. "그거 멈추고 여기 와서 나랑 얘기 좀 하지."

그는 몸을 돌려 핏발이 선 도끼눈으로 그녀를 쳐다봤다.

"넌 뭘 원하는데, 이년아?" 그가 으르렁댔다.

메리 앤이 말했다. "험악하게 굴지 말고! 그냥 와서 나랑 얘기 좀 해. 무슨 일인데? 왜 이러고 있는 건데?"

그 남자는 욕을 내뱉으며 여자 친구가 자기를 어떻게 떠났는지 설명하며, 그녀와 영원히 함께하기로 약속했었다고 소리를 지르기 시작했다. 그러더니 메리 앤이 경찰관인 걸 갑자기 깨닫기라도 한 것처럼 말을 멈췄다.

"너랑 상관없잖아, 어찌 됐건 날 체포할 거잖아!" 상처 입은 성난 황소처럼 그는 눈을 크게 뜨고 그녀를 쳐다봤다.

메리 앤은 남을 진정시키고 안심시키는 데 도가 튼 사람이었다. "그렇게 해야 한다면 그렇게 할 거야. 그런데 지금 당장은 네가 무슨 일인지 내게 설명해 줬으면 해. 이름이 뭐지?"

"토머스." 그 남자는 의심스러운 듯 대답했다.

"좋아. 토머스, 내가 알아 둬야 할 이야기가 혹시 또 있어?" 메리 앤은 침착하게 물었다.

"아니." 토머스는 투덜거렸다.

"좋아, 호주머니에 있는 거 다 꺼내 줄래?"

"그래, 그래, 내가 그 빌어먹을 절차는 좀 알지!" 그는 작은 백기처럼 청바지 주머니를 뒤집어 보이며 그녀에게 쏘아붙였다.

"무슨 일인지 설명해 줘. 뭘 하기를 원하는 거야?" 메리 앤이 안심시키듯 말했다.

"그저 내 여자랑 얘기하고 싶어. 그런데 그녀는 안 나올 거고, 날 안 만나 줄 거고, 전화도 안 받을 거라고! 그게 어떤 거랑 비슷한지 알아?! 누군가가 네 개떡 같은 세상의 전부인데, 거기서 네가 쫓겨나는 거야! 넌 이해 못 해…." 토머스는 말을 얼버무렸다.

그는 여전히 감정이 격해 있었지만, 그녀를 죽이기보다는 울 것처럼 메리 앤을 바라보고 있었다.

"알겠어. 속상하고 너무 절망스러웠겠네, 그래서 여기까지 와서 그걸 얘기하려고 한 거야. 그렇지? 사랑은 때로 사람을 조금 터무니없이 행동하게 만들긴 해. 하지만 토머스, 내가 여기 왔을 때 보니까, 넌 그 여자를 죽이고 불을 지르겠다고 위협을 하고 있었어!"

"맞아, 하지만 '내 여자가 안 나올 테니까' 그랬던 거야!" 토머스는 아이처럼 수동적으로, 마치 이게 완전히 이성적인 대답인 것처럼 말했다.

"여기 오기 전에 술 마셨어?" 메리 앤이 물었다.

"응, 뭐, 조금." 그가 중얼거렸다.

이후 두 사람은 10여 분 동안 더 이야기를 나눴는데, 대화 소리가 너무 작아서 내게는 들리지 않았다. 하지만 토머스의 태도가 바뀌기 시작한 건 알 수 있었다. 그는 벽에 몸을 기대고 메리 앤과 눈을 마주치면서 점차 안정을 찾기 시작했다. 두 사람은 건물 계단을 떠나 순찰차가 있는 쪽으로 왔다.

메리 앤이 그에게 말했다. "자, 토머스, 난 너를 데리고 경찰서로 가야 해. 여기서 악을 쓰고 소리를 질렀기 때문에 경찰서에 안 갈 수는 없어, 이해하지?"

그는 잠시 달아날 생각을 하는 듯 주변을 둘러보았지만 이내 "그래, 그래, 알아." 하고 말했다.

바로 그때, 또 다른 순찰차가 도착해 남자 경찰관 두 명이 차에서 내렸다. 난 메리 앤이 그들에게 무전을 보내는 것도 알아채지 못했다.

"아, 이제 빌어먹을 놈들이 와서 나한테 수갑을 채우겠군?" 이렇게 말한 토머스는 다시 화를 내기 시작했다.

"토머스," 메리 앤이 말했다. "널 좀 봐. 키가 180센티미터가 넘고 몸은 근육질이야. 그래서 내가 지원을 요청했어. 절차는 지키자고, 알겠지? 우리가 너한테 수갑은 채우지만, 이건 별일도 아니야. 네 몸에 아무것도 지니지 않은 거 확실하지? 놀랄 만한 게 없었으면 좋겠는데."

토머스는 고개를 가로저었다.

"알겠어, 좋아, 우리는 경찰서에 가서 이 모든 걸 해결할 거야, 알겠지?" 메리 앤이 안심시키듯 말했다. 그러자 토머스는 마지못해 고개를 끄덕였다.

이거 굉장한데, 하는 생각이 들었다. 이 작고 왜소한 여자 경찰관이 술에 취한 거대한 야수 같은 남자를 길들였다. 그는 순순히 체포에 동의까지 했다! 그녀가 어떻게 해서 그가 협조하도록 설득하는데 성공할 수 있었던 걸까?

남자 경찰관 한 사람이 차를 돌아와 그에게 수갑을 채웠다. 경찰관은 토머스의 몸을 차 트렁크 위에 굽히고 그의 바지를 두드리며 검색을 했다. 잠시 후 경찰관과 토머스는 서로 모욕적인 말을 주고받기 시작했다. 다행히 말뿐이었다.

그러다가 갑자기 경찰관이 잽싸게 토머스의 머리를 차에 내리찍었다. 쾅! 단 한 번의 빠른 동작이었지만 그걸로 충분했다.

토머스는 근처에 있는 누구라도 걸리기만 해 보라는 자세로 발길질을 하고 몸부림을 쳤다. 메리 앤을 포함한 경찰관 셋이 즉시 그에게 달려들었다. 그들이 술 취한 거구를 제압하려고 하면서 난장판이 벌어졌다.

　결국 경찰관들이 토머스의 팔을 케이블타이로 고정해서 땅바닥에 눕히고 나서야 소란이 잦아들었다. 경찰관들은 그를 돼지 구이처럼 들어 올려 순찰차 뒷좌석에 집어넣었다. 그들이 문을 거세게 닫을 때도 그는 계속 욕을 퍼부으며 침을 뱉었다.

　메리 앤은 내게로 걸어 돌아왔다. 그녀의 머리는 헝클어져 엉망이 되어 있었고, 얼굴엔 흙먼지가 묻어 있었다. "글쎄, 더 좋게 될 수도 있었는데 말이죠." 그녀는 한숨을 내쉬었다.

　"어리석기는⋯." 나는 그 표현이 용의자를 가리키는 건지, 아니면 토머스의 머리를 스쿼시 공처럼 트렁크에 튕겨 낸 동료 경찰관을 가리키는 건지 도무지 알 수 없었다. 내가 보기엔 그 말은 두 사람 모두에게 해당하는 표현이었다. 소통은 처음과 달리 실망스럽게 마무리됐다.

　하지만 메리 앤이 보여 준 침착성, 인내, 소통 능력(정말 말만 했다)을 발휘한 방식은 가히 인상적이었다. 그녀는 자기보다 훨씬 더 크고 힘센 남자가 폭력적이고 술에 취한 데다 공격적으로 나오는 데도 상황을 잘 통제했다. 나는 그녀가 남자 경찰관의 도움을 받지 않고도 그 남자를 문제없이 경찰차에 태울 수도 있었을 거라고 생각했다. 그녀에게는 지원이 필요하지 않았다. 그녀는 키가 150센티미터를 조금 넘을 뿐이었고 목소리를 높이거나 총을 꺼내 들지 않았지만 그날 주차장에서 가장 강한 사람이었다. 어떻게 그런 일이 가능했을까?

　감당하기 아주 버거운 상황에서도 그녀는 유대관계를 형성하려고 노력했고, 끈기 있게 라포르를 발전시켜 토머스가 자신을 따르도록 했다. 이는 힘을 써서 그의 공격성을 마주하는 것보다 훨씬 더 효과적이었다. 이게 바로 말이 가진 힘이다.

메리 앤은 토머스의 행동 뒤에 감춰져 있던 이야기를 그에게서 끈기 있게 끄집어냄으로써 그들 사이에 신뢰와 존중을 형성했다. 토머스와 의사소통을 할 때 위협이나 강압, 속임수는 없었다. 앞의 대화에서 알 수 있듯이 그녀는 그가 체포되지 않을 거라고는 말하지 않았다. 그녀가 절차대로 수갑을 채우고 체포할 거라고 말했기 때문에, 그녀가 그렇게 할 것임을 그도 알고 있었다.

그녀는 토머스의 부정적인 행동을 무시하고 그가 자신의 협조를 받아들이도록 조금씩 유인했다. 그리고 거의 성공했었다(다른 경찰관들이 나타나기 전까지는 말이다).

아마 당신은 이런 생각을 할지도 모른다. '그런데 뭘 하러 저렇게까지 하는 거지?' 토머스는 사람들을 위협하고 공격적으로 굴었다. 왜 메리 제인은 총을 빼 들고 그에게 땅바닥에 엎드리라고 말하지 않았던 걸까? 요즘의 미국 경찰을 보면 이게 훨씬 더 평범한 대응 같은데 말이다. 그런데 그러고 나면? 그가 명령을 거부했다면? 그다음에는 어땠을까? 그를 쏴 버린다? 그게 모두에게 과연 더 나은 결과였을까?

오해하지 말길 바란다. 장담컨대, 그가 분명히 위협적인 동작을 취했더라면 메리 앤은 주저 없이 총을 꺼내 들었을 것이고, 총을 쏴야 하는 상황이었다면 총격을 가했을 것이다. 하지만 그녀에게 그건 '선호하는' 전략이 아니라 마지막 수단이었다. 그 대신 그녀는 우선 토머스를 진정시키는 데 자신의 대화 기술을 사용했다. 그가 193센티미터의 거구에, 술에 취해 있으며, 성질을 부리며 난동을 부리는 사람인데도 말이다.

이러한 일화는 말이 상대방을 진정시키고 소통하는 데 얼마나 강력한 영향력을 발휘하는지 보여 준다. 라포르를 성공적으로 행사하는 방법을 배울 때 '라포르'와 '힘'이라는 둘 사이의 차이를 아는 것은 매우 중요하다.

신중하게 듣고, 솔직하게 물어라

인간은 자신이 원하는 바를 상대방에게서 얻으려고 할 때 힘(여기서 힘은 육체적인 것뿐만 아니라 정신적 압박도 포함한다)을 쓰고 싶은 충동을 느낀다. 이는 지극히 자연스러운 본능이다. 상대방이 나보다 약하거나, 나에게 힘을 쓸 수 없는 상황이라면 이런 본능은 더 강해진다. 예컨대 어린 자녀를 둔 모든 부모가 겪는 아주 평범한 상황을 생각해 볼 수 있다. 자녀가 탈출을 꾀하는 흰담비처럼 등을 구부리고 하도 꼼지락대는 바람에 자동차 좌석이나 유모차 스트랩을 꽉 매야 하는 경험은 애를 키우는 부모라면 누구나 해 봤을 것이다. 이때 강압적으로 힘을 쓴다면 어떻게 될까? 결국 아이는 지치고 부모가 이기게 된다. 당연하다. 부모가 힘이 더 세니까.

그러나 힘은 강압, 기만, 조작과 마찬가지로 시간이 흐르면 그 대가를 치러야 한다. 힘으로 제압한 아이는 일반적으로 부모에게 두려움, 원망, 멸시의 감정을 키운다. 이는 부모가 차에서 두 살배기 아이와 분투를 벌이는 상황에서는 중요해 보이지 않지만, 결국 이러한 감정이 나중에는 겉으로 드러나기 마련이다.

상대방과 합의하에 내 의견을 따르게 하려면 어마어마한 통제력, 정서적 회복력, 인내심이 필요하다. 어린 자녀와 공감하는 데 얼마나 큰 인내심이 필요한지 떠올려 보자. 안전벨트를 매지 않으려고 뻗대는 아이에게 벨트를 매는 것이 올바른 선택이라고 지속적으로 설득할 때 인생이 참 힘들다는 걸 인정할 수밖에 없지 않은가?

이는 쉬운 기술이 아니다. 세심한 노력이 필요하다. 이런 말을 하면 많은 부모가 '그럴 시간이 어디 있어.' 하고 반문할지 모르겠다. 하지만 차에 탈 때마다 싸우고 싶다면 힘을 사용하라. 당장은 먹힐 것이다… 애들이 크기 전까지는 말이다. 그러나 계속되는 주도권 싸움에서 벗어나고 싶다면 라포르를 사용해 보자. 이 접근법을 쓰려면 '상황에 가장 잘 맞는 사람이 살아남는다'에서 '상황을 가장 잘 참는 사람이 살아남는다'로 마음가짐을 바꿀 필요가 있다.

알렉스라는 친구가 있었다. 그 아이는 내가 운영하는 10대를 위한 폭력 방지 치료 프로그램에 참여하고 있었다. 멀쑥한 아이였는데, 남자애들이 아기 기린처럼 보이는 애매한 10대 시기를 거치고 있었다. 무릎은 울퉁불퉁하고 사지는 흐느적거렸다. 엷은 갈색 더벅머리가 헝클어진 채로 있었고, 교복을 대충 걸치거나 입지 않은 날도 많았다. 가장 기억에 남는 건 아이의 눈이었다. 알렉스의 눈에는 생기라곤 전혀 찾아볼 수 없었고, 차갑고 감정 없는 눈은 아이의 어린 시절을 가늠하게 했다.

알렉스의 엄마는 아홉 살 때 그를 외국으로 데리고 갔다. 알렉스는 엄마가 마약을 사는 데 필요한 돈을 구걸하기 위해 거리로 내몰려야 했다. 끔찍하고 충격적인 경험을 수도 없이 했다. 알렉스는 엄마가 체포된 후에야 영국으로 송환되어 위탁 보호 시설에 맡겨졌다. 우리가 알렉스를 만났을 때, 그는 열세 살이었다. 알렉스는 프로그램에 참여하는 걸 정말 좋아했다. 문제는 프로그램에 참여한 아이 중에 누가 강의실에서 함부로 움직이면 알렉스의 눈이 그 아이만 따라다녔다는 것이다.

내 프로그램의 원칙 중 하나는 '전부 조용히 제자리에 앉아 있을 때까지 절대 수업을 끝내지 않는다'였다. 아이들 다수가 주의력 결핍 장애를 앓고 있었기 때문에 이건 큰 도전이었다. 특히 알렉스는 주변에서 부산하게 돌아다니는 아이들 때문에 돌아 버릴 지경이었다. 결국 프로그램 넷째 주에 알렉스는 남자아이들을 하나하나 찾아가서 이렇게 말했다. "수업이 끝날 때가 되면 네 개떡 같은 의자에 가만히 앉아 있어. 안 그러면 팔을 부러뜨려 버릴 거야, 알겠냐?"

친구들에게 그런 태도로 말하는 건 옳지 않다고 지적하자, 그의 대답은 이랬다. "네, 동의해요. 그래도 다들 조용히 앉잖아요!"

알렉스는 어려서부터 아주 충격적인 경험을 많이 했다. 다른 사람이 자신을 챙겨 줄 일은 없을 테니 자기 자신만 생각하라고 배웠다. 그에게 폭력과 위협은 사람들에게서 원하는 것을 얻어 낼 때 더없이 효과적인 전략이었다. 그는 친목의 중요성을, 혹은 모두가 그를 두려워하는 게 왜 문제가 될 수 있는지를 이해하는 데 애를 먹었다. 그의 입장에서는 자신에게 문제가 될 게 없었다. 하지만 알렉스가 '내가 하라는 대로만 해, 안 그러면 끝장이야'라는 철학을 성인이 되어서도 유지한다면 좌절, 폭력의 단계를 지나서 십중팔구 교도소행으로 이어질 게 뻔했다.

두려움은 건강한 인간관계의 기반이 될 수 없다. 학교 친구든, 직원이든, 배우자든, 아이든 대상이 누구든 상관없다. 누구라도 인간관계에서 한번 두려움이 싹트면 이를 완전히 없애는 건 불가능하다. 두려움은 인간관계 구조의 안쪽부터 녹슬듯 퍼져 나가 관계 자체를 망가뜨린다.

누군가에게서 자신이 원하는 바를 끌어내는 가장 빠르고 효과적인 방법이란, 위협하고 괴롭혀서 굴복시키거나 책상을 내려치거나 벌을 주겠다고 으름장을 놓는 것이라고 믿는 이가 많다. 우리는 이러한 이야기를 TV 드라마에서 수없이 봐 왔다. 누군가를 건물 위에 매달아 놓으면 그 사람은 뭐든지 말해 주지 않던가!

우리 대부분은 학교, 집, 직장에서 압박을 받는 입장에 서는 경우가 많다. 말을 듣지 않았을 때 나타날 결과에 대해 위협을 받거나 겁을 먹거나 두려워하고, 더 강한 사람에게 복종하거나 그 사람을 달래는 쪽 말이다. 물론 반대의 경우에도 서 봤을 것이다. 예컨대 아침에 뚱하게 있는 10대 자녀를 침대 밖으로 끌어내려고 할 때("지금 당장 준비해, 안 그러면 찬물을 바가지로 부어 버린다!"), 성과를 독려하거나 제때에 출근하라고 직원을 자극할 때("한 번만 더 늦으면 업무 평가에 반영할 수밖에 없을 겁니다."), 배우자가 집안일을 돕게 만들 때(부엌에서 냄비를 에둘러 공격적으로 두드리며 씩씩대고 한숨 쉬기)처럼 말이다.

그 당시를 떠올려 보라. 누가 당신을 그렇게 대할 때 기분이 어땠는가? 용기를 얻고 자극을 받았는가? 아니면 짜증이 나고 두려웠는가? 반응은 어떻게 했는가? 순순히 따랐는가? 원망했는가? 그런 태도로 다른 사람을 대했을 때 효과가 있었는가? 이는 당신의 대인관계를 진전했는가 아니면 악화했는가?

그리고 더 중요한 것, 당신이 통제하려는 행동이 그런 방식으로 확실히 고쳐졌는가 아니면 일시적이었는가?

다수의 연구 결과에서도 강압적인 작전은 궁극적으로 효과가 없는 것으로 밝혀졌다. 당장에는 통할지 몰라도 결국에는 최악의 결과로 이어졌다.[2] 사람들은 억압적 전략에 '악의적 순응'이나 '직장 내 일탈'로 대응한다. 겉으로는 협조하는 척하다가 자신을 통제하려는 사람의 권위를 약화하거나 좀먹는 행동을 한다. 직장에서 이는 불필요한 병가, 성과 저하, 악의적 뒷담화, 회사에 대한 악평, 직장 내 도난 등의 형태로 나타난다. 10대 자녀에게서는 부모와 사이가 틀어지거나, 규칙에 따르기보다는 걸리지 않기 위해 저항하는 형태로 대항한다. 배우자는 부엌 청소는 돕겠지만 자기 전까지 상대를 무시한다.

힘을 이용한 방법이 안고 있는 문제점은 이것만이 아니다. 이런 방식은 장기적인 신뢰와 협조 관계를 약화한다. 조종의 '대상'은 협조하고 함께 일하기보다 통제를 약화하는 방법을 찾는 쪽으로 노력의 방향을 바꾸어 버린다. 힘으로 다른 사람을 통제한다는 환상은 그릇된 약속에 불과하다.

이와 달리 라포르 전략은 갈등을 일으키려는 의도가 전혀 없다고 선언하는 것이다. 그렇다고 내 주장을 전혀 펼치지 말라거나 누군가와 절대 동의할 수 없다는 뜻은 아니다.

앞에서 살펴본 서버 경찰관의 사례에서 보듯이 동의를 얻기 위해 상대를 공격하거나 위협하거나 겁줄 필요는 없다. 공격하거나 위협하거나 겁주는 전략은 조종하고 지배하고 힘을 쓴다는 뜻이다. 이런 메시지를 담아서 말이다. '넌 내가 말하는 대로 하는 거야. 네가 어떤 기분이 들건 나는 신경 안 써. 내 말 안 들으면 후회하게 될 거야.'

원망 가득한 순응이 아니라 능동적인 동의를 얻고 싶다면, 끈기 있고 진지한 자세와 함께 충분한 시간이 필요하다. 묵묵히 기다리고 침착함을 유지한다면, 직원이든 자녀든 배우자든 협상 대상이 누구든 결국 서로 동의에 이를 수 있다.

한번은 우리의 교육 참가자 한 사람이 이런 이야기를 했다. 그녀는 자신의 10대 자녀들이 바퀴 달린 쓰레기통을 아주 멀리 떨어진 진입로에 매번 두고 들어와서 불만이라고 토로했다. 퇴근하고 집에 들어갈 때면 번번이 쓰레기통을 지나쳐 걸어야 했다. 그래서 어느 날 저녁, 열다섯 살 먹은 아들에게 차분하게 말했다.

"찰리, 나가서 쓰레기 좀 버려 줄래?" 찰리가 저 멀리 진입로 끝자락에 쓰레기통을 두고 왔다는 것을 깨닫길 바라면서 말이다. 찰리는 기꺼이 쓰레기를 들고 나갔다. 그리고 길고 긴 진입로를 쭉 따라 내려가 쓰레기통에 그걸 버리고 유유히 돌아왔다. 쓰레기통은 진입로에 그대로 둔 채로.

이 이야기의 교훈은 이렇다. 무언가를 원한다면 부탁하라. 공손하게, 존중하는 태도를 보이며, 인내심 있게 말이다. 그러면서도 '직설적으로' 말해야 한다. 상대가 내 마음을 읽어 주기를 기대하지 말고,

비아냥대지 말고, 겁주지도 말아야 한다. 있는 그대로 단도직입적으로 부탁하라.

1. **속임수와 거짓을 조심하라.** 원하는 바를 위해 속임수나 기만을 쓰려는 생각은 버리라. 다음 장에서 살펴보겠지만, 정직은 건강한 의사소통을 뒷받침하는 핵심 가치 중 하나다. 이 원칙을 버린다면 관계에서 진실은 사라지고 신뢰는 파탄이 난다. 속임수와 거짓은 장기적으로 피해를 준다.

2. **괴롭히는 사람이 되지 말라.** 겁을 주고 힘을 써서 순응이나 복종을 끌어내려는 생각은 버리라. 라포르 전략은 상대의 자발적 동의를 통해 협조를 끌어낸다. 이는 지난한 방법처럼 느껴질 수 있다. 결과를 내기 위해 소리를 지르거나 겁을 주는 편이 더 빠르고 쉬워 보일 수 있다. 하지만 괴롭히는 이를 존중할 사람은 없다. 그저 두려워할 뿐이다. 원하는 결과를 얻기 위해 자신의 도덕적 기준까지 버리지 말라.

2장

상대를 무장해제하는
대화의 원칙

용기란 일어나서 말하는 데도 필요하고
앉아서 듣는 데도 필요하다.

— 윈스턴 처칠Winston Churchill

의사소통은 적확한 시점에 알맞은 방법으로 적절한 이야기를 하는 기술로 여겨지곤 한다. 하지만 의사소통의 진정한 열쇠는 입을 떼기도 전에 이뤄지는 태도에 달려 있다. 번드르르한 말보다 주의 깊게 경청하는 자세가 견고한 라포르를 형성하는 출발점이 된다.

라포르는 다음 네 가지 핵심 기초 위에서 형성된다. 우리는 이를 HEAR 대화 원칙이라고 부른다.

HEAR 대화 원칙

- **솔직함**Honesty 의도나 느낌을 객관적이고 직접적으로 전달

한다.

- **공감**Empathy 상대방의 신념과 가치를 이해한다.
- **자율성**Autonomy 상대방의 자유 의지와 선택을 보장한다.
- **복기**Reflection 대화가 목표를 향해 나아갈 수 있도록 중요하고 유의미하고 전략적인 요소를 확인하고 되짚는다.

상황이 얼마나 적대적이건 불편하건 상관없이, 다른 사람과의 관계를 긍정적이고 생산적인 방향으로 유지하고 싶다면 솔직함, 공감, 자율성, 복기 등 네 가지 원칙을 지켜야 한다. 강하고 긍정적인 관계든, 어그러지고 부정적인 관계든 이 원칙은 동일하게 작동한다.

대화의 1원칙, 왜 대화하는가?

사람들로부터 정보를 얻어 낼 때 라포르가 중요하다는 점은 서두에서도 밝혔다. 하지만 상대가 정보를 얻어 내야 하는 대상이 '아닐' 경우에는 어떨까?

예컨대 당신 앞에 규칙을 신봉하는 여권 사무소 직원이 있다고 가정해 보자. 그는 당신의 여권에서 찢어진 페이지를 발견하고 이제부터 당신을 괴롭히려고 한다(물론 이는 그 사람의 임무이기도 하다). 이러한 상황에서도 라포르가 힘을 발휘할까? 발휘한다. 그냥 논쟁까지 갈 마음을 먹고 내 사정 따윈 안중에도 없는 직원과 한바탕 붙으면 안 될까? 여기에 우리는 이런 질문으로 반박하고자 한다. '당신이 원하는 결과를 얻는 데 그게 도움이 될까?' 다시 말해, 그게 당신의 목표와 일치할까? 설득, 협상, 대화 등 상호작용을 할 때는 다음 질문을 항상 마음에 두어야 한다.

'목표는 무엇인가?'

우선 이 질문을 항상 떠올리면, 상대방이 말도 통하지 않고, 곤란하게 나온다고 해도 그 나름의 대응 방식에 따라 원하는 결과, 혹은 적어도 상황을 악화하지 않는 결과를 끌어낼 수 있다.

HEAR 대화 원칙은 당신을 존중하지 않는 사람과 상호작용을 할 때도 의사소통에 확실한 우위를 점할 수 있게 한다. 여권에 도장을 받고 싶다면, 그것을 결정할 수 있는 직원과 언쟁하고픈 욕구를 억눌러야 한다. 이러한 원칙을 지키면 자신감, 진실성, 도덕적 기준을 그대로 지키면서 곤란한 상황을 벗어날 수 있다. 상대방이 바보처럼 굴더라도 말이다.

우리 부부는 가끔 테러리스트, 범죄자와 같은 면담 진행자와 대화를 할 때, HEAR 대화 원칙을 두고 고심한다. 특히 강간범, 인종차별주의자, 소아성애자, 살인범과 같이 비난받아 마땅한 사람과 면담을 할 때 더욱 그렇다. 그런 사람에게까지 굳이 솔직함, 공감, 자율성, 복기의 원칙을 적용해야 할까? 그런 사람에겐 그런 노력도 사치가 아닌가!

답은 이렇다. 누군가를 기만적이고 비판적이며 강압적이고 오만한 태도로 대하는 것은 그 사람이 아니라 우리 자신에게 손해다. 앞장에서 살펴본 서버 경찰관의 이야기에서 그러하듯이, 당신이 상대를 괴롭히거나 짐승처럼 구는 모습을 지켜본 누군가가 그런 당신의 대응 때문에 오히려 나쁜 사람을 가여워하게 해서는 안 된다. 그러니

반사적으로 찾아오는 보복의 유혹에 빠져서는 안 된다. 불편하거나 까다로운 상대를 대할 때는 특히 그렇다. 우리가 원하는 결과와 함께 상호작용을 마무리한다면 정말로 이기는 사람은 누가 될까?

대인관계의 우위를 포기하는 건 가치 없는 일이다. 희생할 가치가 없는 사람과 대화할 때에는 더욱 그렇다. 따라서 상대가 어떻게 행동하든, HEAR 대화 원칙을 지키도록 노력하자.

HEAR 대화 원칙: 솔직, 공감, 자율 그리고 복기

그렇다면 대화에서 HEAR 대화 원칙은 어떤 형태를 띨까? 몸풀기 삼아 다음 가상 시나리오를 생각해 보자.

당신의 아버지는 70대 중반의 독립심이 강한 분이다. 건강도 좋다. 자신이 유능하고 현실적인 사람이라는 자부심이 강하다. 그런데 최근 시력이 나빠져 병원을 찾는다. 의사가 황반 변성의 발병이 의심된다는 진단을 내린다. 당신은 아버지에게 자신이나 타인을 위해서라도 운전을 그만두어야 한다고 설득해야 한다. 그런데 독립심과 자존심 강한 아버지가 더는 운전을 하면 안 된다는 말을 어떻게 받아들일지 걱정스럽다. 이런 대화는 되도록 피하고 싶다. 하지만 모두를 위해서 아버지를 설득해야 한다.

대화의 진행 양상을 잠시 상상해 보자. 아버지가 어떻게 반응할까? 당신은 대화를 시작한다는 생각에 많이 두려운가? 만약 그렇다면 망설이거나 약간 애매하게 대화를 끝낼지도 모른다. 노년 운전자들의 시력 검사를 다룬 뉴스 기사를 보라고 에둘러 이야기할 수도 있다. 아니면 이렇게 물어볼지도 모른다. "아버지, 요즘 운전하시는 건 어때요?"

으음, 이런 이야기를 하면 아버지는 어떻게 반응할 것 같은가? 당혹, 의심, 짜증? 당신이 말하려고 하는 의도를 알아채고 화를 낼까? 하지만 어쨌든 당신이 말하고자 하는 바를 아버지에게 이해시킬 필요가 있지 않은가? 아버지와 차분히 논의할 수 있는 단계까지 가기 위해 어떻게 해야 할까?

만약 은밀하거나 간접적인 방법을 썼다면, 그리고 당신이 던진 질문의 요점을 아버지가 나중에서야 알아챘다면, 아버지는 훨씬 더 짜증을 낼 수도 있다. 첫째로 암시 때문에, 둘째로 당신의 너무 모호하고 불명확한 태도 때문에 짜증을 낼 것이다. 그런데 피하려고 하는 게 정확히 아버지의 짜증 아닌가?

여기서 HEAR 대화 원칙을 바탕으로 대화를 구성해 보자. 먼저 우리는 솔직하고 직접적인 태도를 취해야 한다. 문제가 있다는 걸 얼버무리거나 돌려 말해서는 안 된다. 우리가 무엇을 우려하는지에 대해 분명하고 솔직해질 필요가 있다. 심호흡을 하고 핵심을 짚어라.

공감을 보일 필요도 있다. 어려운 대화가 될 것임을 인정하라. 당신은 아버지의 반응을 합리적으로 예측할 수 있을 만큼 그를 잘 안다. 그러니 그 부분을 어느 정도 이해하라. 그 이야기를 꺼낸다는 것 그 자체만으로 아버지가 화를 낼지도 모른다는 걸 받아들이라. 그가 혹시라도 그렇게 나오더라도 불쾌해하지는 말라. 대화는 다음과 같이 전개될 수도 있다.

당신	아버지, 저 얘기할 게 있는데 아버지가 들으면 싫어하실 내용 같아요(공감). 아버지 시력이랑 그게 아버지 운전에 어떻게 영향을 미칠지를 의사에게 들었거든요(솔직함).
아버지	(당신을 보지도 않은 채) 내 시력도 괜찮고, 운전도 괜찮아. 문제없어.
당신	알겠어요. 하지만 의사의 진단은 그렇지 않대요. 황반 변성이 진행되고 있어서 아버지 시력에 영향을 미치기 시작했다고 의사가 말했거든요(솔직함). 저로선 아버지한테 운전이 얼마나 중요한지 잘 알고(공감) 우리 둘 다 이걸 해결하기 위해 뭐든 다 할 거라고 생각해요(공감). 하지만 병이 악화돼서 사고당할 위험도 있고, 그래서 아버지나 다른 사람이 다칠까 봐 걱정이에요(솔직함).
아버지	(짜증이 나고 열이 받은 상태로 당신을 바라보며) 그래서 내 면허증을 가져가시겠다? 네가 산 것보다 더 오랫동안 무사고로 운전해 왔는데, 자식이란 놈이 내게 금지령을 내리겠다는 말이냐?

으음… 아버지는 분명 화가 나 방어적으로 나오고 있다. 하지만 이 부분은 예상했던 바다. 바로 이제부터가 중요하다. 아버지의 분노와 방어적인 태도에 당신은 본능적으로 어떤 반응을 보일까? 말하자면 이렇다. '아버지, 도와드리려는 건데 이렇게 나오시면 곤란하죠.' '아버지, 아버지를 막겠다는 게 아니에요. 극단적으로 이야기하지 마세요! 제가 하는 말 좀 그냥 들어 보실 수 없어요?'

이렇게 되면 화를 내고 방어적으로 나오는 사람은 누구인가? 아버지의 반응 때문에 그의 의사소통 방식에 말려들어선 안 된다. 그런 반응은 예상하지 않았는가! HEAR 대화 원칙을 지키자. 즉, 아버지의 자율성을 최대한 존중하라. 그가 운전을 그만두는 선택을 하도록 그를 지지해 보라는 뜻이다. (위험성 때문에 단순히 대안이 없는 경우가 아니라면) 그를 대신해서 선택하려는 유혹에 빠지지 말라("아버지, 제 말 좀 들으세요!"). 마지막으로 그가 그 상황에 대해 당신에게 하는 이야기를 아주 주의 깊게 듣고, 그것을 되짚어 복기해 당신이 듣고 이해하고 있음을 드러내자. 그저 맞받아치기만 하지 말고 어떻게 반응할지를 계산하라.

당신   아버지, 이 이야기를 꺼내서 저한테 화가 나신 것 같네요. 저한테 공격당한 느낌을 받으신 것처럼 들려요(복기).

아버지   네가 날 공격한 게 아니라는 건 알아. 그런데 넌 분명히 아무것도 아닌 걸 걱정하고 있어.

당신   그러길 정말 바라고 있어요, 아버지. 아버지 말씀이 옳아요. 여태껏 사고 한 번 없었잖아요. 뛰어난 운전자죠(복기). 하지만 아버지 시력이 계속 나빠질 거라는 사실은 달라지지 않아요(솔직함). 그게 아버지한테 영향을 줄지 알 수 있는 사람은 결국 아버지뿐이에요. 정말이지 운전을 그만두는 결정을 다른 사람이 아닌 아버지가 내렸으면 좋겠어요(자율성).

아버지   나도 알아. (한숨을 쉰다.)

당신	그게 문제가 되기 시작하면 같이 이야기를 나눴으면 좋겠어요(솔직함). 이건 아버지 잘못은 아니지만(공감), 아버지한테 사고가 난다고 생각하면 정말 끔찍해요(솔직함).
아버지	나도 그런 일은 없었으면 좋겠어. 지금 당장은 정말 문제가 될 게 없어. 조심한다고 약속하마. 하! 내 말 들었지?(아버지가 농담한다.) 상태가 나빠지거나 문제가 될 것 같으면 꼭 얘기하마. 누굴 다치게 할 것 같으면 운전은 그만둘 거야.

대화 내내 당신은 논점에서 벗어나지 않았다. 아버지의 방어적인 태도나 분노에 대응하지 않았다. 논쟁을 하거나 상황을 고통스럽게 몰고 가지 않았다. 자신의 동기와 상황을 솔직하게 강조하고 이해를 보임으로써, 이 문제를 두고 소통하기 위한 중요한 관문을 열고 앞으로 논의를 이어 가기 위한 활로를 마련하길 바랐다. 당신은 아버지에게서 상황을 알아서 주시하다가 시력 때문에 운전이 어려워졌을 때 당신에게 말하겠다는 약속을 끌어냈다. 또한 운전이 위험하거나 아슬아슬해지면 그만두겠다는 이야기도 들었다. 두 사람 사이에 일종의 행동 계약을 맺은 셈이다.

이제 끈기 있게 아버지와 한 약속을 존중할 필요가 있다. 아버지는 당신이 이야기한 걸 완전히 이해한 후 한 달이나 일주일 안에, 혹은 그날 오후에 이제 운전을 그만둬야 할 것 같다고 말할지도 모른다. 그가 자발적으로 결정하도록 끌어낸 것이다. 여기서 중요한 점은 당신이 굳은 땅 위에 라포르라는 다리를 지었고 이후에 그게 저절로 발전했다는 것이다. 이런 식으로 대화를 이어 가는 게 처음에는 까다롭게 느껴질 수도 있다. 목표에 계속 집중하고 표현을 어떻게 할지 고심해야 한다. 이 또한 쉽지 않다. 본능적인 반응에 끊임없이 멈춤 버튼을 누르는 느낌이 들 것이다. 하지만 연습을 하고 HEAR 대화 원칙을 대화에 적용하면 할수록, 더 자연스럽고 쉬워진다.

이렇게 되려면 HEAR 대화 원칙을 조금 더 제대로 이해할 필요가 있다.

솔직함에도 전략이 필요하다

> 사적인 일 못지않게 공적인 업무에도 적용할 수 있는 격언이 하나 있습니다. 솔직함은 언제나 최고의 방책이라는 것입니다.
>
> — 조지 워싱턴George Washington, 퇴임 연설 중

'상대방에게 솔직하게 대하라'는 말은 단순하고 직설적인 충고처럼 들린다. 하지만 너무 직설적이거나 감정적인 메시지를 날것 그대로 전달하면 상대방은 이를 생산적으로 받아들이지 않는다. 솔직함에도 전략이 필요하다.

 몇 년 전 미국에 있는 고향에 방문했을 때, 거동이 불편할 만큼 어머니의 무릎 관절염이 악화됐다는 사실을 알게 됐다. 관절염을 앓고 있다는 건 알고 있었지만, 나는 영국에서, 어머니는 미

국에서 살다 보니, 상황이 이렇게 나빠졌는지 미처 몰랐다. 그런데도 어머니는 지팡이 사용을 거부하고 휠체어는 생각조차 하지 않았다. 어느 날 밤, 어머니가 침실로 가다가 너무 고통스러운 나머지 계단 꼭대기에서 흐느끼는 모습을 목격했다. 그러나 어머니는 이렇게 말했다. "괜찮아. 조금 있으면 괜찮아질 거야. 밤마다 이러거든."

다음 날 아침 식사 자리에서 나는 이렇게 말했다. "엄마, 엄마는 장애가 있어요."

어머니는 내가 자기를 때리기라도 한 것처럼 노려봤다. 그래도 난 이야기를 계속 이어 갔다. "엄마한테는 휠체어, 지팡이, 장애인 주차장, 그 모든 게 필요해요. 예전처럼 지낼 수 없어요. 나중에 상황이 좋아지더라도, 지금은 장애가 있다는 걸 받아들이셔야 해요."

그녀는 내가 한 말에 충격을 받았는지 무척 화를 냈다.

"나한텐 장애가 없어! 과장하지 마!" 그녀는 방어적으로 말했다.

"엄마, 엄마는 너무 아파서 계단도 겨우겨우 오르잖아요. 장애가 있다고요. 받아들여야 해요." 내가 대꾸했다.

우리는 그렇게 몇 분 동안 말을 계속 주거니 받거니 했다. 그러다가 결국 그녀는 눈물을 흘리며 말했다. "내가 너무 힘들어하는 걸로 넌 왜 그렇게 날 못살게 구는 거니?"

"엄마를 사랑하니까요. 매일 그렇게 아파하는 엄마를 보는 게 견디기 힘들어요, 그래서 그래요." 나도 눈물을 흘리며 대답했다.

난 직설적으로 이야기를 시작했지만, 그것 때문에 둘 다 격정에 휩싸여 대화는 엉망진창이 됐다. 내가 말한 건 진심이었을까? 그렇다. 그건 사랑 때문이었을까? 그렇다. 하지만 너무 직설적이어서 엄마가 이를 있는 그대로 받아들이기에는 몹시 가혹했다.

이마에 붙은 파리에 도끼를 휘두르지 말라

중국에는 이런 속담이 있다. 네 친구 이마에 붙은 파리를 없애려고 손도끼를 쓰지는 말라. 기본적인 뜻은 이렇다. 어떤 일을 할 때 필요한 만큼의 힘만 쓰라, 그렇지 않으면 오히려 상황을 악화할 수 있다. 진실을 둘러싸고 장광설을 늘어놓아서는 안 되지만, 솔직함을 대놓고 무기 삼아 상대방에게 무안을 주는 것도 현명한 전략은 아니다. 사랑하는 사람한테는 특히 그렇다.

라포르를 형성하려면 목표 달성에 필요한 적당한 크기의 세심함과 함께 적당한 정도의 솔직함이 필요하다. 상호작용에 솔직함을 가져와 어느 정도 라포르를 유지할 수 있는 방법 세 가지는 다음과 같다.

- 상대를 기만하거나 속이지 말라.
- 분명하고 객관적이며 직접적인 태도를 취하라.
- 침착하라. 불필요한 감정은 버리라.

앞 장에서 살펴본 콜린 스태그 사건에서 보다시피 원하는 걸 얻으려고 상대를 속이거나 압박하는 것은 첫째로 통할 때가 많지 않고, 둘째로 통한다고 해도 그래서는 안 된다는 걸 알았을 것이다. 상대방에게 영향을 미치기 위해 거짓말을 하거나 속이는 방식은 단기적인 효과가 있을지라도 위험 부담이 크다. 당장 성공한다고 하더라도 효과는 짧고 자칫 조사 대상이 되거나 더 큰 피해를 불러올 수 있다(상대방이 자신이 속았다는 걸 알아챘을 때까지만 주로 효과가 있다).

크리스 매키Chris Mackey와 그레그 밀러Greg Miller가 함께 쓴《심문자Interrogators》를 보면, 아프가니스탄에서 포로를 속여 정보를 얻어내기 위해 연극적인 기만 수법을 쓴 사례가 나온다.[1]

당시 사우디아라비아는 "잔인함과 고문에 대한 악명이 아랍 세계에서 자자하던" 곳이었는데, 미국 정보기관은 아랍계 미군 한 사람을 아랍인 대령인 척 연기하도록 해 포로들에게 이곳으로 이송될 것이라는 인상을 주려고 했다. 암시하고자 했던 바는 확실하다. 심문자들은 포로들의 입을 열게 하려고 그들에게 죽음과 고문에 대한 두려움을 심길 바랐던 것이다. 결국 포로들은 입을 열었다. 하지만 이렇게 얻은 정보가 얼마나 유용하고 믿을 만한지는 큰 논쟁거리가 됐다. 기만적 계략을 통해 얻은 정보가 전술적 가치를 갖지는 못한 것으로 판명이 났다.

문제는 여기서 그치지 않았다. 포로들이 수송기를 타고 내린 곳이 중동이 아니라 쿠바의 관타나모란 것을 알게 되자, 다음 심문자는 실질적인 성과를 거의 내지 못했다. 정보기관과 경찰은 조작, 속임수, 강압에 기대서는 안 된다. 우리와 가까운 이들과의 관계에서도 물론이다. 잠깐의 속임수와 꼼수도 인간관계의 바탕이 되는 신뢰와 신의를 완전히 무너뜨릴 수 있다.

아버지가 운전을 그만두게 하려고 그를 기만하거나 속이려고 했다고 가정해 보자. 아버지가 운전을 그만두고 면허증을 넘겨야 한다는 내용의 거짓 소견을 의사로부터 받아 냈다고 가정해 보라. 아버지는 그 계략에 넘어가 운전을 그만둘지도 모른다. 하지만 아버지가 언젠가 거짓을 알아챈다면 당신과의 모든 관계는 산산조각이 날 가능성이 크다. 다시는 당신을 (혹은 의사를!) 믿지 않을 테니까 말이다.

주는 만큼 받으리라

거짓말을 하는 대신에 쓸 수 있는 설득 방법이 있다. 바로 호혜다. 호혜란 누군가가 호의를 꼭 갚아야겠다고 느끼길 바라는 마음에 그 사람에게 무언가를 주는 일종의 거래다.[2] 다수의 연구에 따르면, 음식점 손님들은 식사 후 종업원에게서 박하사탕을 받을 때 팁을 더 후하게 내는 경향이 있었다. 그들이 박하사탕을 그저 당연한 게 아니라 종업원이 내민 온정의 신호로 느꼈을 때 더욱 그랬다.[3] 하지만 업무 영역에서 사회적 설득을 하려고 그런 거추장스러운 노력을 들이는 것은 피상적이고 상투적인 속임수에 지나지 않는다.

내가 심문자로서 당신에게 차를 대접한다면, 당신은 내게 조금 더 따뜻함을 느낄지도 모른다. 가능하다면 당신은 그 대가로 박하사탕이나 껌 하나를 내게 건넬 수도 있다. 우리가 방을 나설 때 당신이 나를 위해 문을 열어 줄 수도 있다. 하지만 삼촌이 탈레반과 가진 비밀 회동에 대해 내게 이야기해 줄 수 있을까? 불분명하다.

결국 이런 상황에서는 비례의 딜레마가 발생한다. 나는 당신이 거래라고 생각할 만큼 확실한 무언가를 줘야 한다. 그게 무엇일까? 자유? 분쟁 지역에서 가족을 구출해 주는 것? 아내에게 편지를 보내겠다고 약속하는 것? 포로를 고문한다고 알려진 나라로 보내지 않겠다고 약속하는 것? 이러한 제안 때문에 가치 있는 무언가를 말해야겠다고 결심할 수도 있다. 이런 호의의 대가로 가족을 배신하겠다고 나설 수도 있다.

하지만 앞에서 말한 달콤한 약속을 실제로는 들어줄 수 없다면 어떻게 될까? 이런 경우 사람들 대부분이 이렇게 생각할 것이다. '뭐 어때, 누가 신경 쓰기나 해? 입을 열게 한다는데 거짓말이면 어때? 테러리스트와 하는 약속은 존중받아야 할 게 아니라고.'

하지만 여기서 문제는, 약속을 지키지 못하면—약속을 들어줄 가치가 없다고 여기는 사람에게도—심문자는 거짓말쟁이가 된다는 것이다. 심문자는 스스로 부정직하다는 걸 증명했기 때문에 다음에 같은 속임수를 시도할 때는 자신이 전에 거짓말쟁이이자 사기꾼이었다는 걸 다음 사람이 모르기를 바라야 한다.

이중 계좌 스캔들로 웰스 파고Wells Fargo가 맞닥뜨린 상황을 생각해 보자. 당시 웰스 파고는 사기용 당좌예금과 저축예금을 만드는 데 주도적으로 관여했다. 1852년에 등장해 대공황을 상대적으로 무탈하게 견뎌 낸 이 금융기관은 이런 기만행위가 밝혀지면서 금융당국으로부터 대대적인 제제를 받았다. 이후 지금까지 웰스 파고는 불명예의 대명사가 됐다. 당신, 그리고 실제로 당신의 기관 전체가 거짓말쟁이에 사기꾼이라는 평판을 얻길 바라는가? 그런 평판은 장기적 목표에 얼마나 해를 입힐지 생각해 보았는가?

심리학자 겸 전직 미 공군으로서 9·11 테러 이후에 사용된 '고도 신문 기술의 설계자'로 불리는 제임스 미첼James Mitchell은 포로를 물고문 하는 것이 신문에서 "그들의 태도를 누그러뜨리려는" 목적이라고 설명한다.[4] 심문자들은 물고문에 앞서 포로들에게 보통 이렇게 말한다.

"넌 이거 못 막아. 우리가 원하는 말을 네가 그냥 하면 돼. 그러면 그런 꼴을 또 당할 필요가 없다고."

그러면 용의자는 때로 정보 아이템 하나를 밝힐 텐데, 보통은 심문자들이 이미 알고 있는 내용이다. 하지만 그쪽이 뭔가를 내놨기 때문에 심문자는 그들이 내놓을 뭔가를 더 갖고 있을 거라고 가정할 테고, 그러면서 '약속'을 깨고 포로를 다시 물고문한다. 포로가 빠르게 깨닫는 교훈은 다음과 같았다. '내가 말을 하건 말건 상관없어. 내가 거짓말을 하건 진실을 말하건, 나한테 반복해서 계속 이렇게 할 거야. 끝은 없어. 빠져나갈 길은 없어. 무조건 견뎌야 해.' 결심은 굳어지고, 증오는 커진다.

대가가 상당한 속임수라면 통하기라도 해야 한다. 물론 웰스 파고의 경우 은행이 얻는 이익은 거의 없었다. 그리고 경영진이 내세운 상승일로의 무리한 목표를 달성하려고 관계자들이 필사적으로 매달렸던 사기 행각은 재앙을 불러왔다. 그들의 행위는 막대한 벌금, 재정상의 처벌, 관계자 수천 명의 실직, 명예의 실추로 이어졌다.

여기서 고도 신문 기술의 목표가 이른바 정보 수집이었던 신문의 영역으로 돌아가 보자. 고도 신문 기술을 써서 요긴한 정보를 얻으려는 측면에서 득이 된 건 없었다. 정보기관은 미국 의회의 수사를 받아야 했고, 명예는 땅에 떨어졌다. 한 알카에다 테러리스트 용의자는 CIA에게서 여든세 차례의 물고문을 당했다. 나체 강요, 수면 박탈, 소형 상자 감금, 신체 폭력 등 각종 고문에도 시달렸다.[5] 혹자는 궁금해할 것이다. 그런 기술이 먹히지 않는다는 걸 정보기관은 어느 시점에서 알게 될까? 쉰 번째 고문에? 백 번째 고문에? 그게 먹히고 안 먹히고를 떠난 일이라면, 혹자는 또 의문이 들 것이다. 그럼 왜 그러는 걸까?

여기서 거래나 교환으로는 결코 상대방을 설득하지 못한다는 이야기를 하려는 것이 아니다. 호혜적 거래는 힘을 발휘한다. 하지만 라포르를 해치지 않는 흥정 방식을 쓰려면 들어줄 수 있는 약속만 해야 하고, 무언가를 약속한다면 반드시 그걸 지켜야 한다. 궁극적으로 신뢰와 유대관계를 키우고 싶은 대상에게 영향을 끼친답시고 속임수나 허세를 부리려고 들지 말라. 손님이든, 배우자든, 부모든, 자녀든 상관없다. 사기꾼을 믿을 사람은 없다.

솔직함이란 줄타기

되도록 직접적이고 솔직한 태도를 가지라는 것이 우리가 전하고자 하는 바다. 하지만 여기에도 균형이라는 게 있다. 우리는 피하거나 주저하고 싶지 않지만 그렇다고 너무 직설적으로 굴고 싶지도 않다. 우리가 말하는 솔직함은 남을 기분 나쁘게 만드는 잔혹한 솔직함이 아니다. 분명한 메시지를 전하는 진정성과 단순 명쾌함을 뜻한다.

언쟁을 피하려는 태도는 의사소통에 장애물이 된다. 문자와 이메일로 곤란한 이야기를 할 때, 거친 내용 대신 간접적인 표현을 써 보려고 고민해 봤을 것이다. 진짜 문제를 두고서는 다른 이야기만 잔뜩 늘어놓으며 정작 해야 할 말을 빙빙 둘러서 말해 본 적도 있을 것이다. 이러한 회피적 의사소통은 상황을 해결하기보다는 악화한다.

키스라는 직장 동료가 있다고 하자. 키스는 주기적으로 당신과 프로젝트 아이디어를 논의하는데, 막상 전체 회의에 가서는 전부 자기가 만든 아이디어인 것처럼 이야기한다. 이럴 경우 당신은 말을 해야 할까?

적어도 당신은 이 부분에 대해 그와 맞붙고 싶다고 생각할지도 모른다. 하지만 '굳이 극적인 상황과 거친 대화를 나눠서 상황을 더 악화할 필요가 있을까' 하는 생각이 들 수도 있다. 그래서 당신은 수동적인 방법을 써서 키스가 사무실의 좀도둑 같은 인간이라는 메시지를 동료들 사이에 퍼뜨리고 그를 휴게실에서 만나면 쌀쌀맞게 대할지도 모른다. 이렇게 몇 달 동안 키스를 만날 때마다 부정적인 감정을 품고 지낼 수도 있다.

물론 이렇게 대응하면 그의 태도를 바꿀 수도 없고, 당신의 업무상의 공로를 공인받지도 못한다. 종국에는 최종 빅 매치가 이뤄져 당신이 삿대질을 하고 이름을 부르며 키스의 물품들을 그의 책상에 내던지는 상황에 이를지도 모른다. 이건 너무 직접적이다.

아니면 그 문제를 언급하지 않은 채 그저 조용히 속만 끓일 수도 있다. 그래서 키스와 함께하는 상황을 피하기 위해 부서를 바꿀 때까지 매일 자존감에 상처를 입으며 지낼지도 모른다. 이건 너무 안이한 태도다.

그러면 솔직하고 직접적인 태도로 나서는 건 어떨까? 키스에게, 그가 업무를 논의할 때 당신을 알맞은 수준에서 인정할 필요가 있다고 말하는 것은 전적으로 타당한 일이다.

그러면 이게 왜 그렇게 행동으로 옮기기 힘들까? 우리는 누군가에게 직접적으로 맞섰다가 감정이 북받쳐 올라 거기에 휩싸여 버리는 건 물론이고 갈등 상황을 아주 어색하고 불편하게 만들지 않을까 염려하곤 한다. 그래서 종종 조용히 안으로 분을 삭이다가 어느 순간 폭발하거나, 자신을 탓하며 포기하게 된다.

그러면 어떻게 직접적인 태도의 균형을 유지하면서 원하는 바를 제대로 전달할 수 있을까? 우선 내가 바라는 대화의 결과가 무엇인지 확실히 정할 필요가 있다. 사과인가, 기여를 공인받는 것인가, 아니면 키스에게서 이런 일이 재발하지 않도록 하겠다는 확답을 얻어내는 것인가?

목표를 정하면 이를 적확한 메시지로 만들어 보자. 메시지를 정했다는 판단이 들면 거울 앞이나, 화장실, 더 좋게는 신뢰할 수 있는 다른 사람 앞에서 연습을 하는 것이 좋다. 그러면서 원하는 대로 메시지가 나오는지 확인하고, 메시지를 전달할 때 감정을 감추는 연습을 해 보자. 짧은 대화 하나 때문에 품이 너무 많이 드는 것처럼 보이지만, 시간이 허락할 때마다 이 방법을 쓰면 그렇지 않을 때보다 마음을 더 쉽게 가다듬을 수 있다는 걸 알게 될 것이다. 이런 식으로 이야기를 정리할 수 있다.

당신   키스, 요 며칠 동안 나를 계속 괴롭혔던 일이 있는데, 그걸 당신과 이야기하고 싶어요. 우리가 월요일에 앤더슨 계약 건으로 만났을 때 내가 그 계약을 진전시키기 위해 정말 괜찮은 아이디어랑 의견을 내놨잖아요.

키스   그럼요, 알고 있어요, 고맙게 생각해요.

당신   그런데 전략 발표를 할 때 그걸 당신 혼자만의 아이디어인

양 발표를 해서 내 기분이 정말 별로였어요. (심호흡 세 번)

키스 (약간 충격을 받은 듯) 아, 그게 정말 맞는 건지는 모르겠어요! 월요일에 우리가 그 건으로 이야기를 나누긴 했지만, 그 모든 걸 정리하고 구체화한 사람은 나잖아요. 어쨌든 당신도 알겠지만 난 승진을 앞두고 있어요. 그게 정말 문제인 거예요?

당신 (키스의 방어적이고 무시하는 듯한 발언에 대응하지 않는다.) 당신이 문서를 작성했다는 건 잘 알아요. 절대 당신이 들인 공을 깎아내리려는 게 아니에요. 하지만 나머지 팀원한테 내 역할도 있었다는 걸 알려 줬으면 해요. 나한테는 정말 중요한 일이에요.

키스 상황을 잘못 전달했다고 느꼈다면 나로서는 유감이에요. 그 아이디어가 우리가 같이 만든 거라는 걸 사람들이 알도록, 약간 지나친 감도 있지만 확실히 해 둘게요. 나도 내가 공정하지 못했다고 사람들이 생각하는 건 싫어요.

당신 그렇게 해 준다니 정말 고마워요.

솔직함에는 통제가 필요하다. 정말 얻고자 하는 바가 무엇인지 명확히 할 필요가 있다. 목표가 무엇인가? 여기서 대화의 목표는 키스가 나머지 팀원에게 당신의 공을 알리도록 하는 것이다. 직원들 모두가 키스에게 등을 돌리게 만들거나 욕을 한바탕 하려는 것이 아니다. 당신은 사소한 복수가 아니라 해결책을 찾고 있다.

만약 반대로 당신이 업무의 공을 차지한 그 동료라면 당신과 함께 일한 사람이 어떻게 나오길 바라겠는가? 당신에 대한 소문을 사무실에 퍼뜨리기? 당신에게 소극적으로 공격적인 이메일을 보내기? 아니면 당신에게 직접적으로 이야기하기?

내가 키스라면 당신이 나한테 해야 하는 말이 마음에 안 들지도 모른다. 하지만 난 당신이 나한테 차라리 직접 말했으면 할 것이다. 그렇게 하면 당신을 더 존중할 테고, 문제도 잘 풀릴 것이다.

불평을 늘어놓는 사람에게는 문제를 그냥 무시하거나 이메일을 쓰는 게 훨씬 더 쉬워 보일 수도 있다. 그렇게 하면 상대의 반응에 대응할 필요도 없고 불편한 상황도 피할 수 있다. 하지만 수동적인 의사소통은 직접적인 의사소통이 비껴가는 불신과 원망의 저류를 키울 뿐이다.

안타깝게도 현대인은 불편한 주제를 적절한 대화 기술을 쓰며 직접 대면하는 능력을 점차 잃어 가고 있다. 과학 기술이 우리가 화면 뒤에 숨을 기회를 주면서 나타난 결과다. 문자 메시지는 영국과 미국의 50세 미만 인구에게 가장 보편적인 의사소통 형태로 자리 잡았다.[6, 7] 하지만 문자 메시지는 수동적이거나 상황을 피하려는 표현으로 여겨질 수 있고, 솔직하고 직접적으로 나서는 것보다 라포르 형성을 어렵게 한다.

갈등을 회피하는 것이 개인 대 개인 관계에서만 일어나는 일은 아니다. 훨씬 더 큰 규모의 공동 이슈이기도 하다. 우리는 종종 조직 내의 '회피 관행'과 싸워야 한다. 회피 관행은 조직이 상황을 직접 대응하고 해결하기보다 수동적이고 간접적으로 대하려고 하는 태도를 말한다. 최근의 대형 조직 스캔들만 봐도 회피 관행이 일으킬 수 있는 문제의 심각성을 확인할 수 있다.

예컨대 〈가디언Guardian〉이 영국 내 대학가에서 일어나는 성폭행과 성추행 문제를 조사한 결과, 대학 측의 대응에 심각한 문제가 있었다.[8] 이를 통계로 따지면 6개월 동안 무려 160건의 문제가 확인됐다. 다수의 피해자가 밝힌 바에 따르면, 그들은 가해자에 대한 정식 고소를 대학 당국으로부터 제지당했다. 가해자에게 아무런 조치를 취하지 않은 대학도 있었다. 아동 성학대 혐의에 대한 가톨릭교회의 대응도 국제적 규모의 또 다른 회피 관행을 보여 준다.[9] 성직자가 범한 아동 성학대 혐의는 대부분 투명하게 조사되지 않았고, 의혹을 받은 사람들은 다른 지역으로 옮겨지는 선에서 마무리됐다.

우리의 직장은 어떤가? 직장 내 괴롭힘이 발생하면 희생자로 추정된 사람을 달래거나 가해자로 추정되는 사람을 단순히 다른 부서로 옮기려고 한다. 그러면 다른 누군가가 용감하게 나서서 불만을 제기할 때까지, 가해자는 같은 행동을 다른 곳에서도 계속 저지른다.

어색하고 까다로운 대화를 영원히 피할 수는 없다. 나이를 먹어서도 그런 상황이 반복된다면 어떻게 할 텐가. 우리는 언젠가 그런 경험을 해야 하기 때문에 계속 피하기보다는 잘 해결할 수 있도록 자신감과 기술을 갖추는 편이 더 낫다. 자신에게 줄 수 있는 최고의 선물은 균형 잡히고 건설적인 방향으로 직접적인 태도를 견지하는 능력이다.

우리는 대화를 하면서 무언가를 생각해 놓고 제때 전하지 못했을 때 후회한다. 불화를 일으키고 싶지 않아서 망설이고 조용히 있다가 나중에 후회하기도 한다. 이렇게 행동하는 이유는 대립이나 갈등을 피하고 싶어서거나 공격적이거나 부담스러운 표현을 피하면서 하고 싶은 말을 전하고자 하는 자신감이 없기 때문이다.

하지만 극한의 상황에 내몰리면 아무리 소극적인 사람이라도 직접적이고 확고한 행동을 한다. 우리 부부는 아들이 입원했을 때 구태의연한 영국 의료진을 '자극'해서 아들을 살린 적이 있다("지금 숨이 멎으려고 하는데, 절차를 밟으라고요? 장난쳐요?"). 모든 사회적 규범이 침묵을 요구하지만 마음속에서는 말을 하라고 요구할 때, 가끔 목소리를 높일 필요가 있다.

대립을 피하려고 문제를 이야기하지 못했다가 문제만 더 커진 경험을 한 적이 있는가? 필요할 때 목소리를 내고 자기주장을 할 수 있는 힘을 가져야 한다. 잔혹하게 굴거나 시비를 걸거나 악의를 품을 게 아니라 단도직입적인 태도를 가져야 한다.

진짜 이슈가 무엇인지를 놓고 대충 넘어가려고 하지 말자. 함께하는 시간이 부족하다고 배우자에게 말하든, 자녀의 음주와 흡연에 대한 우려를 직접 본인에게 이야기하든, 부모의 건강과 움직임이 나빠졌다고 본인에게 말하든, 어떤 상황이든 말이다. 모두 어려운 대화지만 논의하고 싶은 것에 솔직했을 때 신뢰를 쌓고 확실한 변화를 이끌어 낼 수 있다. 용기를 갖고, 단도직입적인 태도를 가지라. 그리고 반창고를 떼 버리듯이 마무리하고 끝내라.

감정의 뇌에 휘둘리지 않으려면

감정적인 반응을 조절하기란 쉽지 않다. 때론 거의 불가능해 보이기도 한다. 우리가 대하고자 하는 상황이 아주 진지하거나 개인적일 때 특히 그렇다. 감정이 운전대를 잡는다면 우리는 어느새 비포장도로를 타고 감정의 황무지로 들어가고 있을 테고, 의사소통은 아무런 성과도 내지 못한 채 끝난다. 따라서 우리는 의사소통을 생산적이고 의미 있는 방향으로 이끌 수 있도록 감정을 조절할 수 있는 능력을 갖춰야 한다.

누군가가 한 행동으로 당신이 개인적으로 무시당하거나 비난받는다면, 공격당하고 수세에 몰린 느낌을 받는 게 자연스러운 반응이다. 때론 사소한 속임수라도 격한 반응을 일으킬 수 있다.

예컨대 당신의 배우자가 빨래 접는 방법을 두고 비난한다면, 당신은 바로 우울해지고 화가 날지도 모른다. 나를 비난하는 배우자를 역으로 비난할 수도 있고, 언쟁은 관계 전체를 지배할 정도로 커질 수 있다. 또 다른 전형적인 예시는 누군가 당신의 운전을 비난하는 경우다. 그 사람은 이렇게 말할지도 모른다. "조심해! 벽에 닿을 뻔했다고!" 우리의 본능적인 반응은 방어 태세를 취하고 맞받아 소리치는 것이다. "아니거든, 넌 네가 지금 무슨 소릴 하는지도 모르지!" 우리가 차 옆을 긁어도 마찬가지다. 개인적인 기억인데, 나의 조부모들은 운전 중에 동승자가 하는 이야기는 공손하게 받아들여야 한다는 원칙을 굳게 지켰다. "자기야, 충고 정말 고마워."

비판으로부터 자신을 지키려는 본능을 억제하기란 쉽지 않다. 하지만 감정의 뇌가 주도권을 잡도록 하는 것은 도움도 안 되고 필요도 없다. 만약 그렇게 된다면 상대의 반응에 휘둘리게 되고 목표와 전략보다는 감정의 변덕에 따라 반응하게 된다. 감정의 뇌에 따른 단순한 행동은 자연스럽지만 현명하지 않다.

내면의 목소리를 조절하려면 침착함을 유지할 수 있도록 말의 속도와 크기를 조절하는 연습이 필요하다. 다음에 누군가가 한 말에 충격을 받거나, 속이 상하거나, 언짢아지거나, 상처를 받거나, 당황스럽다면 반응하지 말고 일단 멈춰 보라.

단, 상대의 반응이 당신과 당신의 행복에 영향을 준다면 그걸 그냥 내버려 둬선 안 된다. 당신의 진짜 기분("기분 진짜 더럽네.")을 인정하면서도 더 객관적인 대응 방안을 찾아야 한다. 이렇게 생각해 보라. '난 이 사람이 나한테 그런 식으로 얘기해서 뭘 얻으려고 한 건지 궁금하다. 실제로 나한테 무엇을 말하고자 한 걸까?'

그들의 이야기에서 근본적인 메시지를 뽑아 보라. 그 메시지가 무엇인지 이해된다는 생각이 들면 그들에게 물어보라. '내가 선택한 식습관/배우자/생활방식을 바꾸길 바라는 마음에 네가 내게 죄책감을 주려고/상처를 주려고/당황스럽게 만들려고 하는 것 같아. 맞지?' 혹은 '내가 너한테 개인적인 이야기를─너의 직업, 나의 자녀, 너의 건강을─하면 네가 성가셔하는 것 같아. 나한테 개인적인 이야기를 해주는 게 불편하니?'

상대방의 행동이 당신에게 어떤 느낌을 주었는지를 두고 직접적이고 솔직한 태도를 보이면, 상황이 걷잡을 수 없이 커지는 걸 막거나 자기의 나쁜 행동에 항의를 받는 게 익숙하지 않은 사람에게서 무시나 괴롭힘을 당하는 상황을 막을 수 있다.

하지만 당신이 얻을 수 있는 대답에는 마음의 준비를 해야 한다. 상대에게 동의하지 못하더라도 그 사람의 입장을 이해하려고 노력해야 한다는 것도 잊지 말자. 솔직한 태도를 취하면, 자기 안에서 소용돌이치는 감정을, 절대 극복할 수 없거나 당신의 인간관계에서 풀 수 없는 감정을 다스릴 수 있다.

요약

1. **상대방에게 영향을 주기 위해 기만하거나 부정직하게 대하지 말라.** 누군가를 기만하는 행위는 진실이 드러나는 순간 회복하거나 복원하기 힘들 정도로 신뢰를 무너뜨린다. 당신이 그 사람을 보호하려고 하거나 그에게 최선인 뭔가를 한다는 생각이 들어도 말이다. 기회가 닿는 대로 최대한 솔직한 태도를 가지라.

2. **메시지를 직접적이고 확실한 태도로 다루라.** 이메일이나 문자 메시지는 잘못 해석되거나 잘못 읽히기 쉽다. 어려운 메시지를 솔직하게 전하는 능력은 용기와 세심함이 갖춰졌을 때 제대로 발휘할 수 있는 결코 흔치 않은 기술이다. 직접적인 태도에 더 자신감을 얻고 편해질 때까지 연습하고, 연습하고, 또 연습하라.

3. **메시지가 잘 전달될 수 있도록 감정을 조절하라.** 가장 어려운 기술이다. 감정이 격하거나 깊이 느껴지는 상황에서는 특히 그렇다. 하지만 솔직함이란 현실을 최대한 객관적으로 돌아보는 것을 뜻한다. 긴박한 상황이나 감정으로 메시지를 흐리지 말라. 이건 꽤 힘들겠지만, 다음의 조언에서 도움을 받아 보라.

   • 숫자를 1부터 10까지 세면서 반응의 속도를 줄이거나 대답을 하기 전에 생각할 시간이 조금 필요하다고 공공연하게 말하라.

   • 감정의 뇌가 힘을 발휘하지 못하도록 주의를 분산시키라(엄지와 검

지를 같이 세게 누르거나, 답을 하기 전에 '침착해'처럼 마음을 진정시키는 표현을 세 번 되뇌라).

- 대답을 할 때 목표에 집중하도록 노력하라. 문제를 왜 해결하고 싶은가? 상대에게 감정을 떠넘기기보다는 문제를 해결하는 데 집중하라.

공감한다고 친구가 될 필요는 없다

> 스카웃, 네가 간단한 요령을 배울 수 있다면 별의별 사람과 훨씬 더 잘 어울릴 수 있을 거야. 남의 시각에서 세상을 보지 않으면, 남의 입장이 되어 생각해 보지 않으면 그 사람을 결코 이해할 수 없어.
>
> — 하퍼 리Harper Lee의 《앵무새 죽이기To Kill a Mockingbird》 중 애티커스 핀치

라포르와 마찬가지로 '공감'도 자주 사용되는 만큼 오해되는 경우가 많은 단어다. 많은 사람이 공감을 연민이나 온정으로 여겨 종종 동정과 혼동한다. 하지만 공감은 어떤 사람의 생각과 느낌을 진심으로 이해하려고 노력하는 태도를 말한다. 여기에는 관대함이나 온정이 필요하지 않다. 오히려 상대방의 핵심 신념과 가치를 알아내기 위한 분석적인 자세가 필요하다. 이것이 다른 사람의 행동을 이해하는, '그 사람의 입장'이 되어 보기 위한 열쇠다.

8~10개월 된 아기들은 자신 앞에 있는 누군가가 괴로워하거나 슬퍼하면, 공감의 신호를 보낸다는 연구 결과가 있다.[10] 하지만 공감은

유전적 요인과 환경적 요인 모두에 연관되어 있기 때문에 고정된 특성이 아니다. 따라서 아이의 공감 능력을 키우려면 주변의 성인들이 이 능력을 북돋아 줄 필요가 있다.[11]

성인이 되어서 공감 능력을 키우기란 상대적으로 훨씬 어렵다. 우리 부부가 정보기관, 경찰, 상담소의 질문자(심문자)를 양성할 때 기초 수준에서 개선하기에 가장 어려운 기술이 공감 능력이었다. 하지만 불가능한 일은 아니다. 적절한 동기 부여와 노력, 프로그램이 적용되면 가능하다. 실제로 마흔여덟 쌍의 부부를 대상으로 실시한 공감 능력을 키우는 연구가 이를 입증한다.[12] 연구를 수행한 결과, 우리가 설계한 프로그램을 통해 모든 부부의 공감 능력이 6개월의 기간을 거쳐 개선됐고, 공감 능력이 높은 부부들은 6개월 후에 더 높은 관계 만족도를 보였다. 그러면 공감 능력을 키우는 방법에 대해 알아보자.

1단계 공감, 너 자신을 알라

1단계 공감은 자신에게 어떤 일이 벌어졌을 때 갖게 되는 생각과 느낌을 확실히 인식하고 표현하는 것이다("난 겁이 났어", "'이건 불공평해' 하고 생각했지", "네가 나를 더 이상 안 좋아할까 봐 걱정했어").

우리 주변에는 성인이 되어서도 자신의 감정을 제대로 알지 못하거나, 이를 표현하지 못하는 이들이 있다. 그들에게 왜 그렇게 했냐고 물으면, 자신의 행동을 뒷받침하는 생각과 느낌을 표현하는 데 애를 먹는다. 그들이 한 말에 대해 어떤 느낌을 가졌냐고 물으면 '잘 모르겠다'고 답한다. 때론 어떤 생각을 했냐는 질문에 '기억이 나지 않는다'고 답한다. 자신의 생각과 느낌을 확실히 인식할 수 있는 능력은 매우 중요하다. 자기 인식은 대인 기술의 출발점이다. 자기 자신을 파악하는 데 애를 먹는다면, 다른 사람의 생각과 느낌을 파악하는 건 거의 불가능하다.

대인 기술은 다른 사람과 대화하고 서로 반응하면서 발전한다. 자신의 생각과 느낌을 터놓고 이야기하는 법을 배우려면, 주변 사람이 나를 어떻게 이해하는지 알아야 한다. 따라서 다른 사람과 나에 대해 이야기하는 경험이 이를 이해하는 데 도움이 된다. 만약 여기에 애를 먹는다면, 마음을 열고 부담 없이 대할 수 있을 누군가를 찾아서 내 생각과 느낌을 터놓고 공유하라. 주제가 대단한 것일 필요는 없다. 평범하거나 지루한 주제도 상관없다. 나를 짜증 나게 하거나, 두렵게 하는 일을 떠올려 보라. 주기적으로 벌어지는 일이면 더 좋다. 예컨대 음식 낭비가 있을 것이다. 최근에 뚜껑을 열거나 손에 대지도 않고 음식을 쓰레기통에 바로 버렸던 경우를 떠올려 보라. 어떤 생각이 들었는가? '아아, 정말 짜증 나! 우리 부부는 이번 주에 너무 바빴어. 요리를 하거나 냉장고에 뭐가 있는지조차 생각할 겨를도 없었고. 그런데 모든 음식의 유통 기한을 기억해야 하는 사람이 왜 꼭 나여야 하는 거지? 잊어버리자. 난 이제 냉동 음식만 사겠어.' 그때 어떤 기분이 들었는가? 죄책감, 좌절감, 짜증, 분함?

이런 이야기를 하다 보면 죄책감이 들지 모른다. '환경 친화적인' 성향을 갖게 된 10대 자녀를 지지하는 의미에서 쓰레기를 줄이는 모범을 보이려고 아주 열심히 노력하고 있기 때문이다. 좌절감을 느낄 수도 있다. 최근 주머니 사정이 나빠져 식료품비를 늘리지 않고 테이

크아웃 음식을 피하려 노력하고 있기 때문이다. 이처럼 한층 더 세세한 대화는 자신이 중요하게 여기는 가치를 깨닫게 해 준다. 당신은 지구 환경에 관심이 많고, 자녀에게 연대감을 보이고 싶으며, 더 절약하고 낭비를 막고 돈을 아끼려고 한다. 이 중 하나가 당신이 오이를 버렸다는 사실을 둘러싼 이야기보다는 훨씬 더 의미 있는 대화로 확장될 수 있다.

이 기술은 상황이 더 극단적으로 바뀌면 더 큰 효과를 발휘한다. 배우자와 언쟁을 하고 난 뒤에 이를 적용할 수 있겠는가? 상대가 무엇을 했는지에 집중하기보다는 당신이 그 상황을 그렇게 대하게 만든 생각과 느낌을 곱씹어 보는 시간을 가져 보자. 어떤 표현으로 설명을 할지 생각해 보자. "그가 그렇게 말했을 때, 나한테 든 생각은…." "그가 나를 떠나가 버렸을 때, 내 기분은…." "내가 남편(아내)한테 문자를 보냈을 때, 나한테 든 생각은…."

자신의 행동을 이와 관련된 생각과 느낌의 측면에서 묘사하는 능력은 1단계 공감을 완전히 익히는 데 필요한 열쇠다.

2단계 공감, 상대의 입장이 되어

2단계 공감은 다른 사람의 입장이 되어 그 사람에게 일어났던 어떤 일이 당신에게 일어날 경우 어떤 느낌을 받을지 생각해 보는 것이다. 우리는 3~6세 시기에 이 기술을 발전시키기 시작한다. 아이들은 자신이 곰 인형을 잃어버려서 슬프고 속상하면 친구도 자기가 좋아하는 장난감을 잃어버렸을 때 속상하고 슬플 거라는 사실을 경험을 본보기 삼아 이해하기 시작한다. 이것은 그들이 영화 속 캐릭터와 같은 가상의 내러티브에 공감하기 시작할 수도 있음을 뜻한다. 예컨대 아이들은 만화 주인공의 엄마가 죽을 때, 자기 엄마가 죽으면 어떤 느낌을 받을지 상상하면서 몹시 슬퍼하고 속상해한다. 2단계 공감은 다른 사람의 입장이 되어 그 사람이 경험한 것을 당신이 경험할 때 어떤 느낌이 들지 생각해 보는 것이다. 그 상대가 친구든, 배우자든, 상사든, 심지어 만화 주인공 밤비든 말이다.

우리는 부부로서 운 좋게도 2단계 공감을 쌓을 수 있는 기회를 주기적으로 얻고 있다. 우리 부부는 둘 다 직업 때문에 주기적으로 장시간 따로 일을 하거나 멀리 떨어져 있어야 한다. 이 때문에 우리는 어쩔 수 없이 가정 내 역할을 정기적으로 교대한다. 우리 중 한 사람이 하루에 열다섯 시간 일을 하고 완전히 녹초가 되어 집에 돌아오면, 우리가 그 전 주에 같은 일을 했을 수도 있기 때문에 나머지 한 사람은 공감할 수 있다. 오전 4시부터 일어나 대중교통에 시달려 지친 상대방이 집에 와서 소지품을 내던지고 소파에 몸을 던지고 싶어 한다는 것을 우린 둘 다 잘 안다.

다른 한편으로 집에 있는 사람은 하루에 일은 여덟 시간만 했을지 모르지만 차를 끓이고, 부엌을 정리하고, 청소기로 거실을 밀고, 빨래를 널고, 두 시간 동안 자녀의 숙제를 봐 줬을 것이다. 소파에 몸을 던지고 싶은 건 이쪽도 마찬가지다!

그러면 우리는 어떻게 할까? 누가 제일 힘든 하루를 보냈는지 경쟁해야 할까? '줄자'라도 대야 하나?

우리가 누군가에게서 공감을 요구하면, 그 사람은 우리의 기분을 이해하려고 노력하는 대신 자신에게 공감해 줄 것을 요구한다. 예컨대 "내가 얼마나 지쳤는지 알아? 아침 4시부터 일어나 있었다고"라고 말하면, 우리는 거기에 공감하기보다는 응수하는 쪽으로 종종 반응한다. 이렇게 말이다. "내가 오늘 얼마나 바빴는지 알아? 아침 6시부터 앉아 있을 틈도 없었어. 넌 몇 시간 동안 열차에 앉아서 커피라도 마셨겠지!"

그러면 이런 대꾸가 나온다. "열차에서 마시는 커피가 얼마나 별로인지 알아?" 서로의 애정이 식을 때까지 이런 대화가 이어진다. 이런 식의 대화는 양쪽 모두에게 이해나 인정을 받지 못하며, 억울하다는 감정만 남긴다.

하지만 당신이 양쪽—'일에 치이는 하루' 대 '잔혹한 통근'—모두를 경험해 봤다면, 자신이 직접 그 길을 걸어 봤기에 상대방의 입장을 더 잘 이해할 수 있다. 따라서 배우자가 끔찍한 하루를 보내고 완전 녹초가 됐을 때, 당신도 그 녹초가 된 경험이 있기 때문에 그 사람의 기분을 정확히 이해할 수 있다.

공유하는 생활이 적거나 일과가 서로 상이한 부부의 경우, 배우자의 입장에서 생각하기란 쉽지 않다. 오히려 상대방의 일정을 부러워하며 자신의 일정만큼 힘들지는 않을 거라고 여길 수 있다. 여기서 기억해야 하는 점은 공감이 경쟁과는 무관하다는 것이다. 공감은 이해와 맞닿아 있다. 당신은 자신의 하루를 배우자의 하루와 비교할 필요가 없다. 그저 그 사람의 관점을 이해하려고 노력해야 한다. 상대방의 감정과 경험에 감사와 존중을 표시해 보라. 자신의 감정, 경험과 비교해 재지 말고 말이다. 당신이 누군가에게 관심이 있다면 그 사람의 입장을 더 확실히 파악하기 위해 그만큼의 노력과 상상력을 발휘할 만하다.

하버드 의과대학 연구자들이 아주 흥미로운 연구를 진행했다.[13] 이 연구 결과에서는 부부 중 한 사람이 자신의 배우자가 자신을 이해하기 위해 진정으로 노력한다고 느끼면 부부의 관계 만족도가 더 높게 나타났다. 그들의 생각이나 느낌에 대한 추측이 실제로 아주 정확하지 않았음에도 말이다. 공감하려는 사람은 누구든 좋아할 수밖에 없다.

3단계 공감, 상대방의 감정 이해하기

다른 사람의 입장에 서 본다는 건 그 자체만으로 그 사람의 감정적 경험과 연결될 수 있는 효과적인 방법처럼 보인다. 하지만 공감의 3단계로 넘어가려면 그 사람의 머릿속으로 들어가야 한다. 상대방이나 등장인물의 경험을 당신의 가치, 신념, 경험으로만 해석한다면, 그것이 그들에게 개인적으로 미친 영향을 정확히 이해하기 어렵다.

3단계 공감은 '저 상황에서 나라면 어떻게 했을까?'가 아니라 '그들은 왜 저렇게 했을까?'를 묻는 일이다. 여기에 답하려면 그 사람의 머릿속으로 들어갈 수 있어야 한다. 그 사람의 느낌, 핵심 가치와 신념, 성별, 나이, 인생 교훈 등 상대방의 관점으로 상황이나 경험을 바라봐야 한다.

어떻게 하면 다른 사람의 관점에 설 수 있을까? 아쉽게도 이는 때로 불가능하다. 여기서 중요한 것은 제대로 아는 게 아니라 이해하려고 하는 시도 자체다. 상대방을 이해하려고 노력을 기울이는 것은 심리 치료에서도 중요하게 여기는 기술이다. 당신은 경청하고 진지하게 질문하면서 다른 사람의 머릿속에서 무슨 일이 일어나는지를 해독할 수 있다. 처음에는 어렵겠지만 시도하면 할수록 더 좋은 결과를 얻게 된다.

심리학자이자 인간중심상담의 창시자인 칼 로저스Carl Rogers는 상담자가 공감을 이용해 내담자와 강한 치료 동맹을 맺을 수 있다고 믿었다. 간단히 말해, 공감은 단정하거나 지시하지 않는 자세로 귀를 기울여 내담자가 자신의 문제를 그저 자세히 말할 수 있도록 격려하는 것과 관련이 있다.[14]

사람은 자신을 그 누구보다 궁극적으로 잘 안다는 것이 로저스의 주장이다. 상담자의 역할은 내담자가 자신의 문제에 자신만의 해결책을 갖고 접근하도록 돕는 것이다. 내담자가 자신만의 해결책을 내놓을 수 있다는 것은 그것을 수용하고 받아들일 가능성이 높다는 뜻이다. 따라서 해결책은 상담자가 외부에서 강요한 게 아니라 자신에게서 나와야 한다.

부모가 자녀와 공감하고 그들의 감정을 이해하는 것은 매일의 도전 과제다. 3단계 공감은 자신이 걸음마를 뗀 아이였을 때 어땠는지를, 아이스크림을 떨어뜨리거나 수영장에서 강제로 나와야 했을 때, 말 그대로 온 세상이 무너지는 느낌을 받았을 때를 떠올리는 것과 비슷하다.

열세 살짜리 자녀가 첫사랑에게 차이고 왔다면 당신이 이성에게 처음 거절당해 고통과 절망에 휩싸였던 기억을 떠올려야 할지 모른다. 이때 단순히 "힘내." 하고 말하거나 "세상에 널린 게 남자(여자)야." 혹은 "어쨌든 넌 훨씬 더 잘할 수 있어." 하고 말하는 건 별로 도움이 안 된다. 이런 말은 죄다―당신의 자녀가 아니라―성인의 시각에서 나온 것이다. 그러니 그 말이 사실이라고 해도 공감을 살 수는 없다.

어린이와 티셔츠

상대의 시각에서 본다는 원칙은 자신의 입장을 설명하기 전에 그 사람이 어떤 느낌을 받았는지를 인정할 수 있다는 뜻이다. 이는 상대에게 직접적인 메시지나 요구 사항을 전하는 데 아주 중요한 관점을 제공한다. 우리는 이를 '어린이와 티셔츠' 접근법이라고 부른다.

세 살짜리 아이가 이렇게 말한다고 생각해 보자. "엄마, 나 오늘 유치원에 공룡 티셔츠 입고 가고 싶어." 하지만 공룡 티셔츠는 막 빨래를 끝낸 터라 축축하다. 이때 당신이 "안 돼. 그거 축축해." 하고 말하면, 아이는 "그래도 입고 싶어." 하고 말할 것이다. 그러면 당신은 "그거 축축하다고. 유치원에 젖은 티셔츠를 입고 가면 안 돼." 하고 말하고, 아이는 "그래도 입고 싶다고." 하고 말한다. 계속 언쟁을 하다 둘 다 바닥에 드러누워 울고 싶어지는데, 한 사람은 이미 그러고 있을지도 모른다.

그 대신에 이렇게 말하면 어떨까. "네가 저 티셔츠를 너무 좋아하고 네가 가장 아끼는 옷이라는 건 나도 잘 알지. 그거 입기만을 정말 기다렸을 텐데 그러지 못해서 정말 속상하겠구나. (눈을 크게 뜨며 이해한다는 표시를 한다.) 그래도 옷이 축축하잖아. 그러니까 우리는 오늘 옷을 말릴 거야. 그러면 내일 입을 수 있어. 약속할게. 오늘은 다른 티셔츠 스무 벌 가운데 하나를 골라보자."

이렇게 하면 결국 유치원에 제시간에 갈 수 있을지도 모른다.

약간 더 까다로운 경우는 10대 자녀의 시각을 이해하려고 애쓸 때다. 호르몬과 감정이 휘몰아치던 그때로 돌아가기 힘들 수 있기 때문이다. 게다가 요즘 10대는 소셜 미디어, 사이버 폭력, 온라인 포르노 등 우리가 경험하지 못했을 법한 것들과 씨름하기도 한다. 다음 예시를 생각해 보자.

당신의 10대 자녀가 갑자기 평소보다 더 침울하고 조용해 보인다. 하루 동안 학교에서 있었던 일이든 친구 문제든 정말 아무것도 이야기하고 싶어 하지 않는다. 최소한 당신한테는 그렇다. 아이는 당신을 되도록 피하려고 하며 자기 방에 틀어박혀 휴대폰만 붙잡고 있다.

혹자는 이렇게 말할지도 모른다. "그래, 그게 보통 10대의 모습이지." 일부 부모와 자녀에게 이것은 사실일 수 있다. 하지만 '보통'이라는 표현이 꼭 문제가 없다는 뜻은 아니다. 평소에 그러지 않던 아이가 그렇게 변했다면 분명히 지켜봐야 한다.

그들이 이렇게 행동하는 이유를 최대한 다각도로 생각해 보라. 무엇이 떠오르는가? 여자 친구/남자 친구 문제? 학교 폭력? 호르몬? 그럴 만한 시기? 그리고 생각해 보라. 이 각각의 추측에 어떤 근거가 있는가? 그러고 나서 이미 안다고 가정하지 말고 아이와 대화를 하도록 노력해서 그 원인이 무엇인지 살피라.

단, 처음부터 원인을 이야기하지 않도록 주의하라. 10대 자녀한테 그런 이야기를 꺼내는 순간 설전이 벌어지고 아무 성과도 낼 수 없다.

"학교 친구 때문에 그래?" 아니.

"학교 일 때문에 그래?" 아니.

"여자 친구 때문이야?" 아니라고! 난 괜찮다고. 제발 좀 그만해!

"그러니까 여자 친구 때문이지?" (자녀가 자리를 떠난다.)

답을 끌어내려는 스무고개는 누구에게나 몹시 견디기 어려운 일이다. 그러니 상대방을 안심시키고 언제든 이야기를 들을 용의가 있다고 말해 두는 편이 훨씬 더 낫다. 제안이 거절당하거든 넘어가라. 앞에서 소개한 아버지의 운전면허 관련 예시처럼 암시나 강요에 의해서가 아니라 자연스럽게 드러나도록 하라. 당신이 변화와 그 증거를 알아챘다는 걸 아이들과 공유하면 할 수 있는 일이다. 당신은 이렇게 이야기할 수 있다.

그러니까 넌 지금 정말 혼자 있고 싶고 나랑 별로 이야기도 하고 싶지 않아 보이는구나. 걱정스러워. 정말 다 괜찮은 거지? 내가 도울 수 있는 일 없니?

아니면 이럴 수도 있다.

너 지금 많이 달라 보여. 이야기하고 싶은 게 있으면, 내가 여기 있을게. 그게 뭐든 비난하거나 소리치거나 화내지 않을게. 그저 널 돕고 싶어서 그래.

아이들이 무언가를 바로 내놓지 않더라도 당신은 심리적으로 문을 열었다. 아이들이 마음의 준비를 했을 때 그 문을 통해서 오도록 말이다. 이렇게 문을 열어 두면 차를 타고 학교에서 집으로 돌아올 때는 성과 없이 끝나더라도 잠들기 직전에 허심탄회한 대화로 이어질 수 있다(상대방에게 최대한의 선택권을 주는 것에 대해서는 자율성에 관한 단락에서 좀 더 이야기하겠다).

공감은 관심 있는 사람과의 깊은 관계를 맺는 데만 유용한 게 아니다. 대립하는 사람과의 관계에서도 유용하다. 경찰 신문에서 공감은 심문자가 잦은 비판을 멀리하는 것과 공모를 멀리하는 것 사이에서 이루어지는 줄타기와 같다. 우리가 분석한 바에 따르면, 심문자가 공감 기술을 성공적으로 익힐수록 용의자에게서 훨씬 더 중요한 정보를 얻어냈다.

공감은 다정하고 친근하게 대하는 것과 별개다. 이건 공감이 아니다. 우리가 논의한 것처럼, 진심 어린 공감을 보이려면 상대방과 그 사람이 신경 쓰는 것을 이해하기 위해 열심히 노력해야 한다. 상대가 이슬람 국가 테러리스트든, 무장 강도든, 성범죄자든 상관없다. 다만 누군가의 동기, 가치, 행동을 이해한다는 게 꼭 그것들에 동의하라는 의미는 아니다. 그들의 입장에 동의할 필요는 없지만 그들이 그런 행동을 한 이유에 대해서는 (판단이나 의견을 드러내지 않으면서) 진심 어린 관심을 보여야 한다.

이 개념을 10대 자녀와 이야기하는 상황에서 생각해 보라. 이야기 주제로는 담배를 피우는 것, 학교 내 문제아와의 관계, 늘 막판까지 미루는 숙제 등이 있다. 당신은 각각의 주제에 대해 입장이 확고하겠지만, 자녀의 입장을 듣고 이해하기 전까지는 그들의 행동에 진정으로 영향을 주겠다는 희망을 버려야 한다.

해결책은 인내심과 호기심을 갖고 귀를 기울이면서 상대방의 이야기에 관심과 이해를 보이는 데 있다. 당신이 그 이야기를 좋아하지 않고, 거기에 동의하지 않고, 그들의 행동이나 가치가 당신과 반대라는 것을 알아채더라도 상관없다. 그들의 관점을 이해하는 것은 상대에게 영향력을 행사하는 중요한 단계임을 기억하자.

요약

1. **나는 누구인가.** 자기 인식을 뒷받침하는 생각과 감정에 자신의 행동을 연결함으로써 자기 인식을 갖추는 연습을 하자.

2. **공감은 경쟁이 아니다.** 최대한 상대방의 관점에서 상황을 바라봄으로써 그들과 연결되도록 노력하라. 공감이 누가 가장 공감받을 만한지를 겨루는 경쟁으로 변질되지 않도록 주의하라. 생각을 터놓고 자주 전하면, 주변 사람들이 존중받고 이해받는다는 느낌을 받고 결국 당신에게 돌려줄 것이다.

3. **상대방의 관점으로 이해하라.** 열린 마음을 갖고, 선택 사항을 살펴라. 당신은 살면서 수많은 경험을 하고 이를 통해 상황을 생각하고 느끼는 방식을 형성했을 텐데, 이는 자녀, 배우자, 직장 동료 등 다른 사람도 마찬가지다. 당신의 경험만으로 남을 너무 성급하게 판단하지 말라. 그들의 행동이 당신만의 가치나 신념과 정반대라고 해도 그들의 눈으로 상황을 보려고 노력하라.

설득은 강요가 아니다

성장의 가장 강력한 원리는 인간의 선택에 있다.

— 조지 엘리엇George Eliot

자율성은 다른 사람과 소통할 때 놀랄 만큼 강력한 힘을 발휘한다. 누군가가 우리를 통제하려고 한다는 느낌을 받느냐 안 받느냐는 우리 행동에 지대한 영향을 미친다. 우리가 진행한 테러리스트 신문 연구에서 용의자의 자율성(선택의 힘)을 지켜 주는 것은 그 사람이 정보 당국에 말을 할지 말지 여부에 아주 큰 영향을 미쳤다. 이것은 상식에 반하는 결과 같아 보인다. 대의에 헌신하고 당신을 적으로 간주하는 누군가가 당신에게서 말하지 않을 수 있는 선택권을 얻었는데 왜 당신에게 무엇이든 말하겠는가? 그들의 협조를 얻기 위해 어떻게든 그들을 압박하거나 움직여야 하지 않을까?

할리우드 영화는 범죄자의 협조를 얻어 내려면 위협(말할 때까지 괴롭히기), 유인책(양형 거래 제안하기), 호소(희생자를 위해 말해 달라고 애원하기), 강한 요구(책상을 내리치고 삿대질하기), 끊임없는 압박(지쳐서 그냥 포기하고 모두 털어놓을 때까지 밀어붙이기)을 혼용해야 한다고 말한다. 하지만 현실은 영화와 다르다.

우리의 연구 결과로는 이러한 방법 가운데 신뢰할 만한 정보를 얻어 내는 데 효과적인 방법은 없었다. 이런 방법이 사람들에게 영향을 미치기는 한다. 사람을 더 약하게 만들고 잘못된 정보나 허위 자백의 위험을 잠재적으로 높인다. 이러한 전술은 세련되지 못하며 태만한 의사소통 방식이다.

유능한 심문관은 조작, 기만, 강압을 사용하지 않는다. 가까운 사람과의 관계에서도 마찬가지다. 우리는 배우자가 두려움이 아닌 사랑을 통해 관계에 충실하길 바란다. 우리는 자녀가 원망이 아니라 존중을 통해 요구받은 바를 실천하길 바란다. 또한 우리는 가까운 사람들이 속임수가 아니라 신뢰감과 친밀감을 가지고 이야기해 주길 바란다.

그렇다면 어떻게 상대에게 선택권을 주면서 협조를 끌어낼 수 있을까? 치료적 개입에 대한 인본주의적 접근법의 핵심은, 말을 할지 말지는 내담자에게 달려 있다는 것이다. 용의자에 대해서도 동일한 원칙이 영국과 미국의 법에 명시되어 있다. 묵비권은 법으로 보장된 권리다. 이 권리가 진정성과 존중을 통해 그들에게 주어지면, 그들은 방에 계속 머무르면서 심문자에게 입을 열 가능성이 더 높다.

자율성에 대한 강력한 예시는 캐나다 공군 대령 러셀 윌리엄스 Russell Williams를 대상으로 한 신문에서 확인할 수 있다.[15]

현역 군인이었던 윌리엄스는 2010년에 살해 두 건, 성폭행 수 건, 주거 침입 수 건으로 유죄 판결을 받았다. 주거 침입은 피해자의 침실에서 여성 속옷을 훔친 것이었다.[16] 윌리엄스의 면담은 오타와 지방 군 형사 짐 스미스Jim Smythe 하사가 맡았는데, 그는 숙달된 라포르 전략을 통해 용의자에게 자율성에 대한 인식을 심어 줬다.

표준 절차대로 스미스는 윌리엄의 권리와 자유를 강조하면서 면담을 시작한다. 언제든 휴식을 요청할 수 있고, 언제든 변호사와 협의할 수 있으며(2분 동안 네 번이라고 말한다), 원하지 않으면 질문에 대답하지 않아도 된다고 덧붙인다. 스미스는 이미 수백 번 반복했을 이 말을 마치 즉흥적으로 나온 것처럼 말한다. 진정성 있고 의미 있으며, 무엇보다 단정 짓는 것과 거리가 멀게 느껴지게 말이다. 결과적으로 윌리엄스는 휴식이나 변호사를 요청하지 않고, 자신에게 주어진 그 어떤 질문에도 대답을 피하지 않는다.

러셀 윌리엄스의 사례에서 가장 중요한 점은, 스미스가 윌리엄스의 입을 열기 위해 엄청난 압박을 받고 있었다는 사실이다. 스미스는 스물일곱 살 제시카 로이드의 실종 사건을 조사하고 있었다. 아직 밝혀지지 않은 어떤 범죄자가 저지른 다른 두 건의 가정 침입 및 성폭행 사건이 그녀의 실종과 관련이 있을 것이라는 게 경찰의 입장이었다. 윌리엄스는 그의 트럭 타이어 자국이 로이드 집 근처에서 발견된 것과 일치한다는 사실 때문에 신문 요청을 받고 소환됐다. 그래서 신문 당시 스미스는 자기 앞에 있는 그 군인이 십중팔구 성범죄자이고, 로이드를 어딘가에 묶어 뒀거나 이미 죽였을 수 있다는 걸 아주 잘 알고 있었다. 정말이지 스미스는 이런 상황을 감안해 그에게 부담을 주면서 단정적이고 독단적인 태도를 보이며 윌리엄스가 자백하도록 압박하고 싶었을 것이다.

네 시간 동안 신문을 벌이면서 피해자 건물에 남은 발자국과 타이어 자국을 포함한 유죄의 강력한 증거를 제시한 후, 스미스는 이렇게 묻는다. "자, 러셀, 우리 얘기해 볼까요?"

윌리엄스는 이런 말로 대답한다. "내 아내한테 미치는 영향이 되도록 적었으면 좋겠어요."

윌리엄스가 마지막 단어를 끝내기도 전에 스미스는 "나도 마찬가지예요." 하고 말한다.

윌리엄스는 고개를 들고 묻는다. "그러면 **우리** 어떻게 하면 될 까요?"

갑자기 질문자와 용의자가 '우리'가 된다. 목표를 공유하면서 하나가 된다. 스미스가 대꾸한다. "그럼, 진실을 얘기하는 것으로 시작하죠."

둘은 아주 오랫동안 입을 열지 않는다. 스미스는 별로 급할 게 없다는 듯 윌리엄스를 재촉하지 않는다. 스미스는 자신이 만든 문을 윌리엄스가 열고 들어오도록 기다린다.

윌리엄스는 결국 조용히 다짐하며 "그래요." 하고 말한다.

스미스는 침착하게 답한다. "그래요, 그럼 그 여자는 어디 있나요?"

또다시 심장이 멎을 듯한 17초가 흐른다. 이윽고 윌리엄스는 조용히 소름 끼치는 말을 꺼낸다. "지도 있어요?"

윌리엄스에게 외부의 압박은 없다. 오히려 숨이 멎을 듯한 저 마지막 순간에 그가 내린 결정("지도 있어요?")은 내면의 압박에 따른 것이다. 증거 하나하나가 자신 앞에 객관적이고 정당하게 주어졌기에, 그는 자신의 처지를 고려해 입을 열지 말지를 결정해야 한다. 스미스는 단도직입적으로 말하는 동시에("그 여자 어디에 있나요?") 서두르지 않고, 도우미를 자처하면서도 확고한 태도를 견지한다. 또한 상황이 자신에게 불리하게 흘러가고 있다는 걸 윌리엄스가 깨달을 때까지 참고—끝없이 참고—기다린다.

탁자를 내려치거나, 상황을 축소하거나, "사고였겠죠." 하고 말하거나, 진실을 말하라는 요구 또는 비판의 말이나 암시 따위는 없다. 증거를 직접적으로 정당하게 내놓고, 이야기를 침착하고 꾸준하게 전하며, 다음 행동을 선택할 수 있는 자유를 윌리엄스에게 완전히 내준 결과, 어떤 일이 벌어졌을까?

윌리엄스는 얼굴을 찡그리고 어깨를 축 늘어뜨린 채 자백을 한다. 그런데 왜? 선택권을 주는 것이 이토록 긍정적인 효과를 가져온 걸까?

답은 아주 간단한 동시에 묘하게 좌절감을 안긴다. ―인간은 누군가 자신에게 뭔가를 시키는 걸 달가워하지 않는다. 우리는 자신의 숙명을 결정하고, 자신의 운명을 책임지며, 자신의 가치와 운명을 결정하길 원한다. 이러한 자율에 대한 열망은 인간의 본능이다. 독립된 생물이 취하는 하나의 기본 구조다.

자율성의 원리가 얼마나 본능적인지를 확인하는 방법으로 동물 행동을 다룬 수많은 연구를 고려할 수 있다. 시카고의 링컨파크 동물원에서 진행된 연구에 따르면, 실내로 갈지 실외로 갈지 선택권을 쥔 침팬지와 고릴라가 자기 무리의 다른 일원에게 더 긍정적이고 친사회적 행동을 보였고, 느긋한 시간을 더 많이 가졌으며, 사육사로부터 움직임을 통제받을 때보다 더 침착하게 행동했다.[17] 반면에 선택에 제약을 받는 침팬지와 고릴라는 반사회적이고 공격적이며 스트레스를 더 많이 받았다. 다시 말해 선택의 자유를 얻은 동물들은 궁극적으로 어딘가에 갇혀지더라도 자기 환경을 통제할 수 있다고 느끼기 때문에 행복도가 높고 더 건강했다.

비슷한 예로 판다와 북극곰은 사람들의 시선에서 벗어난 곳으로 자유롭게 다닐 수 있을 때 불안과 스트레스가 적고 (서성거리기와 같은) 비정상적인 행동도 덜 했다.[18] 흥미로운 점은, 동물들이 이런 선택을 거의 하지 않아도 이처럼 개선이 일어났다는 사실이다. 예컨대 곰들은 2퍼센트도 안 되는 시간만 '비전시' 영역에 머물렀다. 다시 말해 어떤 선택 사항이 주어지느냐(전시되느냐 마느냐)가 아니라 선택 사항이 있다는 것만으로도 행복도가 높아졌다. 이처럼 선택권을 주는 것은 긍정적·친사회적 행동을 이끄는 기본적인 방법이다. 통제를 풀면 순응과 협조를 얻을 가능성이 더 높아진다. 반대로 제약은 저항을 촉발한다.

말을 물가로 이끌기

그런데 일상 생활에서도 이는 사실일까? 예컨대 의사한테 진찰을 받으러 가서는 어떤가? 어떻게 하라는 이야기를 듣거나 조언, 해결책, 답변을 얻고 싶지 않은가? '이거 두 알 드시고 아침에 연락 주세요'와 같은 정확한 처방을 원하지 않는가? 아니, 그렇지 않다는 게 우리의 답이다. 우리가 스스로 그렇다고 생각해도 말이다!

당신이 몹시 지치고 피곤해서 의사를 찾아갔다고 하자. 당신은 장시간 근무, 수면 부족, 스트레스 때문에 녹초가 됐다. 밤에 화장실에 가려고 깨는 일이 더 많아졌다는 걸 알아챘지만, 그것을 일과 중에 커피를 너무 많이 마신 탓으로 돌렸다.

의사는 식습관을 묻기 시작한다. "하루 식사가 어떤지 설명해 볼래요? 가공식품을 아주 많이 먹나요? 설탕을 하루 평균 얼마나 섭취하나요?"

당신은 생각한다. '왜? 나한테 뭐가 문젠데, 의사 양반?'

의사는 말한다. "음, 당뇨 발병의 위험 신호가 있을지 몰라서 우려스럽거든요. 확실히 파악하기 위해 혈액 검사를 진행할 거예요. 하지만 당신이 섭취하는 다량의 설탕과 가공식품을 고려했을 때 스스로 식사에 확실한 변화를 주면 위험을 줄일 수 있습니다."

훌륭해―의사는 내게 위험을 줄일 수 있는 방법을 알려 줄 테고, 그러면 나는 당뇨를 피할 수 있는 거야! 의사 양반, 할 일을 얘기해 줘. 내가 할 테니까!

하지만 장담컨대 당신은 그렇게 하지 않을 것이다.

의사는 당신이 설탕과 가공식품을 과도하게 섭취하고 있다고 말하며, 더 건강한 식사를 하고, 운동을 더 하고, 잠을 더 자고, 스트레스 수준을 관리할 수 있는 방법을 찾으라고 말할 것이다. 이 말을 따르지 않으면 건강에 심각한 영향을 줄 수 있는 제2형 당뇨를 앓을 수 있다는 경고도 잊지 않는다.

하지만 당신은 이미 그 모든 걸(식단 조절과 운동, 스트레스 줄이기) 할 필요가 있다는 걸 알고 있었다. 아닌가? 그런데 왜 여태 하지 않았을까?

선의의 충고나 확실한 지침에도 우리가 행동을 바꾸는 데 힘들어하는 이유는, 그것이 우리의 내적 욕구와―우리의 핵심 가치나 신념과―맞닿아 있지 않기 때문이다. 우리의 행동을 바꾸는 데 동기를 부여하도록 돕는 것이 바로 내적 욕구다. 진정한 변화는 그 변화가 우리의 핵심 가치나 신념과 일치할 때 일어난다. 당 섭취에 관한 질문 대신 대화가 이런 식으로 흘러갔다고 생각해 보자.

의사　이런 느낌이 든 이후로 뭐가 걱정되던가요?

당신　음, 기분이 별로예요. 너무 지치고 안 좋아서 나한테 더 심 각한 문제가 있을지도 모르겠다, 하면서 걱정되더라고요.

의사　실제로 뭐가 문제일 수 있다고 생각했는지 더 말해 볼래요?

당신　음, 밤에 화장실 간다고 세 번은 깨요. 이런 상태가 더 나빠 지지 않았으면 좋겠어요. 암이나 심장 질환일까 봐 걱정돼 요. 선생님, 내가 더 젊어지진 않아도 확실히 늙은 것도 아 니에요!

의사　좋아요. 그러니까 이런 증상들이 더 심각한 뭔가와 관련되 어 있는 건 아닐까 싶고, 상태가 더 나빠질까 봐 걱정인 거 네요.

당신　네, 정확해요. 그러니까 애들이랑 축구를 하면서도 잠깐 쉬 고 싶다는 생각이 저절로 든다니까요! 손주가 생기면 어떻 겠어요?! 내 아버지가 항상 그랬던 것처럼 의자에 앉아서 보고만 있고 싶진 않아요.

의사　알겠습니다. 자, 이렇게 와 주셔서 제가 아주 기쁘다는 말씀 을 드리고 싶습니다. 환자분께서 암이나 심장 질환처럼 심 각한 뭔가가 아닐지 우려가 된다는 건 이해합니다. 그래서 아주 불안하고 걱정스러울 거예요. 환자분 증상을 보면 그 런 문제는 아닐 것 같은데, 하지만 제2형 당뇨의 초기 지표 가 아닐지 조금 우려가 돼요.

　　　환자분이 상황을 되돌리고 싶고, 아이들이랑 아무렇지 않게 축구를 할 때로 돌아가고 싶고, 손주들과도 똑같이 하길 기대한다는 거 잘 압니다. 문제를 막기 위해 우리가 할 수 있는 일이 많은데요, 식습관과 운동 습관을 긍정적으로 바꾸고 스트레스 줄이는 방법을 찾으면 큰 도움이 될 겁니다. 어떠세요?

두 번째 대화는 무엇이 다른가?

두 번째 의사는 건강에 대한 환자의 걱정과 우려를 경청했고, 그 이야기를 되짚으면서 환자가 중시하는 가치를 알고 있음을 보여 줬다. 또한 그는 동기 부여가 되는 핵심 가치를 발견했다. 그것은 자녀와 손주와 활동적으로 어울릴 수 있으면 좋겠다는 것. 이 가치는 의사가 제안하려는 전략과 연결된다. '쓰레기 같은 것 좀 작작 드시지?'와 같은 부정적인 금언에 기반한 계획 대신 우리는 환자에게 동기를 부여할 수 있는 아주 긍정적이고 개별화된 주문을 찾아낸다. '당신이 자녀와 손주와 활동적으로 어울릴 수 있도록 식습관을 개선하면 어떨까요?'

상자 안을 보지 마

누군가를 우리 뜻대로 하게 만들기 위해 그 사람을 압박하고, 협박하고, 위협하는 시도를 하면, 우리는 심리학자들이 저항reactance이라고 일컫는 결과를 맞게 된다. 1960년대에 사회심리학자 잭 브렘Jack Brehm이 처음 명시한 저항은 우리가 행동적 자유에 위협을 느꼈을 때 보이는 반응으로[19] 일반적으로 권한이나 규제에 따라 자신이 통제되거나 강요된다고 느낄 때 나타난다. 이렇게 자각한 사람은 의도적으로 저항하고 상대가 바라는 것과 반대되는 행동을 한다. 우려스러운 점은, 그 전까지 아무 생각도 없던 사람에게서도 저항을 일으킬 수 있다는 것이다. 예컨대 내가 당신에게 상자를 대신 버려 달라고 부탁하면서 "상자 안은 보지 마." 하고 얘기한다면, 갑자기 봐야겠다는 호기심이 들 것이다. 내가 말하기 전까지는 당신한테 상자 안을 보려는 의도가 전혀 없었을 텐데, 내가 당신한테 지금 상자 안을 보고 싶다는 생각을 '심은' 것이다. 실제로 내가 "너 상자 안은 **절대** 보면 안 돼." 하고 말함으로써 이런 생각은 더 커질 수 있다. 내가 당신을 제한하고 통제하려고 하면 할수록, 내 지시에 저항하고 반하려는 열망이 더 커지는 셈이다.

어떤 상황에서든 사람들에게 선택의 자유를 되도록 허락할 필요가 있다. 우리가 믿거나 소중히 여기는 그 모든 것에 반하는 듯해도 말이다. 예컨대 10대 자녀가 문신을 하지 않기를, 연로한 부모가 병원에 가서 진찰받기를, 어린 자녀가 완두콩을 먹기를 바라는 만큼 그들이 우리가 바라는 대로 따르기를 강요해서는 안 된다. 이 모든 결정이 각자 알아서 정해야 하는 개인적 선택이라는 걸 인정해야 한다. 우리는 상대방을 격려하고 지지할 수 있지만, 궁극적으로는 상대방이 상황을 이해하고 알아서 선택을 내릴 수 있도록 충분한 시간과 기회를 줄 필요가 있다.

임상 심리학자 윌리엄 밀러William Miller와 스티븐 롤닉Stephen Rollnick은 사람들의 행동 변화를 돕는 상담 방법을 개진한 중요한 인물들이다.[20] 그들의 작업은 약물 남용에 대한 상담을 배경으로 변화하고 발전했는데, 상담자가 내담자로부터 변화를 끌어내려고 노력할 때 의도치 않게 저항을 불러올 수 있다는 위험을 발견했다.

　밀러는 이렇게 이야기한다.

　　상담자는 자신의 상담 방식에 따라 저항(부정)의 정도를 크게 좌우할 수 있다. '부정하고 있다'며 비난하는 의미로 목소리를 높이고 직접적으로 대립하기보다 '존중을 담은 세심한 접근법'을 쓰는 것이, 변화의 동기 부여를 이끌고 직접적인 대립에 따른 반대, 부정, 저항을 피할 가능성을 높인다.[21]

　누군가에게 그 사람의 행동을 바꾸도록 동기를 부여하는 열쇠는, 선의의 제안과 권고를 통해서가 아니라 그 사람의 욕구와 바람을 존중하는 데 있다. 당신이 개인적으로 아끼는 사람에게 병원에 가는 것, 문신을 하는 것, 혹은 완두콩을 먹는 것에 대해 어떻게 느끼는지 묻는 것은, 당신이 그 사람의 개인적 입장을 존중하고 거기에 관심이 있다는 것을 드러내는 의사 표현이다. 당신은 상대방의 말을 경청함으로써 그가 자기 행동을 더 깊이 생각하도록 격려할 수도 있고 자신의 마음을 바꾸는 데 더 개방적인 자세를 취하게 만들 수 있다.

　예컨대 이모의 흡연량을 줄이려 한다고 가정해 보자. 당신은 그녀를 걱정하고 그녀에게 관심이 있기 때문에 그런 행동을 하려고 한다. 당신은 이모의 건강, 혹은 흡연이 그녀의 일상에 미치는 영향을 걱정하는 것일 수도 있다. 하지만 당신이 우려를 보이면, 그녀는 이렇게 말하면서 그 우려를 일축한다. "난 괜찮아. 아무것도 아닌 걸 가지고 걱정을 하니. 나보다 훨씬 더 많이 피우는 사람이 쌔고 쌨어!"

그러면 어떻게 그녀의 흡연을 말릴 텐가?

그녀를 볼 때마다 그 얘기를 할 수도 있지만… 그러면 그녀는 당신을 피하기 시작할 것이다.

최면, 침술, 금연 껌, 해독 요법, 건강관리 계획을 다룬 웹사이트 주소를 알려 주면서 금연에 도움이 될 만한 전략을 제시할 수도 있지만… 그러면 아마 그녀는 당신의 전화번호를 차단하거나 소셜 미디어에서의 친구 관계를 끊을 지 모른다.

매일 우편함에 금연 껌이나 리플릿을 넣을 수도 있지만… 그러면 그녀는 우편함을 테이프로 봉해 버릴지도 모른다.

그러고 나서 나중에 그녀와 다시 같은 방에 있게 됐을 때, 당신은 그녀가 당신을 괴롭히려고 담배 네 개비를 한 번에 피우는 모습을 목격할지도 모른다!

왜냐고? 당신의 노력이 저항을 낳았기 때문이다. 당신은 이모의 금연을 격려하기보다는 궁지로 몰아갔다. 이모를 통제하려고 드니 반항심이 커진 것이다. 그렇다면 상대방의 행동에 영향을 미치려면 어떻게 해야 할까?

이모가 자신이 담배를 사랑하고 끊지 못할 거라는 이유를 모두 털어놓기 시작하면, 이 추론의 더 깊은 층위를 발견할 수 있다. 예를 들면 이렇다. "그러니까 이모 말은, 이모가 담배 피우는 걸 정말 좋아하고, 그게 마음을 안정시켜 준다는 거네요. 그리고 이제 담배를 끊기는 정말 힘들 거라고 생각하고요. 그게 습관이 된 지 너무 오래됐고 너무 오랜 세월이 흐른 거죠."

이제 그녀는 당신이 자기를 이해하고, 자기 이야기를 경청하고, 정중히 대한다고 느낀다. 당신이 그녀의 입장을 100퍼센트 이해하지 못하더라도 말이다.

그녀는 이렇게 대답할지도 모른다. "그게 정답이야. 담배를 끊으려고 시도해 봤는데 도무지 안 되더라고. 그래서 다시 담배 피웠잖아. 엄청 노력해 봤지만 다 허사였어."

그러면 당신은 이렇게 대답할 수도 있다. "그러니까 실패를 또 하고 싶지 않다는 거네요, 담배를 끊고 싶었던 적이 있긴 있었다는 거고요."

"음, 그렇지. 둘째를 가졌을 때부터 1년 동안 끊었어. 정말 좋더라고. 아이들이랑 어울릴 수도 있고, 금전상 여유가 생기는 것도 좋았거든! 아, 내가 왜 또 시작했을까?"

갑자기 완고한 애연가가 다시 변화를 고려하는 모습을 보인다. 당신은 이제 그녀가 당시 담배를 끊을 수 있었던 이유와 다시 담배를 피우게 됐던 이유를 이야기하면서 변화를 격려할 수 있게 됐다.

누군가의 자율성을 존중한다는 것은 그 사람과 그 문제를 두고 듣고 이야기 나누는 것과 관련이 있다. 하지만 규칙과 충고를 내세우려고 하거나 그들이 마땅히 어떤 일을 해야 한다고 꼬드기면 곧바로 저항과 반대에 부딪히게 된다.

그들이 스스로 선택하고, 그 선택이 합당하다는 확신이 들도록 해야 한다. 다른 사람에게 무엇이 최선인지를 말해주는 건 솔깃한 일이지만, 자기 자신의 최고 전문가는 바로 당사자다. 그들은 우리보다 자기 자신을 더 잘 안다.[22]

1. **독립성과 선택권에 대한 상대방의 욕구를 인식하고, 되도록 존중하도록 노력하라.** 사람들이 무엇을 중시하고 관심을 두는지 질문해서 그 답을 듣고, 이러한 특성을 그들의 상황에 적용하도록 노력하라. 어렵거나 까다로워도 말이다. 더 나아가서 선택이 정말 중요한 경우와 중요하지 않은 경우를 고려하라.

2. **중대한 이해관계가 얽혀 있어도 선택하는 입장에서 시작해 보라.** 이 장 초반에 나오는 아버지의 운전 면허증 시나리오를 복기해 보자. 당신이 아버지가 운전을 그만해야 한다고 확고히 주장할 때가 올 수도 있지만, 되도록 아버지에게 선택권을 넘기도록 노력하라. 그 결과는 두 사람 모두에게 만족감을 높여 줄 것이고, 아버지는 그게 자신의 선택이었기 때문에 덜 괴로워할 가능성이 높다.

3. **선택의 여지가 거의 없는 상황에서도, 인간은 스스로 결정 내리기를 원한다.**

복기, 숨은 의미 찾기

> 넌 귀는 닫은 채 입만 살았구나.
>
> — 존 웨인John Wayne

이제 HEAR 대화 원칙 중 마지막이 남았다. 바로 복기다. 복기란 누군가가 당신에게 들려준 이야기를 부분적으로 아니면 다른 표현으로 되묻는 방법이다. 복기를 쓴다는 것은 방금 상대에게 들은 키워드, 감정, 가치 등을 되짚어서 그 사람이 이야기를 확장하고 덧붙이도록 하는 게 전부다.

앞서 담배 끊는 걸 도우려고 했던 이모와 함께 우리가 감정을 살피는 방법을 논의했던 예시를 생각해 보라. 좋은 예시로 들었던 대화의 상당수는 상대의 이야기에서 시작한다. 이런 식으로 복기를 할 때, 사람들은 자신의 입장이 상대에게 더 깊이 이해받기를 바라며 자신의 이야기에 살을 붙이고 그것을 수정하거나 확장해 나간다.

누군가의 이야기와 그 사람의 시각을 형성한 핵심 가치를 정말로 이해한다면, 자신의 시각을 더 수월하게 복기해 비교할 수 있을 뿐 아니라 그 사람이 정말 어떤 사람인지도 알 수 있다. 그의 주장에 보이는 허점, 논리적 비약, 그가 자신의 시각을 바꾸게 할지도 모르는 방편을 통해서 말이다.

복기는 유도 신문과 비슷하다. 상대방에게서 무엇이든 받아들이고, 그 힘을 역이용해 대화의 추진력을 만들어 밀고 나간다. 이 방법이 얼마나 잘 먹히는지를 알면 놀랄 것이다. 물론 이 기술은 알맞은 단어를 찾고 이야기를 되새기기 위한 표현을 신중하게 골라야 한다. 그래서 복기의 달인이 되려면 상대방의 이야기를 아주 주의 깊게 들을 줄 알아야 한다.

복기는 너무 간단하고 기본적인 것처럼 여겨지는데, 여기에 속지 말라. 이 책에서 얻을 수 있는 가장 중요한 기술이 복기다. 복기는 다른 모든 대화 전략의 열쇠다. 그렇기 때문에 이어지는 장에서는 복기만 따로 다루겠다.

1. **솔직함.** 되도록 솔직한 태도를 가지라. 애매하게 굴지 말고 단도직입적인 태도를 보이도록 노력하고, 문제를 피하거나 무시하고 싶은 욕구가 생기지 않도록 조심하라.

2. **공감.** 공감은 상대의 핵심 가치나 신념과 같은 그 사람의 바탕을 객관적으로 이해하도록 노력하는 것이다. 상대가 자신의 생각을 자유롭게 표현할 수 있도록, 오롯이 경청하고 단정 짓거나 덮어놓고 동조하지 말라.

3. **자율성.** 자신에게 무언가를 시키는 걸 달가워하는 사람은 없다. 설득하기보다 꾸준히 이야기하면서 상대방이 그게 옳은 선택이라는 확신을 갖도록 하라. 선택권을 최대한 주라.

3장

해답은
상대의 말속에 있다

감춰진 이면을 보라.
그것에 담긴 각종 특징이나 가치를 간과하지 않도록 하라.

— 마르쿠스 아우렐리우스Marcus Aurelius

앞에서 솔직함, 공감, 자율성에 관해 살펴보았다. 이 모두는 사람들을 어떻게 대하느냐, 그들에게 어떤 영향을 미치고 싶어 하느냐와 관련이 있다. 우리는 신뢰를 쌓고 싶기 때문에 솔직해야 하고, 이해하고 싶기 때문에 공감해야 하며, 선택의 자유를 위해 자율성을 존중해야 한다.

네 가지 원칙 가운데 마지막 원칙인 복기는 이 모든 것이 가능하도록 하는 '방법'이기 때문에 대단히 중요하다. 복기란 우리가 듣는 이로서 다른 사람의 생각, 감정, 느낌, 가치를 이해하고 살피는 데 쓸 수 있는 태도이자 일련의 기술이다. 복기는 일단 익히고 나면 사람들과 더 깊은 관계를 맺도록 하는 간단하고 효율적인 기술이 된다.

상대방의 이야기 밑에 깔린 것(이야기 자체뿐 아니라 그것이 실제로 의미하는 바)을 이해하지 못하면 잘못된 추정을 하게 된다. 이는 그들이 어떤 상황에 어떤 감정을 갖고 있는지를 전혀 모르는 상태에서 무엇이 최선일지를 고민하고 상상하는 것과 같다.

간혹 복기를 상대방의 이야기를 기계적으로 따라 말하는 것으로 이해하는 경우가 있다. 이야기를 서투르게 따라 하는 심리학자는 "어떻게 생각하세요, 의사 선생님?"이라는 질문에 항상 "글쎄요, 당신은 어떻게 생각하는데요?"라고 통명스럽게 대꾸한다. 이는 심리학자한테 군이 돈을 내느니 로봇한테 치료를 받는 게 더 나을지도 모른다는 인상을 남긴다. 이건 복기가 아니다.

가르치려는 유혹에서 벗어나라

복기를 하려면 먼저 상대방의 행동을 충고나 지시로 '수정'하려는 본능적인 유혹을 뿌리쳐야 한다.

한번은 어떤 싱글 맘이 와서 사이먼이라는 자신의 10대 아들이 폭력적이고 통제하기 어렵게 변했다는 이야기를 토로한 적이 있다. 키가 작고 침통해 보이는 그녀는 포식자의 공격에 계속 긴장을 늦추지 않는 겁먹은 토끼 같았다. 그녀는 사무실에 올 때마다 예상치 못한 스트레스와 부담을 느끼는 듯 늘 갈팡질팡하고 초조해했다. 막 열네 살이 된 사이먼은 고양이 때문에 구석에 몰려 몸이 굳어 버린 작은 새 같았다. 금발의 앞머리를 늘어뜨리고 고개를 숙이고 있어서 눈을 마주치는 게 여간 어려운 일이 아니었다. 내가 힐끗 보면 아이는 다시 고개를 떨어뜨리곤 했다. 엄마는 사이먼이 두 살 무렵부터 오래도록 심하게 짜증을 냈다고 설명했다. 그리고 '잡아 주기 치료법'을 써서, 사이먼이 울분을 터뜨린 후 진정할 때까지 '사이먼을 꼭 안고' 있어야 한다는 게 지역보건의의 조언이었다고 말했다.

엄마는 이 방법을 수년 동안 썼는데, 아들이 10대가 되고 나서도 계속 쓰고 있었다. 그녀는 여전히 자신의 작고 호리호리한 아들을 이 방법으로—거의—제지할 수 있었지만, 이제는 둘 다 멍이 들고 얻어맞고 지쳐 버리는 경우가 많아졌다.

한번은 사이먼을 재우려고 위층에 보내려고 했을 때 일어난 사건을 그녀가 이야기한 적이 있다. 그 이야기를 듣는 동안 나는 그녀에게 상황을 악화시킨 모든 요소를 '마음속으로' 지적하며 확실한 지시와 조언을 전하고픈 충동에 사로잡혔다.

하지만 지금까지 살펴본 것처럼, 일반적 지시와 조언은 실제 해결책을 찾는 데 전혀 도움이 안 될뿐더러 문제의 근본 원인을 이해하는 데도 비효율적이다.

엄마의 다음 이야기를 읽으면서 그녀를 고쳐 주고 싶거나, 그 대신 무엇을 해야 할지를 말해 주고 싶은 부분을 생각해 보자.

"사이먼이 거실에 앉아서 자기 휴대폰으로 누구한테 문자를 하고 있었어요. 저는 그 전에 이미 두 번이나, 뭐랄까 아주 다정하게 잘 준비 다 됐냐고 물었죠. 좀 이따 또 물어봤어요. 아주 공손하게 물었죠. 그런데 걔가 날 완전히 무시하더라고요. 그래서 나도 확 돌아 버렸죠. 걔한테 가서 그 망할 휴대폰을 뺏은 다음에 내 뒷주머니에 넣었어요. 그랬더니 걔가 열이 받아서 '내놔, 내놓으라고!' 하면서 소리를 지르는 거예요. 그래서 내가 말했죠. '안 돼, 남은 한 주 동안 너한테 휴대폰은 없는 거라고 생각해.' 그랬더니 걔가 더 미쳐 날뛰었죠. 나를 주먹으로 때리는 건 아닐까 싶었죠. 나를 뚫어져라 보더니 내 면전에 대고 '내놔, 당장!' 하고 소리를 질렀어요.

아들이 평정심을 잃은 것 같아서 이렇게 말했어요. '안 돼, 사이먼. 내 말대로 올라가서 자!'

그러니까 똑바로 일어서더니 나를 밀쳤어요. 정말 두 손으로 날 밀어냈죠. 그때 무척 충격을 받았어요!

내가 말했죠. '엄마 밀지 마, 사이먼! 엄마를 밀면 안 되는 거야!' 그러고 나서 아이를 잡았어요. 허리 쪽을 말아서, 꼭 끌어안듯이 뒤에서 안았죠. 지역보건의가 말한 대로요.

'당장 진정해!' 내가 말했어요.

그랬더니 걔가 폭발해서 비명을 지르고 '놔! 이거 놔' 하면서 소리를 질렀어요. 그래서 난 더 세게 걔를 붙잡아야 했죠."

내가 보기에 이 불쌍한 여성은 분명히 상황이 더 악화되는 행동을 하고 있었다. 그녀의 말을 더 들어보자.

"'제길 이거 놔, 엄마!' 사이먼은 완전 발작하듯 계속 비명을 질렀어요.

그래서 걔를 바닥에다가 꼼짝 못 하게 하려고 했죠. 내가 말했어요. '안 돼, 사이먼! 네가 진정할 때까진 안 돼!'

그랬더니 갑자기 나를 뒤로 밀쳤어요. 둘 다 소파로, 그리고 바닥으로 넘어졌죠. 이제 걔가 내 위에 있었어요. 우리 모습이 꽤 우스꽝스러웠을 거예요. 둘 다 눈물이 났죠. 나를 다치게 할 생각이 없었던 건 알지만, 우리가 넘어질 때 내 다리가 차였어요. 그래서 아이를 풀어 줬죠. 내가 드러누워서 우는 사이에 자기 휴대폰을 갖고 갔어요. 다시 붙잡으려고 했지만 그럴 힘이 없었죠."

엄마는 이야기를 끝내고 나서 눈물을 흘리며 말했다. "사이먼은 그냥 엉망이에요. 더 이상 어떻게 해야 할지 모르겠어요."

이 이야기를 들으면서 내게 든 생각은, 평범한—자기 자녀를 잠자리에 들도록 하려는—상황이 폭력적이고 고통스러운 사건으로 너무 빨리 악화됐다는 것이었다. 확신하건대 당신도 이 이야기를 읽으면서 사이먼이 보인 행동 못지않게 엄마가 어떻게 했으면 상황을 조금 더 낫게 했을 것인지에 대한 충고가 떠올랐을 것이다.

당신은 이런 말을 하고 싶었을지도 모른다. '다음에는 휴대폰을 가져가지 마세요. 그냥 와이파이를 끄지… 그러면 바로 해결돼요.' 아니면 '다음에 또 당신을 밀면, 경찰에 전화해서 고발하겠다고 말하세요. 그건 폭행이잖아요.' 아니면 이럴 수도 있다. '그냥 가게 내버려 두세요. 그렇게 짜증 나 있으면 아무도 문제 해결을 할 수 없어요. 두 사람 다 진정됐을 때 이야기하세요.' 아니면 단순히 자신의 공감을 표현할 필요를 느끼고 이렇게 말할지도 모른다. '끔찍하네요. 아들이 엄마한테 그렇게 행동하다니 말도 안 돼요.' 아니면 엄마가 10대 아들을 신체적으로 거칠게 다룬 데 질겁해서 이렇게 말할지도 모른다. '그렇게 꼭 안았다면 나라도 그랬을 거예요!'

하지만 이러한—대안적 해결책, 조언, 지도할 거리를 내놓거나 심지어 공감이나 비판을 표하는 등의—접근법은, 엄마가 문제를 해결하는 데 아무런 도움이 되지 않는다. 왜냐고? 두 가지 이유가 있다.

첫째, 사람들은 자기 자신에 대한 최고의 전문가다. 그들은 문제의 근본 원인을 이해할 수 있는 최고의 기회를 갖고 있다. 반면 '상담자'로서의 당신은 그렇지 못하다.

둘째, 그들이 문제를 통해 방법을 찾도록 준비시키는 최고의 기회는, 그들 스스로 양육에 대한 자신의 신념과 일치하는 해결책을 제시하고 내면화할 때 찾아온다. 상담자로서 당신은 밖에서 일련의 해결책을 강요하고 그들이 바뀌기'만' 기대할 수는 없다.

한번 자신의 행동을 바꾸려고 시도했을 법한 예시를 떠올려 보자.

예를 들면 다이어트는 어떤가. 만약 누군가가 당신에게 건강한 식사를 다룬 요리책을 주면, 당신은 그걸 보고 요리를 시작할지도 모른다. 더 건강해진 기분을 느끼기 시작해서 아마 체중까지 줄어들 수도 있다. 하지만 곧 생활이 조금씩 제자리를 찾아가면서 오랜 식사 패턴과 습관이 새롭고 건강한 식이요법을 점점 가로막을 테고, 책은 부엌 조리대 대신 선반 어딘가에 방치될 것이다.

왜 그럴까? 자신과 식사 간의 관계를 파악하지 않으면, 변화를 내면화하기 힘들다. 그게 한 주, 아마 한 달은 갈지도 모르지만, 우리의 신념과 가치는 그대로이기 때문에 오랜 습관이 곧 되살아 난다. ('난 대접받을 필요가 있어. 난 너무 열심히 일하잖아. 집에 가서 요리하긴 싫어. 월요일이나 다음 주 월요일에 시작할래.')

당신이 훌륭한 조언 거리를 조금 갖고 있어도 (상대방도 그게 훌륭한 조언이라고 동의할지 몰라도!) 상대방은 본래의 행동을 바꾸는 데 애를 먹을 것이다. 조언 자체가 애초에 무엇 때문에 문제가 생기는지를 이해하는 데 도움이 안 되기 때문이다. 그건 달걀이 다 떨어진 상황을 해결하고 다시 요리를 시작하는 게 아니라 그저 재료만 점점 더 추가하여 케이크 믹스를 섞으려 드는 것과 같다.

나라면 엄마한테 이렇게 말해 주고 싶다.

"'끌어안기' 방법을 쓰는 건 아마 사이먼한테 자존심 상하고 통제받는다는 느낌을 줄 거예요. 네 살이 아니라 열네 살이잖아요. 안아서 굴복시키다 보니까 아이가 자기감정을 관리하는 방법을 배울 틈이 없었던 거예요. 어린아이처럼 다루기보다는 젊은 남자로서 존중하는 전략을 찾아야 해요. 그리고 당신이 대우받길 원하는 만큼 사이먼을 대우해야 해요. 존중과 관심으로 말이죠."

어린아이가 구속받고 비하당하는 모습, 그 아이의 엄마가 몹시 괴로워하고 불행해하는 모습을 보면서 나는 심란했다.

하지만 내가 조언을 숨김없이 말했다 해도 그녀는 내 말을 듣는 데 애를 먹었을 것이다. 그녀는 내 의견에 동의했을지 모르지만, 어떻게 하면 자기 자녀와 서로 존중하는 관계를 맺을 수 있을지 몰랐을 것이다. 우리가 가능한 해결책을 제시하기 전에, 그들이 먼저 14년 묵은 나쁜 습관을 버려야 했다. 내가 귀 따가운 이야기('그건 잘 돼 가나요?')를 들이대며 단순히 '돌팔이 의사'처럼 굴면, 나 자신은 우쭐할지 모르지만 그건 중요한 게 아니다. 나로선 엄마에게 그저 합리적인 태도를 갖추라고 조언하고, 그녀가 사무실을 떠난 후에는 행운을 빌며 그녀의 행동에 변화가 있기만을 바랄 수는 없다.

일어나고 있는 상황의 진짜 이유를 알아내고 그녀와 아들 사이의 관계를 회복시키려면, 그녀의 양육을 뒷받침하는 핵심 가치와 신념을 찾아낼 필요가 있다. 그러면 아들이 10대로서 보이는 아주 평범한 반항이 몸싸움, 욕설, 울음으로 번져 두 사람을 비참하고 가슴 아프게 만드는 일 없이, 그 행동을 어떻게 대할지 파악하는 돌파구를 찾을 수 있다.

도움이 될 만한 조언을 거리낌 없이 주거나 문제를 해결하고 싶은 유혹이 생길지도 모른다. 하지만 아직 문제가 뭔지도 제대로 이해하지 못하기 때문에, 충고나 제안보다 귀를 기울이고 고민을 할 필요가 있다. 그것만이 실제로 무엇이 문제의 근원이고 자꾸 일을 키우는지 알 수 있는 방법이다. 이때 필요한 기술이 복기다.

다음은 그녀의 이야기가 끝난 후 내가 한 말의 일부다.

"사이먼과의 언쟁이 걷잡을 수 없는 방향으로 커지면서 기가 차고 속이 상한 것 같네요. 한편으로는 사이먼이 어릴 때부터 당신이 썼던 끌어안기 기술을 여전히 쓸 필요가 있다고 느끼지만, 또 한편으로는 사이먼이 더 성장하고 책임감을 갖길 바라고 있어요. 이 부분에 대해 더 말씀해 주시겠어요?"

엄마와 내가 그녀의 양육에 관한 가치를 더 깊이 살펴본 결과, 그녀는 사이먼이 성장하도록 내버려 두기를 지나치게 두려워했다. 아들이 친구를 만나러 버스를 타고 간다거나, 밤늦게까지 자지 않으려는 독립적인 요구를 불편하게 여겼다. 그녀는 아이의 요구를 고려해 보지도 않고 안 된다고 말하거나, 스스로 통제한다는 느낌을 더 얻으려고 사이먼에게 오후 8시라는 이른 취침 시각을 강요했다.

그녀는 좋은 엄마의 상징을 완전히 순종적인 조용한 아이를 만드는 것으로 여겼다. 그런 면에서 사이먼은 엄마와의 관계에서 목소리를 내지 못했고 독립성을 허락받지 못했다. 그는 시키는 대로 하거나 끌어안기게 되면 굴복해야 했다.

엄마는 '끌어안기' 기술을 관두기가 두려웠다. 그 기술 덕분에 그녀가 어린 시절의 사이먼을 통제한다는 느낌을 받았고, 아이가 성질 부리는 일이 늘 멈췄기 때문이다. 엄마는 그 기술이 이제 어떤 이점도 없고, 실제로 그걸 사용한 탓에 사이먼이 자기감정을 통제하는 법을 익히지 못했다는 걸 이해해야 했다. 그 기술은 두 사람 모두를 화나고 속상하게 만들었고, 아이가 나이를 먹고 더 강해질수록 심각한 부상을 입을 위험도 있었다.

수차례 면담을 거친 후 엄마는 '끌어안기' 기술을 그만두고 '타임아웃'을 쓰기 시작했다(감정이 상한 사람이 침착해질 수 있는 시간을 요구하고, 두 사람은 최소 20분 동안 소통을 금한다). 몇 달이 걸렸지만, 모자의 관계는 점차 개선됐고, 사이먼은 더 많은 자유와 독립성을 허락받았다. 마침내 아이는 엄마한테 울화를 터뜨리는 행동을 거의 완전히 멈췄고, 엄마를 심하게 발로 찬 '끌어안기' 사건은 다시는 반복되지 않았다.

대화를 리드하는 질문법

관계의 근본 원인을 성공적으로 진단하려면, 그 내면의 생각을 살필 필요가 있다. 당신에게 주기적으로 조언을 구하거나, 살면서 내린 선택 때문에 불행해 보이는 사람과 연관 지어서 이를 생각해 보자. 주변에 전남편 또는 전부인이 자녀를 만나는 것을 두고 끊임없이 싸우는 친구가 있을지도 모른다. 자기 직업을 너무 힘들어하고 자신에게 맞는 뭔가를 찾지 못한 가족이 있을 수도 있다. 당신의 자녀는 불량한 친구들에게 계속 끌릴 수도 있다.

오랜 기간 굳어진 행동을 변화시키려면 그 변화의 주체뿐 아니라 변화를 지지하는 사람도 노력하고 버텨야 한다. 그러나 사람의 의식적 신념, 특히 잠재의식적 신념에 다가가기란 쉽지 않은 도전이다. 우리는 날마다 수많은 결정과 선택을 내리면서도 그 기반이 되는 가치를 제대로 고려하지 못한다. 때로 우리는 이 가치가 무엇이고 어디서 기인했는지조차 모른 채 살아간다.

하지만 잠시 멈춰서 복기해 보면, 핵심 가치와 신념에 영향을 준 중요한 경험이나 사람을 확인할 수 있다. 부모, 중요한 선생님, 부모 되기, 아끼는 사람을 병으로 잃는 경험 등등 이와 같은 형성적 관계나 경험은 우리의 신념과 가치가 나고 자라는 토양이 된다.

핵심 가치와 신념은 강한 영향력을 미친다. 따라서 생각과 감정을 스위치를 켜고 끄는 것처럼 간단하게 바꿀 수는 없다. 이는 '자신을 행복하다고 생각하라' 혹은 '당신의 문제를 도전으로 받아들이라'와 같은 지나치게 단순화된 접근법이다. 핵심 신념과 가치가 그대로 있는 한, 동기 부여를 위한 구호("나는 할 수 있다")가 행동을 바꾸지는 못한다. 우리 내면의 신념과 가치를 확인하고 조정하지 않으면, 지속적인 행동 변화는 불가능하다.

핵심 가치를 파악하는 것은 다른 사람을 이해하는 데 필수적이다. 이를 이해하면 다른 사람과의 친밀도와 이해도를 높일 수 있다. 이성 관계에서는 특히 그렇다. 첫 데이트 때 장래의 배우자가 스테이크를 나와 정확히 같은 방식으로 요리하는 걸 좋아하고, 내가 좋아하는 철 지난 팝송을 자기 휴대폰 신호음으로 해 놓았다는 걸 발견하면 누구나 반갑다. 하지만 지난 선거 때 나와 반대 진영에 투표했고, 가계나 자녀 양육과 같은 더 보편적이고 복잡한 문제에 대해 의견이 다르다는 걸 알게 되면, 분위기는 달라진다.

그렇다면 이처럼 더 깊고 사적인 시각을 공격이나 신문처럼 느껴지지 않게 하면서 파악할 수 있는 방법은 무엇일까?

상대방이 드러낸 정보를 통해 우리의 반응을 만들고, 이것을 우리가 더 깊고 의미 있는 층위에 이를 때까지 이어 나가는 것이 중요하다. 너무 전문적인 영역의 기술처럼 들리겠지만 주의 깊게 들을 수만 있다면 충분히 가능하다. 전형적인 '수다' 수준의 질문이 훨씬 더 개인적이고 흥미로운 정보를 제공하는 통로가 될 수 있다는 사례로, 첫 데이트 때 오가는 다음의 대화를 확인해 보자.

제인　지난 휴가 때 어디 갔었어요?

잭　아아(멋쩍게 웃으며), 별로 말하고 싶지 않은데….

제인　왜? 왜? 뭐가 그렇게 비밀이에요?

잭　베니돔(스페인에 있는 리조트 – 옮긴이)에 갔다 왔거든요….

제인　(눈을 크게 뜬다.) 아아… 알겠어요. 저한테 자세히 얘기하면 안 될 것 같네요.

잭　아니에요, 들어 봐요, 완전히 오해야! 그런 게 아니었다고요. 총각 파티나 그런 게 아니었어요. 보여 줄 쑥스러운 타투 같은 것도 전혀 없다고요!

제인　그러면 왜 베니돔에 간 건데요?

잭　초저가 패키지 상품이 있었거든요. 학창시절 때부터 알고 지낸 친구 둘과 갔고, 거기서 한 거라고는 서핑하고 구시가지를 둘러본 것밖에 없어요. 맹세해요!

제인　서핑? 멋지네요. 그러면 휴가 때 그런 거 하길 좋아하는 거예요? 뭔가 활동적인 거?

잭　네, 모든 게 포함된, 가령 '포로 수용소'와 같은 광경엔 정말 관심이 없어요.

제인　포로 수용소요?

잭　아침 8시에 수건을 일광욕 의자에 올려 두고, 수영장 옆에 앉아 뒹굴고, 하루에 세 번 식사 종이 울리면 식사하고, 희한하고 말도 안 되는 오락 쇼를 보고, 잠이나 자고, 이 모든 걸 다음 날 또 하는 거 말이에요. 차라리 죽어 버리지.

제인　그러니까 다른 사람이 일정에 관여하는 걸 좋아하지 않는다는 거군요?

잭　네, 그런 건 별로예요. 있는 그대로의 장소를 방문하는 걸 더 좋아해요. 현지 사람들이랑 식사하고, 그곳을 진짜 체험하는 거요. 그러니까, 모든 경험을 해 보는 거죠.

제인 그러면 거의 쉬지는 못하겠네요.

잭 근데 그렇게 말하진 않을래요. 난 그저 나만의 일정을 따르고 싶은 거예요. 남한테서 시키는 얘길 듣기엔 인생은 너무 짧잖아요.

제인 약간 반항아 쪽이라고 이해하면 될까요?

잭 음, 난 권위란 단어와는 잘 어울리지 못해요.

제인 무슨 뜻이에요?

잭 내가 가끔 소소한 문제를 일으켰거든요.

제인 '소소한 문제'라니요?

잭 응, 학교에서 퇴학당한 적이 있어요. 음, 몇몇 학교에서, 어렸을 때. 고집이 좀 세고 다른 사람 말은 듣지도 않았거든요, 특히 선생들 말이요.

제인은 복기에 재능이 있어 보인다. 그녀는 잭이 한 이야기에서 주요 요소를 복기했고 잭은 더 깊은 이야기를 꺼냈다. 보다시피 제인은 자신이나 자기 생각에 대해서는 거의 말을 하지 않는다. 잭의 이야기만 살피고 캔다. 하지만 이 기술로 그에 대해 정말 많은 것을 알아냈다. 잭은 모험을 즐기고 스포츠를 좋아한다. 태양 아래 가만히 누워 있기보다 활동하기를 더 좋아한다. 체제와 규칙에 저항하고, 이 때문에 학교 몇 군데에서 퇴학까지 당했다.

이야기는 이게 전부가 아니지만, 잭의 모습은 틀림없이 형태를 갖춰 나가고 있다. 이처럼 복기는 질문자가 쓸 수 있는 중요한 무기다.

복기를 잘 활용하면 자신을 드러내지 않고도 많은 정보를 얻을 수 있다. 이제 잭이 어떻게 나오는지 살펴보자.

잭   나머지 이야기는 우리 성당 신부님이랑 하는 게 낫겠어요. 그건 그렇고, 그쪽은 어때요? 지난 휴가 때 어디 있었어요?

제인   바르셀로나.

잭   와! 어땠어요?

제인   재밌었어요. 정말 멋진 곳이죠. 트렌디한 식당이랑 클럽도 많고, 미술과 관련해서도 꽤 볼 만하고, 분위기도 정말 친근하고 활기차고.

잭   거기에 얼마나 있었어요?

제인   3일. 짧은 도시 여행이었어요.

잭   혼자 갔다 왔어요?

제인   사실 그때 만나던 남자랑 갔었어요.

잭   아아! 그렇군요….

제인   별일 아니에요.

잭   그래서 사그라다 파밀리아(가우디가 설계한 것으로 유명한 성당-옮긴이)는 구경했어요?

제인   아, 네, 바르셀로나에 가면 그건 거의 법이죠. 꼭 들러야 할 곳 중 하나예요. (길고 어색한 정적이 흐른다.) 거기 가 봤어요?

제인은 따분해 죽을 것 같아서 공을 다시 잭에게 넘겼다. 그런데 왜 잭의 대화 방식은 상당히 지루하게 들릴까? 그가 제인의 대답에 표면적인 수준까지만 반응했기 때문이다. 이것이 차이다.

잭은 질문을 던지고, 대답을 기다린 다음, 그 대답에 별로 신경 쓰지 않고 다음 질문을 던진다. 그렇기 때문에 대화의 맥락이 쭉 연결되지 않고, 제인의 가치와 신념을 더 깊게 살펴볼 기회가 없다. 그래서 친밀감이 형성되지 않는다. 잭이 발견한 것은 무엇인가? 제인이 전 남자 친구와 바르셀로나에 사흘 동안 가 있었고, 사그라다 파밀리아를 구경했다는 정도다. 두 사람은 차라리 버스 정류장에서 우윳값을 얘기하는 편이 더 나을지도 모른다.

복기 기술, SONAR

복기는 대화가 길고 짧음과 상관없이 의사소통을 개선하는 데 유용하다. 또한 사람들이 종종 빠지는 흔한 대화의 덫을 피하도록 돕는다. 잠시 양육의 영역으로 돌아가서 10대와 부모 사이에 생길 수 있는 전형적인 대화의 예시를 살펴보자.

전략	자녀	부모	자녀의 반응
요구	나 오늘은 정말 학교 가기 싫어.	됐어, 가.	강요하지 마!
비아냥	숙제를 해야 한다는 건 나도 알아. 근데 늘 피곤하단 말이야!	제발 좀! 정말 공부란 걸 하고 나서 나한테 피곤하단 얘기를 하지…	뭐래… 이해도 못하면서!

전략	자녀	부모	자녀의 반응
비난	엄마/아빠는 내 문제에 늘 사사건건 참견이야!	글쎄, 너한테 모든 걸 여덟 번씩이나 말해 줄 필요가 없으면 안 그러겠지! 네 귀는 장식으로 달고 사니.	엄마/아빠 진짜 싫어! (그리고 이제 스스로에게도 기분이 안 좋다.)
묵살	내가 수학을 좋아하지만 이건 절대 못 풀어. 아무도 못 풀 거라고!	선생님이 못 푸는 문제를 내줬겠냐. 계속해봐.	해 보고 있다고! 근데 안 돼. 포기했어!
대립	내 방을 치우는 건 의미가 없어. 또 지저분해지거든.	그러니까 넌 쓰레기더미에서 살다가 네 더러운 세탁물에 파묻혀 죽겠다 이거지?	그렇지, 그게 내 계획이야!

으음… 통하는 건 없어 보인다!

이러한 접근법으로는 대화가 곧바로 끝나 버린다. 문을 세게 닫거나 소리를 지르거나 하는, 이어서 일어날 만한 일은 별개로 하고 말이다! 상대방의 감정을 무시하고 자기 말을 들으라고 밀어붙이면, 상대는 꾹 참고 버티며 저항한다. 이러한 저항을 어떻게 피할 수 있을까? 저항을 막는 열쇠가 바로 복기다.

우리는 복기에 관한 특정 기술을 가리키는 연상기호로 SONAR를 쓴다. 수중음파탐지기sonar가 소리를 발사해 물체를 감지하는 방식과 마찬가지로, 복기에 능한 사람은 남의 이야기를 듣고 신호를 돌려보낸 다음 '튀어 돌아오는' 더 많은 정보를 듣기 위해 귀를 기울인다.

단순 복기 Simple 들은 이야기를 직접적이고 보통은 말 그대로 다시 언급한다. 중요한 건 복기를 위한 적절한 단어/부분을 선택하는 데 있다.―무엇을 더 알고 싶은가? 들은 이야기에서 중요한 건 무엇인가?

'한편으로는' 복기 On the one hand　양쪽의 상반된 시각, 상반된 감정, 상반된 증거를 상대방에게 다시 요약해 준다. 당신이 문장 마지막에 무엇을 말하건 상대는 바로 그걸 더 이야기할 가능성이 높기 때문에 전략적인 태도를 취해야 한다.

언쟁 금지 No arguing　언쟁이나 합리화에 나서는 대신 논쟁적인 부분을 검토하고, 반박은 피한다. 여기선 '그러니까 네가 나한테 말한 이야기는…'이나 '그 부분을 더 이야기해 줄래?'와 같은 표현이 도움이 될뿐더러 맞대응식의 언쟁도 막아 준다.

긍정Affirmation　기반이 될 만한 긍정적인 요소를 적극적이고 확실하게 찾아내고, 부정적인 요소는 무시한다. 긍정적인 요소는 부정적인 발언이나 행동에 묻힌 것 같더라도 변화의 발판이 되는 만큼 샅샅이 찾아내라.

재구성하기Reframing　다른 말로 바꾸거나, 요약하거나, 아니면 당신이 제시할 수 있다고 생각하는 더 깊은 감정이나 가치를 나타냄으로써 들은 이야기를 복기한다. '네가 한 이야기를 들어보면 ____이/가 너한테 아주 중요한 것 같아.' 재구성하기는 대화를 다음 주제로 이끄는 중요한 질문으로 이어질 때 가장 효과적이다.

앞선 대화의 예시를 SONAR 전략을 이용해 다시 시도해 보자.

전략	자녀	부모	자녀의 반응
단순 복기	나 오늘은 정말 학교 가기 싫어.	너 오늘 정말로 학교 갈 기분이 아니니?	응, 다른 여자애들이랑 온갖 짜증나는 일이 펼쳐진다고. 정신없어 죽겠어! (무슨 일?)
'한편으로는' 복기	숙제를 해야 한다는 건 나도 알아. 근데 늘 피곤하단 말이야!	그러니까 한편으로 넌 정말 피곤하고, 하지만 다른 한편으로 넌 네가 숙제를 해야 한다는 걸 아는구나.	음, 그렇지, 으윽! 이번 해가 나한텐 중요해. 점수로 어떤 무리에 들어갈지가 결정되는 거야. (그리고 넌 그게 힘들다는 걸 알아도 잘하고 싶은 거지.)
언쟁 금지	엄마/아빠는 내 문제에 늘 사사건건 참견이야!	네가 무엇 때문에 그렇게 느끼는지 나한테 말해 줘.(더 개인적으로 파고들 준비를 하라.)	나한테 그냥 말하는 경우가 절대 없잖아. 이거 해라, 저거 해라 하면서 곧바로 못살게 굴기만 하잖아! 짜증 나…. (내가 널 들볶기만 하고 우리가 절대로 이야기는 안 한다고 넌 느끼는구나.)
긍정	내가 수학을 좋아하지만 이건 절대 못 풀어. 아무도 못 풀 거라고!	수학에서 뭐가 좋은지 나한테 말해 줘.	보통은 최고의 과목 중 하나야. 문제마다 알맞은 답이 나오는 게 좋아. 그런데 이 문제들은 그냥 바보 같아! (보통은 너한테 쉬울 텐데, 얘네는 정말 어렵네.)
재구성 하기	내 방을 치우는 건 의미가 없어. 또 지저분해지거든.	그러니까 엉망인 상황이 끝없이 계속되는 것 같고, 그게 널 좌절하게 만들고 짜증 나게 만드는구나. '뭣 하러 그래?' 하는 식이지.	맞아! 정말이지… 난 엉망인 건 싫은데 항상 그렇다니까! 진짜 우울해…. (그러니까 깔끔하게 만들고 싶구나. 그러면 우리가 어떻게 해야 더 쉽게 그렇게 할 수 있을까?)

저항은 여전히 지속되겠지만, 대화도 계속된다.

이로써 우리는 상황을 더 살필 수 있고, 문제의 근원과 보다 성공적인 해결책을 생각해 낼 수 있다. 복기를 잘 활용하면 대화에 깊이와 풍성함이 더해지고 이해도와 친밀도가 높아진다. 복기는 한 번에 끝나는 게 아니라 수차례 필요하다. 진도를 빼기 전에 어떤 주제든 세 번 복기하는 것을 목표로 하라. 더 조심하고 끈기를 가지면 그에 대한 보상을 받을 것이다.

단순 복기

복기의 기술 가운데 단순 복기가 가장 쉽다. 물론 무엇을 선택해 복기할지는 여전히 주의해야 한다. 상대방이 한 이야기를 경청하고 중요한 요소를 복기하면, 상대방을 깊게 이해할 수 있을 뿐 아니라 전략적으로 그 사람이 더 많이 이야기하는 관심사를 끌어내어 중요한 정보를 얻을 수 있다.

경찰관 교육 중에 우리는 단순 복기가 의도한 효과를 얻지 못했던 다소 재미난 예를 확인할 수 있었다. 당시 용의자는 경찰과 면담을 하면서 이렇게 이야기했다. "우리는 부엌에서 말다툼을 하고 있었어요. 그게 조금 격해지면서 저는 나가려고 했죠. 지나가려고 그녀를 밀치고 나가다가 도중에 화분을 떨어뜨렸는데, 그녀는 내가 자기한테 그걸 던졌다는 거예요. 거짓말이죠."

그러자 면접관이 반응했다. "화분요?"

용의자도 어리둥절한 듯 보였다.

"말다툼", "조금 격해지면서", "그녀를 밀치고 나가다가" 등의 표현에 비하면 화분은 중요한 요소가 아니다. 폭행 조사에서는 화분보다는 폭행과 관련 있는 표현에 흥미를 가져야 한다.

단순 복기를 잘하려면 두 가지를 신경 써야 한다. 첫째, 상대방의 이야기에 귀 기울이도록 한다. 대화에서 가장 중요하거나 의미 있는 부분을 복기할 수 있으려면 집중해서 들어야 한다. 둘째, 상대방에게 당신이 듣고 있다는 신호를 보내야 한다. 그러면 그들은 더 많은 이야기를 꺼낸다.

다음 예를 한번 보자. "우리가 동거 이야기를 나눴었잖아. 그런데 지금은 알맞은 때가 아닌 것 같아. 지금 이대로가 아주 편해."

여기서는 어떤 걸 복기해야 할까? 무엇을 더 설명받길 원할지 생각해 보라. 우리는 "알맞은 때"나 "편해"를 더 살필 수 있다. 편하다는 이야기를 건드려 보자.

"편하다니?"

"응, 내가 사는 데가 직장이랑 아주 가깝거든. 그래서 시내를 횡단하는 끔찍한 통근을 할 필요가 없어. 게다가 요즘 하루에 열 시간에서 열두 시간씩 일해서, 주중에 만날 시간도 없을 것 같아. 난 우리가 계획을 조금 미뤘으면 좋겠어. 함께 살 곳에 들어갈 계약금을 생각하면 돈도 조금 더 벌어야 하고. 떨어져 지내고 싶지는 않지만, 지금으로서는 그게 합리적인 것 같아."

지금 당신은 이 대답에 행복하지 않을 수 있지만, 연인의 추론에 대해 분명히 더 많이 알게 됐다. 그 사람은 현실적·재정적 이유로 계속 떨어져 지내고 싶어 한다. 이제는 언쟁으로 가는 이상한 길로 빠지는 대신 이 부분을 계속 이야기할 수 있다. 여전히 조금 상처받거나 무시당한 기분이 들지도 모르지만, 그 사람이 무엇 때문에 정말 그런 결정을 내렸는지에 대해 더 많은 정보를 갖게 됐다. 그렇다고 상대의 의견에 동의할 필요는 없다. 하지만 언쟁이 아니라 대화를 계속할 수 있게 됐다. 말다툼은 의사소통을 가로막고, 나와 상대방 사이에 벽을 만들게 한다. 복기의 목표는 상대방의 배경을 진정으로 이해할 때까지 계속 대화를 진행하고 더 상세한 정보를 얻는 데 있다.

'한편으로는' 복기

'한편으로는' 복기는 동기 부여 인터뷰를 훈련하는 사람들이 말하는 '불일치 부각하기'와 유사하다.

다음 예시를 보자. "나도 내가 식습관을 살피고 다시 운동해야 한다는 건 잘 알아. 하지만 요즘은 정말 불가능한 것 같단 말이야! 하루 동안 뭘 할 시간이 없어."

이 대답으로 우리는 이렇게 말할 수 있다. "네가 그렇게 바쁠 리 없어! 이번 주에 넷플릭스로 볼 건 다 봤잖아! 네가 정말 바뀌길 원한다면 더 노력하는 수밖에 없어."

이런 소리를 듣고 나면 상대방은 변화하기보다는 갈 데까지 가 보자는 심산으로 피자를 시키고 TV 앞에 앉을 것이다. 이런 대화는 동기를 부여하지 못하고 수치심을 준다. 수치심으로는 변화를 유도할 수 없다. 당신이 누군가에게 '헛소리' 버튼을 누르면, 그 사람은 지지를 받는 게 아니라 공격을 당했다고 느낀다. 반대로 우리는 그 사람이 느끼는 갈등을 전술적으로 복기하고, 상대에게서 바뀌겠다는 약속을 받는 쪽으로 조금씩 기대하고 나아갈 수 있다. "그러니까 넌 요

······
123

즘 너무 일이 많아서 지친다고 느끼지만, 예전처럼 건강하게 식사하고 운동하길 정말 바란다는 거네."

이제 상대방은 자신이 왜 건강한 생활방식으로 돌아가고 싶은지를 설명할 것이다. 그러면 상대방의 긍정적인 동기 부여가 자연스럽게 강화된다. "그렇지, 헬스장에 일주일에 세 번 가고 식사도 건강하게 할 때는 에너지가 넘쳐났어. 잠도 잘 잤고! 그때로 돌아가고 싶지만 다시 시작해야 한다는 게 너무 힘드네."

드디어 상대방은 자신이 과거에 의욕을 가졌던 중요한 지점까지 다다랐다. 그가 그때의 마음가짐으로 돌아가도록 격려하기 위해 이렇게 다시 말해 볼 수 있다.

"그러니까 버거운 느낌이 들지만 득이 되는 것도 많아 보이네. 에너지도 더 생기고, 잠도 더 잘 자고. 네가 그때로 돌아가기 위해 소소하게나마 할 수 있는 게 있을까?"

'불일치 부각하기'는 판단, 의심, 불신이 아니라 탐구심, 호기심, 개방성이 필요하다. 때로 믿지 못하겠다는 마음을 억누른 채 "잠깐만, 아까는 X라고 하더니 지금은 Y라고 하네." 하는 식의 접근은 문제 해결에 도움이 안 된다.

인간은 심판을 받거나 자신을 가두려고 한다는 느낌을 받으면 유대관계의 끈을 풀고 귀를 막는다. 우리는 이러한 경우를 경찰 신문 상황에서 수없이 목격했다. 모순된 증거를 탁자 위에 세게 내던지면서 "아 그래? 그러면 이거 설명해 봐!" 하고 나오면 어떤 범죄자라도 옴짝달싹할 수 없을 것처럼 보인다. 하지만 이런 건 TV 드라마에서나 먹힌다. 현실에서 용의자는 입을 다물고 변호사를 요구하게 된다.

상대를 궁지에 몰아넣는다고 갑자기 그 사람이 협조적으로 변하는 경우는 드물다. 그 대신에 버티기를 선택하는 경우가 대부분이다. 입을 닫고 유대를 끊는 것이다.

반면 진술이나 증거를 통해 불일치를 교묘하게 내보이는 것은 아주 큰 힘을 발휘한다. 또한 앞에서처럼 '합리적이지만 궁지에 몰아넣는 일'을 피할 수 있다. 이는 상대의 체면을 지켜 주는 방식이기도 하다. 그리고 그 사람은 우리가 거짓말임을 밝힐 수 있는 허점투성이의 이야기를 만들거나, 거짓을 인정하고 진실을 이야기할 수 있을 거라 느낄 수도 있다. 그 결과는—기만이든 인정이든—조사할 정보와 살펴볼 증거를 제공해 진실과 더 가까워질 수 있도록 한다. 우리의 심문관 동료 한 명은 이렇게 즐겨 말한다. "난 그 사람들이 거짓말을 하는지는 신경 안 써. 말을 하는지만 신경 쓰지."

언쟁 금지

가끔 대화는 치고받는 언쟁으로 치닫고 만다. 권력 관계가 비대칭일 때는 특히 그렇다(사장-피고용인. 부모-자녀). 누구나 공격이나 비판을 받으면 본능적으로 반박하게 된다. 하지만 라포르에 기반한 접근법은 비판을 '잘 만들어' 그것을 살피고 복기할 것을 권한다. 이는 상대가 자신의 이야기를 명확하게 만들 뿐 아니라, 불에 더 부을 기름을 치워서 언쟁을 무력화한다.

 한번은 수용 시설에서 가정 폭력 범죄로 유죄선고를 받은 20여 명의 남성을 대상으로 모임을 진행한 적이 있다. 내가 유인물을 나눠 주고 지시를 내리고 있을 때, 참여자 중 젊은 축에 속했던 하비가 이런 말을 했다. "자기, 조금 긴장한 것 같은데, 내가 진하게 사랑 좀 해 줘야겠어." 이 말을 하면서 그는 하이에나처럼 나를 비웃고, 두 팔을 머리 뒤에 얹은 채 의자 다리에 의지해 몸을 뒤로 기울이고 있었다. 그렇게 다른 남자들 앞에서 이른바 쿨해 보이려고 애썼다.

순간 내 정서적 두뇌가 당혹감과 불편함에 위축되는 걸 느낄 수 있었다. 얼굴은 내 기대와 달리 빨갛게 달아올랐다. 이런 감정이 속에서 끓고 있었지만, 내 이성적 두뇌는 그의 말이 나랑, 심지어 섹스와도 무관하다는 걸 알고 있었다. 그건 힘의 문제였다. 그 남자는 자신이 힘없고, 곤란한 상황이며, 비난받는다고 느꼈다. 그래서 힘의 불균형을 역전시켜 내게 그 곤란함을 넘기고 싶었던 것이다.

나는 무슨 얘길 할지 생각하면서 꼬박 5초 동안 가만히 있어야 했다. 그 사이에 얼굴은 점점 더 빨개졌다. 방 안은 다른 남자들이 킥킥대고 웃는 소리로 가득 찼다.

결국 이렇게 말했다. "하비, 나한테 왜 그런 말을 하는 거죠?"

그는 느릿느릿 말했다. "당신이 원한다면 내가 그렇게 도와줄 수 있으니까…."

난 다시 가만히 있었고, 그 사이에 다른 남자들은 더 킥킥거렸다. 난 그와 말다툼을 시작하고 싶지 않아서 그가 한 이야기를 복기했다.

"좋아요, 그럼 정리해 볼게요, 하비. 당신은 내가 조금 긴장한 것 같아서, 그걸 풀어 주려고 본인의 가정 폭력 심사 모임 도중에 내게 섹스를 해 주겠다고 말한 거네요. 내가 제대로 이해했나요?"

다른 남자 한 명이 큰소리로 웃음을 터뜨렸다.

하비가 나를 노려보며 말했다. "자기야, 난 사실 자기랑 섹스하기 싫어. 착각하지 마."

난 대답했다. "음, 좋네요, 나도 당신이랑 섹스하기 싫거든요."

그러자 주변 사람들이 더 킥킥거렸다. "이제 당신과 내가 서로 잠자리를 가질 마음이 없다는 걸 확인했으니까, 우리 여기 온 이유에 맞게 모임을 시작해 볼까요?" 난 그에게 유인물을 나눠 주면서 말했다. 그는 내 손에서 마지못해 종이를 건네받았고, 우리는 그걸 채우기 시작했다.

상황이 곤란했던 만큼, 그때를 돌이켜 보면 지금도 민망하기 짝이 없다. 하지만 하비가 하는 행동을 객관적으로 복기함으로써("그러니까 당신 말은⋯.") 그가 만들려던 힘겨루기는 무효가 됐다.

복기는 얼핏 간단해 보이지만 일반적으로 우리의 본능적인 반응과 대척점에 있다. 이 경우도 마찬가지다. 내 정서적 두뇌는 ① 상황을 무시하고 아무 일도 없는 척하거나, ② "당신 언행은 부적절하네요. 나가세요" 하면서 정면으로 맞서거나, ③ 화재경보기가 울려서 나를 구해 주길 바랐다. 하지만 이 중에 어떤 보기도 내 문제를 해결해 주지 못했을 것이다.

만약 내가 한 일이 '보기 ①'이라면 나는 나약해 보였을 것이다. 내가 '보기 ②'를 선택해서 그에게 정면으로 맞섰다면 상황이 더 나빠졌을지도 모른다. 그가 방을 떠나지 않았으면 특히 더 그랬을 것이다. 이 곤란한 상황을 열심히 지켜보던 다른 남자들에게도 내가 호들갑스럽고 과장되게 보였을 수 있다. 그러면 그건 내게 맞서는 전술이 됐을 것이다. 매주 누가 내 얼굴을 가장 빨갛게 만드는지 경쟁을 벌였을지 모른다. 하지만 그의 행동을 간단하게 복기함으로써 난 그의 도발을 무효로 만들고 모임을 진행할 수 있었다.

그러면 이 기술은 어떻게 쓸 수 있을까? 다음에 누가 당신에게 개인적인 이야기를 하거나 당신을 공격하면, 자연스레 나오는 반응을 진정시키고 잠시 멈춰서 상대가 실제로 한 이야기가 무엇이고 그 의미를 되짚어 보자. 그러고 나서 최대한 차분하게 그 사람의 메시지를 복기하자. 메시지는 나와 하비 사이의 경우처럼 문자 그대로일 수 있고, 그 사람이 하는 이야기에 담긴 숨은 이유일 수도 있다.

경찰이 테러 용의자를 신문할 때 이런 상황을 자주 경험한다. 이때 양쪽의 이념과 신념은 서로 정반대인 경우가 일반적이다. 용의자는 심문자와 그 사람이 상징하는 모든 것을 공격하면서 이렇게 말할 수 있다.

"당신은 세상이 정말 어떻게 돌아가는지 관심도 없어. 거기 앉아서 텔레비전이나 보면서 피시앤칩스나 먹고, 다음 월급이나 기다리잖아. 사람들이 굶주리고 길거리로 내몰리고 있어. 애들은 자다가도 폭탄을 맞지. 여기에 당신이 한 게 뭐야? 아무것도 없어!"

이때 즉각적으로 나타나는 본능적인 반응은 무엇일까? 자기변호? 만약 자신이 경찰이 되면서 남을 돕는 일에 일생을 바쳤다고 설명하려고 든다면? 상대가 이 반응을 받아들일 것으로 생각하는가? 아니면 자선단체를 지원하면서 그간 했던 모든 일을 늘어놓는다고 하자. 노숙자에게 오래된 담요를 기부했다거나, 유니세프에 매달 3파운드씩 기부했다거나 하면서 말이다. 그렇다고 상대가 이걸 받아들일까? 심지어 피시앤칩스마저 좋아하지 않는다고 설명해 본다고 하자.

중요한 건, 그 사람은 언쟁을 벌이고 싶기 때문에 이런 반응을 받아들이지 않을 거라는 점이다. 그러니 언쟁은 구석으로 밀어두라. 그 대신에 그 사람이 한 이야기 밑에 깔린 메시지를 복기하라.

"대부분의 사람이 자기 인생 사느라 바쁘고 세계 곳곳의 사람들이 고통받는 걸 멈추게 하는 데 아무 관심이 없다는 게 당신 이야기인 것 같네요. 당신은 거기에 정말 관심이 많은데 말이죠. 그렇다면 사람들이 더 이상 고통받지 않도록 당신은 뭘 했죠?"

이렇게 되물으면 상대방은 자신의 입장과 감정은 물론이고 이를 통해 자신이 어떻게 특정한 길을 선택하고 거기에 들어서게 됐는지를 계속 설명할 것이다. 그러면서 경찰이 대변하는 바를 간간이 욕할 것이다. 하지만 중요한 점은 상대방이 말을 하고 있다는 것이다. 그의 비난과 질문에 대답할 필요는 없다. 언쟁을 하고 자신을 변호하려고 애쓰거나, 아니면 한 달에 3파운드의 기부가 좋은 사람이라는 자격을 주기에 충분한지 중언부언하는 데 귀한 시간을 쓸 필요도 없다.

이것이 복기가 갖는 힘이다. 상대방 이야기의 기저에 흐르는 메시지를 복기함으로써 언쟁을 벗어날 수 있다. 이는 상대방이 자신의 처지를 더 많이 설명하게 한다. 이 기술을 더 이해하기 위해 경찰과 무관한 예를 한번 살펴보자.

배우자가 다음처럼 말하기 시작한다고 가정해 보자.

"요즘 내 꼴이 말이 아닌 것 같아. 몸무게도 늘고 옷도 더 이상 맞지 않는다는 것도 잘 알아! 너무 우울해. 질리언은 그 다이어트 프로그램을 제대로 해서 이제 멋져 보이더라. 자기도 걔가 멋져 보이지 않아? 내가 장담하는데 자기 걔한테 끌리지, 그치?"

마지막 질문에는 답을 하지 말라. 함정이다! 당신이 아니라고 대답하면, 당신의 배우자는 당신이 거짓말을 한다고 생각할 가능성이 있다. 그렇다고 대답하면 당신은 아마 그날 밤 소파에서 자게 될 것이다. 대신 복기를 써 보자. 이 대화에서 배우자가 정말 말하는 바는 무엇일까? 그녀는 자신의 가장 친한 친구에게 끌리는지에 대해 정말 맞다, 아니다 같은 대답을 바랄까? 그녀가 자신이 그렇다고 생각하더라도, 실제로는 그렇지 않을 것이다.

그렇다면 뭐라고 대답해야 말다툼이 생기지 않을까? 들은 이야기의 기저에 무엇이 있는지 복기해 보자.

"그러니까 자기는 요즘 자기 모습이 정말 마음에 안 들고 겉모습도 좀 별로라고 느끼나 보네. 내 생각엔 다들 가끔은 그렇게 느껴. 물론 나도 그렇고! 근래에 우리 식습관이 그렇게 좋지는 못했잖아. 우리도 질리언이 했던 그 다이어트를 해 봐야 하지 않을까 싶은데? 그거 비싸?"

휴! 이제 다이어트 프로그램에 등록하거나, 탄수화물을 측정하거나, 헬스 자전거를 들이는 이야기를 할 수 있다. 배우자의 친구가 마음에 드는지 마는지를 제외한 뭐든 말이다!

하지만 위험 상황에서 그다지 벗어나지 못했다면? 그녀가 이렇게 맞받아쳤다고 하자. "그래, 그러지 뭐. 그런데 자기 걔 마음에 들지? 장담하는데, 맞아. 걔가 자기 타입인 거 내가 알지. 말 돌리지 마!"

으음. 이젠 어떻게 할까? 다시 복기를? 복기는 남용될 위험이 있다. 우리는 복기를 사용할 때 3의 원칙을 지킬 것을 질문자에게 권하곤 한다. 상황에서 벗어나려는 시도를 세 번까지 한 다음, 그래도 달라진 게 없으면 답을 해야 한다. 그러니까 이렇게 답할 수 있다. "타입? 내 타입이 도대체 어떤 건데?"

그녀는 이제 조금 짜증을 내면서 맞받아칠지도 모른다. "당신도 알잖아. 운동 좋아하고, 몸도 탄탄하고, 잘못된 상황에서도 안 흔들리는 사람. 인정해. 자기 개 마음에 들잖아."

이런 일이 생기면 이제 앞에서 논의했던 '어린이와 티셔츠' 기술을 써 보자.

"내 말 잘 들어. 자기가 무기력하고 요즘 자기 모습에 조금 우울해한다는 거 나도 알아. 그래서 질리언이 마음에 드는지 계속 나한테 물어보는 거잖아. 그런데 자기가 진짜 물어보고 싶은 건 '자기가 여전히 마음에 드는지' 같아. 내 답은 정말 그렇다는 거야. 자기 청바지가 조금 더 꽉 끼거나 말거나 상관없어! 난 자기를 항상 좋아해. 자기를 사랑하니까. 그 빌어먹을 질리언이 아니라."

이제 당신이 생각하는 문제란 배우자의 질문에 직접적으로 답을 하는 게 아니라 그 기저에 깔린 것이라는 걸 드러냈다. 아이러니한 건, 당신이 답을 내놓기보다는 이렇게 문제의 정곡을 찌름으로써 대화의 진도가 나갈 수 있다는 점이다.

만약 상대방이 자신의 도발적인 질문에 반응을 얻지 못한 상태로는 절대 넘어가지 않는다면, 그 사람이 정말 원하는 게 답이 아니라 언쟁이라고 봐야 한다. 이때는 언쟁에 빠지거나, 절대 긍정적으로 흘러가지 않을 그 대화에서 그저 벗어나는 것 가운데 하나를 선택해야 한다.

잡초 속에서 꽃 찾기

당연한 말이지만 대부분의 사람은 부정적인 피드백이 아닌 긍정적인 피드백을 얻고 싶어 한다. 긍정적 강화나 좋은 행동에 대한 보상이 인간과 동물의 행동을 바꾸는 도구로서 효과가 있다는 연구 결과는 행동심리학 분야에서 수차례 검증됐다. 이와 대조적으로 나쁜 행동에 대한 처벌은 좋은 효과를 내는 경우가 극히 드물다. 누군가의 식습관에 비아냥대는 반응을 보인다고 그 사람이 더 건강한 식사를 하지는 않는다. 자기 직업에서 결코 행복을 느끼지 못한다는 이유로 누군가를 비난한다고 해서 그 사람이 갑자기 즐거움을 찾지는 않을 것이다. 지각을 이유로 누군가를 꾸짖는다고 해서 그 사람이 다음에 제시간에 와야겠다는 동기를 부여받을 것 같지도 않다.

따라서 상대의 행동에 영향을 주고 싶다면 부정적인 면보다는 긍정적인 면에 집중해야 한다. 나쁜 행동을 죄다 완전히 무시한다는 뜻이 아니라 지지하고 강화할 수 있는 행동이나 태도를 눈여겨보자는 말이다. 밀러와 롤닉은 이것을 "잡초 속에서 꽃 찾기"라고 표현했다. 그러니 누군가가 변화하도록 격려한답시고 그 사람에게 잡초 한 다발을 건네지는 말자.

상대방의 행동이 아주 극단적이라고 해도 비판의 충동을 이겨 내고 긍정적인 면을 계속 찾을 필요가 있다. 물론 행동이 혐오스럽거나 그것을 둘러싼 말이 부정적일수록 긍정적인 무언가를 찾기는 더 힘들다. 이렇게 생각할 수도 있다. '여긴 꽃은커녕 잡초밖에 없네.' 우리는 이걸 내담자를 통해 주기적으로 경험한다. 그중에는 자신이 가장 아껴야 할 사람들에게 몹쓸 짓을 한 경우도 있다. 하지만 우리 부부는 변화를 위한 긍정적인 요소를 아주 열심히 찾아서 그들이 달라질 수 있는 방법을 찾도록 노력했다. 그게 어려워 보이거나 정말 불가능해 보여도 우리는 긍정적인 것을 찾도록 이끌었고 이는 대개 효과를 보았다. 때로는 긍정적인 요소 하나가 중요한 변화를 이끄는 작은 바탕이 된다.

몇 년 전 나는 자신의 여자 친구에게 심각한 폭행을 가한 내담자를 상대한 적이 있다. 그가 어느 날 일을 마치고 집으로 돌아왔는데, 그때 그의 두 눈에 들어온 것은 두 살짜리 딸이 바닥 한가운데 주저앉아 얼굴이 빨갛게 상기된 채 "엄마, 엄마." 하는 말을 되풀이하며 울먹이는 모습이었다. 딸은 눈물범벅이 되고, 콧물은 계속 흘러내리고 있었다. 그렇게 울은 지가 꽤 된 게 분명했다. 그 와중에 엄마는 소파에 앉아 친구와 통화를 하고 있었다.

"왜 애를 달래지 않아?" 그가 화가 나서 물었다.

"전화하고 있잖아." 그녀가 그를 곁눈질하며 말했다.

그러자 그는 아주 극단적으로 반응했다. 그녀의 얼굴에서 휴대폰을 확 빼내면서 그녀의 턱을 쳤다. 곧바로 그녀의 다리를 잡고 소파에서 끌어내려 카펫에 등을 쓸리게 하고는 복부를 수차례 발로 찼다.

폭력과 두려움이 넘쳐나는 이 상황에서 긍정적인 가치를 발견할 수 있을까?

'어린이는 상처받은 채로 내버려 둬서는 안 된다.' 이것이 변화를 위한 우리의 시작점이었다. 남자의 행동은 이 문장으로 설명할 수 있다. 물론 이 문장이 그의 끔찍한 행동을 정당화하지는 못한다.

그가 자신에게 일어난 일을 내게 설명한 뒤, 난 이렇게 말했다. "당신은 딸이 방치돼 화가 났고, 아이를 상처받은 채로 내버려 둬서는 안 된다고 생각하는 게 분명해요."

"맞아요." 그는 단호하게 말했다. "난 여섯 살 때 엄마가 날 방치해서 처벌을 받는 바람에 양육 시설에 맡겨졌어요. 그래서 애 엄마가 아이를 그렇게 무시하고 울게 놔둬서 정말 열받았죠."

그는 수많은 부정적인 측면 대신에 긍정적인 측면에 집중해서 내가 이 가치를 이해하도록 했고, 그게 어떻게 시작됐는지도 조금 더 이야기했다. 하지만 그는 이 사건이 일어나는 동안 자신의 가치와 행동 사이에 생긴 확연한 불일치 또한 드러냈다.

그는 아이를 상처받은 채로 내버려 두면 안 된다고 여긴다. 그것은 태만한 짓이고 아이에게 해롭다고 느낀다. 하지만 다른 한편으로 그는 자식이 보는 앞에서 엄마를 폭행함으로써 딸에게 상처를 입혔다. 이것은 자기를 안아 올려 달라는 요청을 무시하는 엄마에게서 느꼈을 법한 상처보다 더 큰 것이었다.

이러한 불일치를 단정 짓거나 비난하지 않고 복기하기 위해, 나는 우선 긍정적인 가치를 강화한 뒤 그의 행동과 병치할 필요가 있었다. 이것은 앞서 언급한 불일치 부각하기 기술의 또 다른 예이고, 상대가 말과 행동 사이의 불일치를 놓고 그 사람에게 이의를 제기할 수 있는 아주 강력한 방법이다.

"분명히 당신은 딸이 사랑받고 보살핌받기를 원하고, 당신이 어렸을 때 겪었던 상황을 딸아이도 겪는 일이 없기를 바라고 있어요. 폭행이 일어나는 동안 딸은 무엇을 하고 있었는지 말해 줄래요?" 난 조용히 말했다.

그는 오랫동안 가만히 있다가 입을 열었다. "애는 목이 터져라 비명을 지르고 있었어요. 지금도 그 소리를 들을 수 있어요."

다시 한번 정적이 흐른 후, 그는 나를 올려다보더니 말했다. "내가 한 짓이 상황을 더 나쁘게 만들었네요. 왜 그랬는지 모르겠어요. 왜 그랬을까요?"

상대가 변화하길 바라는 마음에서 비난을 가하는 것보다는, 거울을 들어서 자신의 결점을 스스로 대면하도록 만드는 것이 훨씬 더 효과를 발휘한다. 공격을 받는 사람은 자연스럽게 자신을 변호하게 된다. 그러니 공격하지 말고 복기하라. 그러면 결국 상대도 거울 앞에 서게 된다.

긍정 없이는 변화의 사다리를 만들 수 없다. 자신의 행동(식습관, 과속, 흡연, 할 일 미루기, 물건 어지르기 등등)을 바꾸기 위해 어떤 시도를 해왔는지 떠올려 보자. 무엇에 초점을 맞추어 왔는가? 혹시 부정적인 비난들이 아니었나? '넌 의지가 없잖아.' '얼마 못 갈 거야.' '넌 항상 이런 식이었지.' '넌 항상 실패해.'

이를 긍정적인 방향으로 재구성하기란 때론 버거울 수 있다. 하지만 계속 이렇게 격려해 보자. '실패를 감사하게 받아들여.' '계속해 봐.' '넌 바뀔 수 있어.' '절대 포기하지 마.' 그러면 우리의 뇌는 이와 더불어 변화한다. 다른 사람을, 그리고 특히 변화하려는 자신을 격려할 때 긍정적인 부분에 계속 초점을 맞추자.

재구성하기

복기에서 마지막 한 가지 기술이 남았다. 재구성하기는 복기 기술 가운데 가장 익히기 어렵다. 재구성은, 대화를 더 깊은 수준으로 이끌어 가기 위해 주의 깊게 귀를 기울이고 들은 이야기를 머릿속에서 처리한 다음 재해석하고 추론하는 과정이 필요하다.

단순한 복기가 직접적인 반향이고 '한편으로는' 복기가 두 가지 이상의 불일치를 부각한다면, 재구성하기는 이야기를 듣고 그 이야기가 의미할지도 모르는 바를 추론하고, 그 기저에 자리한 상대방의 가치와 신념을 파악하는 것이다. 다시 말해 이야기의 이면에 있는 의미나 메시지를 더 깊이 들여다봐야 한다.

대화 도중에 상대의 가치와 신념을 정확히 복기하면, 그 자체만으로 그 사람에게 강력한 영향을 미칠 수 있다. 재구성하기를 쓰면 상대는 질문자가 자기를 더 깊은 수준으로 이해했다는 느낌을 받고, 상황이 쭉 이야기되는 과정에서 종종 자기 마음을 더 분명히 깨닫기도 한다.

우리 부부는 상담이 필요한 청소년을 만날 때, 늘 이 전략을 쓴다. 어떤 아이들은 권위에 저항하곤 한다. 결석하거나, 담배를 피우거나, 술을 마시거나, 경범죄를 저지르기도 한다. 그들은 자신의 삶이 무의미하고, 자신의 생각에 아무도 관심이 없다고 느낀다. 그러니 규칙을 지키라고 하는 게 무슨 소용이 있겠는가? 해결책의 실마리는 그들이 변화하려고 애쓸 가치가 있을 만큼 충분한 관심이 있는 무언가를 찾는 데서 시작해야 한다. 이때 그들이 변화해야 하는 '우리의 이유'를 늘어놓아서는 소용이 없다. 변화를 위한 '그들의 이유'가 무엇일지를 알아내야 한다. 성공을 거두려면 거기에 기반을 둬야 한다. 기억하라. 대화에서 중요한 것은 목표 달성이지 언쟁이 아니다.

우리가 상대한 여자아이들 가운데 한 명은 성격이 아주 밝으면서도 상당히 폭력적이었다. 학교 안팎에서 자주 싸움에 휘말리곤 했다. 2층 높이 아래로 선생한테 의자를 던졌고, 싸우다가 다른 학생의 손가락을 부러뜨리기도 했다.

우리는 온갖 이유로 그녀가 이 행동을 멈추길 바랐다. 그녀의 성적과 졸업에 지장을 주니까, 범죄 기록에 남을 수도 있으니까, 다른 사람을 다치게 하니까, 퇴학당하거나 교도소 신세를 지게 될 수도 있으니까 등등. 문제는 이 중 아무것도 그녀의 관심을 끄는 게 없었다는 것이다. 이 모든 이유가 그녀의 가치와 거리가 멀었다. 그래서 우리 부부는 그녀의 행동을 바꾸기 위해 그녀가 정말로 관심 있는 것이 무엇인지 알아보기로 했다.

아이는 음악을 사랑했고, 학교에서 진행하는 디제잉 멘토링 프로그램에 참여하기를 간절히 바랐다. 유명한 클럽 무대에 오르는 디제이가 되고 싶어 했다. 이것이 그녀의 꿈이었다. 그녀는 세계 투어를 돌고 페스티벌에서 디제잉을 하는 모습을 상상했다. 이것이 지렛대가 될 수 있었다.

우리는 그녀가 멘토링 프로그램에 참여하려면 6개월 동안 모든 수업에 빠짐없이 출석해야 한다는 주제로 논의를 했다. 하지만 아이가 이를 제대로 실천할 수 없었기 때문에 우리는 교장과 협의하여 한 가지 합의를 봤다. 다음 4주 동안 출석을 완벽히 해내면 프로그램 참여 대상으로 고려하겠다는 약속을 받아냈다. 또한 우리는 그녀가 약물을 해서 수업에 집중하기가 더 어렵고 그녀의 미래 계획에도 지장을 줄 수 있다는 사실을 두고 논의했다. 그녀가 약물 때문에 경찰에 잡혀 유죄 선고를 받으면 해외여행, 특히 미국 여행에 문제가 생길 수 있다는 사실도 일러주었다. 그러자 처음으로 그녀가 약간 걱정스러운 표정을 지었다. 갑자기 모든 행동이—다른 사람이 아닌—그녀 자신의 목표와 열망을 위협한다는 사실을 깨달은 듯했다.

다음의 예시를 보고 화자의 핵심 가치와 신념을 확인할 수 있는지 알아보자. 그리고 나서 당신이 옳은지 확인하기 위해 이야기를 어떻게 재구성해서 다시 들려줄지를 고려해 보자.

맨디는 대학교 2학년인데, 마음고생이 심하다. "요즘 상태가 정말 말이 아니에요. 중간시험을 잘 못 봤어요. 그래서 계속 부지런히 공부하는 게 부질없는 것처럼 느껴져요. 저는 제가 생화학을 정말 좋아할 줄 알았어요. 중등학교 때는 과학 과목 중에서 제일 잘하기도 했고요. 하지만 여기서는 절반 안에라도 들었으면 좋겠네요. 이게 다 무슨 소용일까요?"

추천 답변: "들어 보니 중등학교 때만큼 대학교 때 하지 못하고 있어서 의기소침한 것 같네요. 자기가 무언가를 해서 거기서 최고가 되지 못한다면, 그걸 해 봤자 아무 소용이 없다고 생각하는 것 같군요."

트레버(36세)는 좌절감을 느낀다. "같은 일을 지루하게 반복만 하는 게 너무 지겨워요. 우리는 들어가면 차 끓이고, 애들 운동 장비

닦고, 애들 씻기고, 반려동물 밥 먹이고, 부엌 청소하고, 애들 재우기 바빠요. 으으으! 끝이 없어요! 너무 피곤해서 서로 말할 틈도 없어요. 하룻밤 나가서 보내는 건 꿈도 못 꾸죠. 섹스 생각은 접었어요. 물론 하긴 하지만…. 때로 저는 차 안에 더 오래 있기도 해요. 그러면 지금은 제 삶이 되어 버린 지루하고 고된 일과를 마주할 필요가 없으니까요."

추천 답변: "들어 보니 당신은 자기 인생이 재미없는 일로 가득 차 버렸고 재미나 기쁨을 느낄 틈이 없다고 느끼는 것 같네요. 당신은 가족의 삶이 본인과 배우자분한테 부부로서의 여유를 허락하지 않는다고 생각하고, 그걸 그리워하는 것 같군요."

브래들리(27세)는 연인 관계를 원한다. "요즘 데이트는 이상해요. 헌신적인 관계를 원하는 사람이 아무도 없죠. 누가 당신한테 관심이 있든 말든, 다시 연락하든 말든, 심지어 그 사람이 그날 밤 다른 사람이랑 눈이 맞아 떠난다고 해도 신경 쓸 필요 없다고 생각하는 것처럼 행동해야 해요. 저는 그게 싫단 말이죠. 아무도 신경 쓸 수 없는 것처럼 행동해야 하는데 누굴 어떻게 만나서 정착하겠어요!"

추천 답변: "들어 보니 당신은 사람들이 오랫동안 연인으로 지내는 데 흥미가 없다고 느끼는 것 같아요. 하지만 당신이 바라는 게 바로 그런 관계죠. 그리고 당신은 다른 사람도 그걸 바랄지 모르는데 그렇지 않은 것처럼 행동한다고 믿는 것 같아요."

재구성하기는 복기 기술 가운데 가장 까다롭고 상당한 연습이 필요하다. 몇 가지 중요한 표현을 지켜서 상대방이 한 이야기의 이면에 있는 더 깊은 메시지를 이해한다는 신호를 보내야 한다. 예컨대 '들어 보니 당신은 ~을 느끼는 것 같아요' 혹은 '당신은 ~에 관심이 있는 것 같네요'와 같은 표현이 있다. 관계를 발전시키고자 하는 상대와 대화를 나눌 때 이런 표현을 사용해 보라. 재구성하기를 잘 활용하기 위한 관건은 다른 복기 유형과 똑같이 관련 있는 바로 그것, 즉 진정성 있고 함부로 단정 짓지 않는 호기심이다.

요약

1. **상대의 가치와 관심을 인정하라.** 복기는 사람들의 동기와 행동에 실제로 바탕이 되는 더 깊은 핵심 가치와 신념을 발견하는 데 도움을 준다. 이러한 이해는 정보를 얻는 것 못지않게 관계를 맺는 데 유용하다.

2. **'정향 반사'를 피하라.** 상대가 식사, 흡연, 음주 등의 습관을 통제하지 못하는 이유를 설명하거나 어떤 주제로든 진심으로 조언을 구한다고 이야기하면, 조언이나 비판을 하고 싶은 유혹이 불쑥 솟아난다. 유혹에 넘어가지 말라. 해결책을 제시하거나 수치심을 줘서 변화하게 만들기보다는 상대방 스스로 돕는 방법을 알아내도록 도움을 주는 편이 낫다.

3. **SONAR 신호를 보내는 연습을 하라.** 라포르에 기반한 SONAR는 몇 가지 기본적인 복기 방법을 이해할 수 있도록 하는 기술을 포함한다. 그 범위는 간단한 키워드 복기부터 당신이 발견한 더 깊은 가치를 재구성하는 것까지 다양하다. 이 중 몇 가지는 이미 쓰고 있을 수 있

다. 레퍼토리를 늘리도록 노력하고 그중에 익숙하지 않은 것은 연습하라.

4. **뭐든 적당히.** 복기는 부드럽고 유기적으로 쓸 줄 알아야 한다. 단순한 복기를 투박하고 끝없이 해 대거나 '한편으로는 A지만, 다른 한편으로는 B'라는 말만 계속했다가는 역효과가 난다. 처음에 연습할 때에는 로봇이라도 된 것 같아 어색할 수 있지만, 복잡한 기술이 으레 그렇듯이 연습을 하다 보면 나아진다. 다른 사람과 나누는 대화는 연습을 위한 기회이자 사람들, 특히 정말 가까운 사람들에 대한 이해와 유대를 강화할 기회가 될 것이다.

2부

4가지 상징으로
타인을 읽는 법

애니멀 서클

4장

누구나 자신만의
상징이 있다

눈 깜짝할 사이에 먹힐 만큼 너무 달지도 말고,
뱉어질 만큼 너무 쓰지도 말라.

— 파슈툰인 속담

　1부에서 우리는 라포르를 형성하기 위한 기본 원칙을 살펴보았
다. 솔직함, 공감, 자율성, 복기HEAR는 모든 의사소통 상황에서 관계
를 개선하는 데 유용한 무기가 되어 줄 것이다.

　하지만 모든 상황이 다 똑같지 않고, 모든 사람이 다 같은 능력을
갖춘 건 아니다. 어떤 사람은 리더로 타고나거나 갈등을 즐기지만,
또 어떤 사람은 관리자로 타고나거나 물러서 있기를 선호한다. 사람
은 저마다 대인관계상의 안전지대를 두고 있다. 안전지대를 벗어나
상대적으로 어렵다고 느끼는 상호작용을 해 나가기란 상당히 어려
운 일이다. 어색하다고 느끼는 사교적 상황은 어떻게든 피하려고 하

는 것이 우리의 본성이다. 2부에서는 안전지대에서 벗어나 대인관계에서 융통성을 발휘하는 방법을 알아보겠다.

이러한 방법을 배우려면 **애니멀 서클**을 알아둘 필요가 있다. 애니멀 서클은 인간의 주요 의사소통 방식 네 가지를 동물에 대입해 도식화한 것이다. 나중에 각 동물 유형을 자세히 살펴보겠지만, 잠깐 핵심 내용을 소개한다.

- **티라노사우루스(갈등. 논쟁자)** 갈등을 다루는 데 숙달하려면 자신의 레퍼토리에서 공격적이고 모욕적이며 가혹한 소통 방식을 없애야 한다. 좋은 논쟁자는 자기주장이 뚜렷하고, 솔직하며, 직설적이다. 하지만 타인을 공격하거나, 가혹하게 굴거나, 비아냥대기도 한다. 자칫하면 선을 넘기 쉬우므로 최대한의 자제력이 필요하다.
- **쥐(순응. 추종자)** 상대방에게 통제권을 넘기면서도 자신을 지키려면 약해 보이지 않아야 하고 뒤로 물러서서 귀를 기울이며 끈기를 갖고 기꺼이 조언을 받아들이는 방법을 배워야 한다. 좋은 추종자는 겸손하지만 약하지 않다.
- **사자(통제. 리더)** 리더가 되려면 책임감 있게 효과적으로 진두지휘할 줄 알아야 한다. 단 통제가 과하거나, 독단적이거나, 고지식하게 될 수도 있다는 점은 주의해야 한다. 좋은 리더는 상대방을 지지하고, 계획을 분명하고 견고하게 세우며, 다른 사람에게서 헌신과 자신감을 끌어내면서 진두지휘를 한다.
- **원숭이(협력. 친구)** 팀워크에 숙달하려면 과하거나 부적절한 친

교는 주의해야 한다. 좋은 친구는 온정, 대화, 배려를 이용해 다른 사람과 애착을 쌓는다.

2부에서는 애니멀 서클의 작동 원리와 내가 어떤 동물 유형의 방식으로 소통하는지 알아본다. 또한 더 나은 라포르 형성을 위해 각 유형의 장단점도 살펴본다. 애니멀 서클을 통해 다음 목표에 도달할 수 있다.

1. **상황을 올바로 파악하기** '나는 어떤 동물 유형을 대하고 있는가?'
2. **의사소통을 방해할 수 있는 본능적인 반응 피하기** '나는 어떤 동물 유형으로 돌아가려는 유혹을 받고 있는가? 그게 내가 원하는 바를 얻게 해 주는가?'
3. **어떤 동물 유형이든 편하고 자신감 있게 소화하기** '나는 네 가지 유형 모두에서 자신 있고 능히 의사소통할 수 있는가?'

자, 이제 각 동물이 상징하는 소통 방식의 특징을 알아보고 그 소통 방식이 상호 간에 어떤 영향을 미치는지 살펴보자.

네 가지 동물, 네 가지 소통 방식

사자와 쥐가 서클에서 서로 반대편에 있는 모습이 바로 눈에 띌

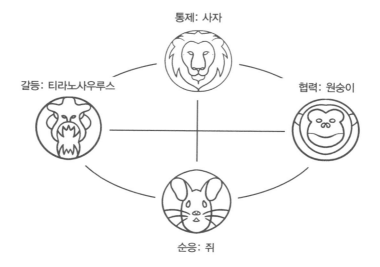

인간의 상호작용에 관한 애니멀 서클 모델

통제: 사자

갈등: 티라노사우루스

협력: 원숭이

순응: 쥐

것이다. 둘 사이를 가로지르는 수직선은 '누가 누구를 맡길 바라는 가' 하는 '권력' 관계를 가리킨다. 당신은 사자의 태도를 취할 때 자신과 소통하는 사람이 순응(쥐)해 주길 바란다. 당신은 그 사람 역시 사자가 되려고 하면서 자신과 통제권을 두고 경쟁하기를 원치 않는다. 이와 달리 쥐와 같은 추종자의 자세를 취할 경우(순응), 당신은 자신과 소통 중인 상대가 책임을 지는 사자 역할을 해 주길 바란다.

요컨대 권력의 수직적 차원에서 사자의 행동은 쥐를 부추기고, 쥐의 행동은 사자를 부추긴다.

티라노사우루스(갈등)와 원숭이(협력)도 서로 반대되는 힘이다. 하지만 서로를 유인하는 사자와 쥐의 관계와 달리 이 축에 있는 유형들은 서로를 밀어낸다. 티라노사우루스와 원숭이를 가르는 수평축은 친밀감을 가리킨다. 따라서 티라노사우루스가 증오를, 원숭이가 사랑을 대변한다면, 증오는 더 큰 증오만 부추길 뿐 사랑은 부추길 수 없다. 물론 사랑은 사랑을 부추긴다. 우리는 갈등·거리감과 밀접한 소통 방식을 취할 때 같은 행동 방식을 돌려받을 수 있다. 마찬가지로 원숭이처럼 친근하고, 다정하며, 협조적인 유형을 취하면 상대에게서 다정하고 협조적인 행동을 기대할 수 있다. 친밀감을 가리키는 수평축에서 반대편에 있는 경우는 서로를 유인하지 않는다. 유유상종일 뿐이다. 갈등은 갈등을 부르고, 협조는 협조를 부른다.

이 도식은 인간의 상호작용을 극단적으로 단순화한 것이다. 하지만 이것을 일종의 공식으로 활용하면 특정한 의사소통 방식을 빠르게 떠올릴 수 있다.

모든 대인관계는 대략 수직적 '권력'과 수평적 '친밀감'에 기반한 규칙을 따른다. 사자의 지배적인 행동은 다른 사람을 순종적인 쥐처럼 행동하도록 부추긴다. 예를 들어 보자. 당신은 크리스마스 저녁 요리를 준비할 때 사자가 될지도 모른다. 당신은 가족들에게 이렇게 임무를 맡겼다. "싹을 썰어 내고, 칠면조에 양념을 치고, 당근을 자르고, 탁자 세팅 부탁해." 당신은 모두가 각자 맡은 임무를 파악하고 팀으로서 그 임무를 완수하길 바란다. 통제권은 당신이 쥔 채로 말이다. '난 사자고, 리더야. 너희는 내 지시를 따르도록.'

이와 달리 순종적인 쥐의 행동은 지배적인 사자의 행동을 부추긴다. 혹시 10대 자녀에게 하루에 있었던 일을 말해 보라고 요구한 적이 있는가? 당신은 대화를 아주 다정하고 허물없이 시작했다가(친근한 원숭이) 정보를 얻으려고 점점 부담스러운 질문을 던질 수 있다(우두머리 행세를 하는 사자). 부모가 '응, 괜찮았어'에 만족하지 않고 더 자세한 답을 고집할수록, 10대 자녀의 회피성(조용한 쥐) 행동은 부모에게서 부담스러운 사자를 끌어낸다.

수평축에서 티라노사우루스의 의사소통은 역효과를 불러오기도 한다. 누군가가 논쟁 중에 소리를 지르거나 욕을 하면, 상대방은 같은 방식으로 반응하기 쉽다. 두 사람이 서로를 이기려 들면서 논쟁이 언쟁으로 바뀌고, 결국 그런 상황이 인신공격으로 번지는 경우를 어렵지 않게 볼 수 있지 않은가?

시작은 이랬을지도 모른다. "아기 플라스틱 접시를 식기세척기 맨 위에 두면 그게 뒤집어져서 거기에 물이 차. 그렇게 넣지 말아 줘." 사실에 기반한 직접적인 언급이 나온 다음 합리적인 요청이 이루어졌다(사자).

상대는 "응, 미안해"라고 답할 것이다(쥐).

하지만 좋게 끝날 수 있던 대화는 다음과 같은 발언 탓에 무너지곤 한다. "내가 수없이 부탁했잖아. 기억 안 나?"(티라노사우루스)

이는 아주 방어적인 반응을 끌어낼 수 있다. "진심이야? 아기 그릇에서 물 비우는 걸로 잔소리를 하는 거야? 적어도 돕고는 있잖아! 걱정이 될 만한 진짜 문제를 꺼내 보는 게 어때?"(티라노사우루스)

이런…. 그리고 두 사람은 이제 언쟁을 벌이고 있다! 그리고 그게 자신의 문제지 상대의 문제가 아닌 이상, 상대가 다음번에 그 말을 따라 줄 가능성은 상당히 낮다. 결국 사자 대 쥐 소통으로 시작한 대화는 티라노사우루스 대 티라노사우루스 소통으로 끝났다.

비슷하게, 그리고 그에 못지않게 강력하게, 원숭이 행동은 원숭이 행동을 부른다. 협조적이고 다정하며 친근한 태도는 다른 사람에게서 본능적으로 같은 행동을 끌어낸다. 다정한 미소는 돌려보내지 않기가 힘들다. 혹시 다정하고 친근하게 대하는 사람한테 아니라고 말할 수 없었던 경험이 있는가? 처음에 열심히 저항하느라 애썼겠지만, 상대방의 친근하고 다정한 태도 때문에 나 역시 더 친근한 태도를 갖게 되고 그 사람에게 협조할 수밖에 없었던 경험은 누구나 한 번쯤 있을 것이다.

인간은 관계를 맺을 때 대부분 이 네 가지 의사소통 방식 중 하나를 선택한다. 상호작용을 이끌거나(사자) 따른다(쥐). 협조하거나(원숭이) 갈등을 겪는다(티라노사우루스). 이 모델을 활용해 소통하고 싶다면, 다음의 간단한 두 가지 질문을 던져 보자.

- 이 상황에서 이 사람은 내가 자기보다 심리적으로 우위(사자)에 있길 바라는가, 열위(쥐)에 있길 바라는가?
- 이 사람은 나와 심리 싸움을 바라는가(티라노사우루스), 포용을 바라는가(원숭이)?

이 질문을 통해 **권력 역학**을 파악할 수 있다. 권력의 역학을 파악하고 나면 서클 모델을 활용해서 상대가 원하는 당신의 서클상의 위치를 예측할 수 있다.

물론 이를 알게 됐다고 해서 당신이 그 위치로 가야 한다는 뜻은 아니다. 그 대신 당신은 상대방이 전하고자 하는 반응을 이해하고 적합하다고 느끼는 방향으로 움직일 수 있다.

배우자, 자녀, 상사, 가장 친한 친구, 고등학교에서의 경쟁자 등 당신이 잘 아는 세 사람을 떠올려 보라.

- 그들이 평소에 어떤 동물 유형인지 규정할 수 있는가?
- 그들과 함께 있을 때 나는 어떤 동물 유형이 되는가?

패턴이 보이기 시작하는가? 이 위치들을 제대로 다루려면 우선 나 자신을 잘 알아야 한다. 자신이 어떤 동물 유형과 가장 비슷한지 스스로에게 질문할 필요가 있다. 이끌고 책임을 지는 건 잘하지만 타인의 지시를 받는 건 익숙하지 않은가? 합리적인 불만을 표현하기 어려운가? 최대한 갈등을 피하려고 하지만 칭찬하고 친근감을 드러내는 데 어려움을 겪는가?

이 질문들에 명확히 답을 내리지 못하면 우리는 서클에서 다른 사람에게 밀려나고, 스스로를 통제한다는 느낌을 전혀 받지 못하며, 잘못된 선택을 하게 된다. 늘 사자가 되고 싶어 하는 동료와 함께 일해야 할 때마다 권력을 다투려고 한다면, 모든 프로젝트는 전투가 될 수밖에 없다. 10대 자녀가 비아냥대는(나쁜 티라노사우루스) 바람에 언쟁에 휘말려서 거기에 비꼬는 말로 대꾸하면(더 나쁜 티라노사우루스), 자녀가 주도권을 거머쥐게 하는 셈이 된다.

좋은 동물, 나쁜 동물

한 가지 오해가 없길 바란다. 티라노사우루스 유형의 행동이 모두 나쁜 건 아니다. 만나는 모든 사람에게 호감을 주는 행복한 원숭이가 되도록 노력해야 한다는 뜻은 더더욱 아니다. 누군가에게는 만나는 모든 사람에게 웃고, 하이파이브를 하고, 늘 최고라고 치켜세우며 다니는 게 혐오스러울 수 있다. 우리에게는 인생의 상호작용에 두루 대응하기 위한 각각의 의사소통 방식이 필요하다. 티라노사우루스도 저만의 효과적인 의사소통을 위한 역할이 있다. 그래서 라포르를 활용한 대인 기술은 '그저 상냥한 것'보다는 훨씬 더 복잡하다.

실제로 대인관계 이론가들은 각 의사소통 방식에서 좋은 경우와 나쁜 경우가 있다고 지적해 왔다. 존경받는 심리학자이자 결혼 상담사인 존 버치넬John Birtchnell은 특별히 서클의 두 가지 버전을 만들었다. 하나는 '적응성 관련'이라고 일컫은 것, 혹은 긍정적 의사소통을 이끄는 행동이고, 다른 하나는 '부적응성 관련'이라고 일컫은 것으로서 의사소통에 부정적이고 해로운 영향을 미치는 것이다.

마찬가지로 애니멀 서클에서도 각 동물은 좋은 경우와 나쁜 경우가 있다. 긍정적인 경우는 유대와 의사소통을 자극하는 상호작용 방법을 포함한다. 부정적인 경우는 의사소통을 방해하거나 좌절시킨다. 여기서 기억해야 할 점은 긍정적 관계는 어느 한쪽이 더 많은 이익을 가져가지 않는다는 점이다. 긍정적 관계에서 '이기는' 동물은 없다. 다음의 주요 특징은 좋고 나쁜 동물의 소통 방식을 이해하는 데 도움이 될 것이다.

대립: 맞서거나 공격하기	
좋은 티라노사우루스	'확실히 말할게. 이게 핵심이야.' 솔직하고 직설적이고 비판적이다. 이런 사람이 하는 말은 때로 직설적인 것 같아도 보통 솔직하고, 결코 개인적이거나 고의로 상처를 주려는 경우가 없다.
나쁜 티라노사우루스	'내 말대로 해, 안 그랬단 두고 봐.' 공격적이고 위협적이다. 이런 사람은 불쾌한 결과를 낳거나 폭력으로 이어질 수 있는 공포를 조장해 타인을 통제하려고 한다. 언어로 모욕을 주거나, 공격을 하거나, 비아냥댄다.
순응: 굴하거나 굽히기	
좋은 쥐	'난 들으면서 지켜보고 있어. 준비되면 끼어들게.' 겸손하고, 끈기 있으며, 생각이 깊다. 상대를 존중한다. 그는 지지나 안정을 찾거나, 본격적으로 행동에 나서기 전에 상황을 신중하게 평가하길 바랄 것이다.
나쁜 쥐	'내가 뭘 하고 있는지 모르겠어. 네가 대신 해 줘.' 이런 사람은 상황을 피하려 들고 약하고 망설인다. 대립을 최대한 피하려 할 테고, 확신도 자신감도 없어 보일 수 있다. 정형화되거나 일정한 대본 뒤에 숨을지도 모른다.
협력: 협조하거나 함께 일하기	
좋은 원숭이	'우리는 한 팀이야. 함께라면 우리는 이걸 할 수 있어. 내가 도와줄게.' 협조적인 사람은 지지와 응원을 통해 상대방의 협조를 끌어내고자 한다. 자신이 처한 맥락에 따라 적당히 다정하고 애정 어린 태도를 보인다.
나쁜 원숭이	'여기 우리는 모두 친구야.' 이런 사람은 공과 사의 구분 없이 관계의 경계를 모호하게 만든다. 도를 넘어서 친근함을 보이고, 애착과 함께 상대를 불편하게 만들지 모른다. 어떻게든 타인이 자기를 좋아해 주길 바라며, 알랑거리거나 발악하는 것처럼 보일 수도 있다.

통제: 우위나 권력 추구하기	
좋은 사자	'내 말 들어 봐. 할 일은 내가 알고 있어.' 책임자로서 자신을 리더로 여기고, 확실한 결정을 내리며, 통제하기를 좋아한다.
나쁜 사자	'내가 하라는 대로 하든지 아니면 나가든지.' 우두머리처럼 굴고, 독단적이며, 통제하려고 든다. 이런 사람은 완벽하게 상황을 장악하고, 상대방의 의견을 무시하며, 상대방을 방해하고 좌우한다.

각각의 범주에 해당하는 사람을 떠올릴 수 있겠는가? 당신이 각각의 동물이 됐을 때를 떠올릴 수 있겠는가? 자신과 가장 관련이 있는 동물 유형은 무엇인가? 당신이 나쁘게 굴면 어떤 동물 유형을 선택하는 경향이 있는가? 어떤 동물 유형이 되기가 가장 어려운가?

우리 부부가 애니멀 서클을 만든 이유가 있다. 우리는 부모와 다섯 살 남짓한 아이의 의사소통 기술을 지도하는 데 보탬이 되고자 이 모델을 처음 고안했다. 하지만 이 모델은 직장이나 가족, 또는 친구나 연인 관계 등 성인 대 성인의 관계에서도 동일하게 적용할 수 있다. 애니멀 서클은 이해를 돕는 공유 모델이 되어 어린아이들과의 대화도 다음처럼 할 수 있다.

- 넌 집에 있을 때/학교에서는 보통 어떤 동물이 되니?
- 엄마는 보통 어떤 동물이 되니? 아빠는?
- 엄마가 너한테 방 청소를 하라고 말할 때, 넌 어떤 동물이 된 기분이 드니?

그러면 갑자기 다섯 살짜리 아이가 자신의 사회적 상호작용과 인간관계를 자신과 부모가 쉽게 이해할 수 있도록 설명한다. 그들은 심지어 서로의 행동을 이해하고 해석하기 위해 모델을 언급하기 시작한다. 예를 들면 이런 식이다. "엄마, 나한테 티라노사우루스처럼 굴 필요 없어요. 지금 가고 있어요!"(자녀), "난 이 집의 사자야. 내가 시키면 넌 준비할 필요가 있다는 뜻이지."(부모)

양육의 다양한 방식		
좋은 방식		**나쁜 방식**
좋은 티라노사우루스 부모는 규칙이 깨지거나 경계가 무너져도 제자리를 지킨다. 필요한 경우 분명하고 확실한 메시지를 전한다. (예: "너 이번 주말엔 못 나가." "장난감 그만. 이제 자야지.") 아이는 자신이 좋은 티라노사우루스 부모를 피할 수 없다는 것을 잘 안다.		나쁜 티라노사우루스는 위협(예: "너 그거 안 했다간 두고 봐." "네 아빠 집에 올 때까지 기다려.")처럼 무섭고 공격적인 행동을 하거나 심지어 소리를 지르고 욕을 하면서 순응을 얻어 낸다. 아이는 티라노사우루스 부모가 두렵기 때문에 복종한다.
좋은 쥐 부모는 존중을 잃지 않으면서 아이에게 사과할 수 있다. 자신이 자녀의 이야기를 듣고, 자기가 스스로 결정한다는 느낌을 받고 싶어 하는 자녀의 욕구를 존중할 것임을 드러낸다.		나쁜 쥐 부모는 자녀에게 가정 내의 지배적 역할을 내준다. 자녀는 귀가 시간, 학교, 식사, 수면에 대해 자기만의 규칙을 세운다. 나쁜 쥐 부모는 자녀와 유리되어 있을지 모른다.
좋은 원숭이 부모와 자녀 간의 관계는 친목과 협동에 기반한다. 좋은 원숭이 부모는 예시를 들어서 훈계하고, 즐거움을 나누며, 자녀를 한 인간으로서 이해할 것이다.		나쁜 원숭이 부모는 부모라기보다는 너무 친구처럼 될 수 있다는 우려가 있다. 이때 규율은 느슨하거나 존재하지 않고, 성인과 아이 간의 경계는 모호할 것이다.

양육의 다양한 방식		
좋은 방식		나쁜 방식
좋은 사자 부모는 책임을 진다. 자녀는 그를 대장으로 여긴다. 이 경우에는 분명한 규칙과 기대가 있고, 자녀가 따르지 않으면 나타나는 분명한 결과가 있다.		나쁜 사자 부모는 너무 엄격하고 융통성이 없거나, 모든 상황에서 복종과 수용을 기대한다는 우려가 있다. '왜냐고? 내가 그렇게 말했으니까'라는 입장에서 자녀를 키운다.

마찬가지로 이 모델은 배우자/연인 관계에도 적용할 수 있다. 이렇게 질문해 보라.

- 배우자/연인과 둘이 있을 때 보통 어떤 동물이 되는가? 남들 앞에서는?
- 배우자/연인은 보통 어떤 동물과 같은가?
- 싸울 때 어떤 동물이 되는가? 둘 다 주도권을 잡으려는 사자라서 서로 부딪치는가? 아니면 당신이나 배우자/연인이 개인적인 걸 따지거나, 공격적이거나, 빈정대는 태도를 보이는가?

이처럼 각각의 범주는 실제 동물의 행동보다는 정의된 특성에 기반한다. 다시 말해 자신만의 의사소통 방식이나 양육 또는 연애 방식을 고려할 때는 융통성이 있어야 한다! 예컨대 우리는 협조적인 행동을 '원숭이 같다'고 표현했지만, 당신은 전혀 협조적이지 않은 진짜 원숭이의 (싸우기, 훔치기, 배설물 던지기와 같은) 행동 방식을 떠올릴지도 모른다. 동물 각각은 일종의 상징임을 잊지 말자.

우리는 주요 의사소통 방식 네 가지 중 하나의 기질을 주도적으로 타고나지만, 각각의 의사소통 방식을 어느 정도 내면화할 필요가 있다. 따라서 원래 수줍음을 많이 타는 쥐일지라도, 때로는 자기주장을 해서 사자가 돼야 한다. 원래 친근한 원숭이일지라도, 때로는 티라노사우루스처럼 다른 사람에게 비판적이거나 확실한 태도를 보여야 한다. 성숙하면서 융통성을 발휘할 수 있는 능력은 의사소통하고 복잡한 생활을 관리하는 능력에 대한 척도가 된다.

개선을 돕는 세 가지 주요 기술은 다음과 같다.

- **자기 행동 인식하기.** 자신이 원래 평소에 선택하는 동물 소통 방식을 알고, 피하거나 더 개선해야 할 방식을 아는 것이다.
- **다른 사람의 행동 인식하기.** 효과적으로 반응하고 상호작용을 최대한 활용하기 위해 다른 사람이 사용하는 동물 소통 방식을 파악하는 것이다.
- **융통성 갖기.** 사람을 대할 때 융통성을 갖추기 위해 모든 의사소통 방식의 사용법을, 네 가지 동물 소통 방식으로 의사소통하는 방법을 아는 것이다. 이는 대인 기술에 능하다는 상징이며, 인간관계에서 라포르를 상당히 개선할 수 있다.

이와 같은 기술을 익히면 누구나 나쁜 동물 행동을 좋은 동물 행동으로 대체할 수 있다. 궁극적으로는 네 가지 방식 모두를 능숙하게 쓸 수 있다. 하지만 자신을 지나치게 압박해서는 안 된다. 때론 타고난 유형으로 돌아갈 것이다. 이는 본능이다. 스스로 이런 실수는 용서하라. 그건 흔한 일이고, 우리는 모두 그렇게 실수하는 경향이 있다. 실수는 시도를 했다는 긍정의 신호다. 반면 시도 자체를 하지 않는다는 것은 정체되어 있거나 현실에 안주한다는 신호다.

애니멀 서클은 160쪽의 서클 모델과 연결된다. 이 서클 모델은 우리가 논의했던 원칙을 상호적인 형태로 시각화한 것이다. 도표에서 볼 수 있듯이 우리는 행동의 더 절묘한 조합을 표현하기 위해 몇몇 부분을 추가했다. 예컨대 사자가 가장 북쪽에 위치하고 원숭이가 동쪽에 위치한다고 하면, 도움을 주고 허물없으며 단정 짓지 않는 행동은 사자와 원숭이의 조합(북동쪽)으로, 혹은 자신 있게 행동하고 자기주장이 뚜렷하며 확신에 찬 경우는 티라노사우루스/사자의 조합(북서쪽)으로 여기면 된다. 이는 한층 더 세밀한 모델로서, 각종 행동은 힘과 친밀감의 조합이라는 개념을 더 잘 표현한다.

우리가 진행한 연구에 따르면, 좋은 서클에 위치한 행동을 하는 경찰은 용의자나 정보 제공자로부터 관련성이 높고 협조적인 행동을 끌어냈다. 반면 나쁜 서클에 위치한 행동을 하는 경찰관은 저항이나 이탈을 끌어냈다. 이러한 이탈은 결국 정보 획득의 실패를 낳았다.

누군가와 어렵게 상호작용을 했던 최근의 경우를 떠올려 보라. 그 사람은 서클의 어디에 위치하는가? 그리고 당신은 어디에 위치하는가? 상호작용이 일어나면서 두 사람은 서클에서 어떻게 움직였나? 돌이켜 볼 때 어떤 접근법을 써 볼 수 있었을까?

우리가 확인한 결과, 좋은 서클 기술에 능한 (그러면서도 나쁜 행동을 조금 하는) 모습을 보인 경찰관은 좋은 기술을 상대적으로 덜 가졌지

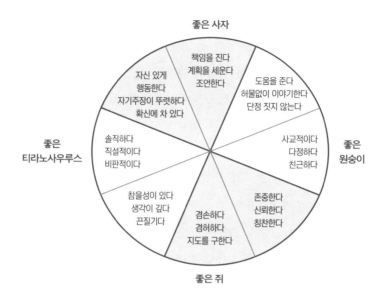

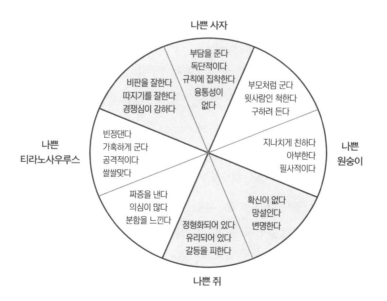

만―결정적으로―나쁜 서클의 행동을 하지 않은 경찰관보다 효과적으로 라포르를 형성하는 데 실패했다. 다시 말해 라포르를 쌓을 때 좋은 행동을 취하는 것보다 더 중요한 것은 나쁜 행동을 완전히 없애는 것이다.

이는 라포르를 쌓을 때 가장 중요하고 유일한 첫 번째 규칙이다. 따라서 나쁜 동물 행동을 하지 않도록 각별히 주의해야 한다. 특히 나쁜 티라노사우루스는 치명적이다.

나는 어떤 동물인가

내가 어떤 동물 유형에 속하는지 바로 파악한 사람도 있겠지만, 사람은 누구나 다면적인 경향이 있으므로 정도의 차이는 있지만 네 가지 동물 유형의 특징을 조금씩 갖고 있다. 이번에는 내가 어떤 동물의 특성을 가장 많이 가졌는지 파악하는 법을 알아보다. 우선 유명 인사 두 사람의 행동을 살펴보자. TV 셰프인 고든 램지Gordon Ramsay와 제이미 올리버Jamie Oliver다.

고든 램지의 감자
고든 램지는 자신의 팀원에게 동기를 부여하면서 쓰는 거칠고, 직접적이며, 다채로운 언어로 유명하다. 그의 TV 시리즈물인 〈램지의 키친 나이트메어Ramsay's Kitchen Nightmares〉[1]에 등장하는 다음의 짧은 대화를 살펴보자. 여기서 그는 주방 팀의 일원 가운데 한 사람에게 구운 감자와 관련해 이의를 제기한다.

고든   어… 자네, 잠깐만… 빨리 한마디만 할게. 아주, 아주 중요
　　　한 거야, 알았어? 이 사람(셰프의 상사를 가리킨다)이 당신한테
　　　봉급을 주는데…. (잠시 뜸을 들인다.) 이 사람 사업이 문을 닫
　　　기 직전이야. (잠시 뜸을 들인다.) 상황이 얼마나 중요한지 이
　　　해하겠어? (좋은 티라노사우루스 – 솔직하고 직설적이다.)

셰프   이해합니다. (소심하게)

고든   그러면 그 사람한테 제길 존중을 보이면서 사실대로 말
　　　해…. 넌 저 감자들을 튀겼어. (나쁜 사자 – 부담을 준다.)

셰프   아뇨, 아뇨. 이것들은 안 튀긴 거예요. (나쁜 쥐 – 부정하고 회
　　　피한다.)

고든   쭈글쭈글하잖아. 탈수가 됐어. (감자 하나를 집어 셰프 앞에 놓는
　　　다.) 그리고 튀김 냄비에 있었다고! (나쁜 티라노사우루스 – 공
　　　격하고 비난한다.)

셰프   그건… 그건 탈수된 게 아니에요. (시선을 돌린다.) (나쁜 쥐 –
　　　망설이고 회피한다.)

고든   거짓말하지 마! 그리고 형씨, 내 궁둥이에 구멍이 나 있는
　　　한 저 감자들은 튀김 냄비에 있었다고! (나쁜 사자/나쁜 티라노
　　　사우루스 – 부담을 주고 공격하고 빈정댄다.)

셰프   (걸어 나간다.) 난 내가 한 일을 안다고요! (조용히) 보세요. 오
　　　븐에 들어갔었고…. (나쁜 쥐/나쁜 티라노사우루스 – 회피하고
　　　부정한다.)

고든 튀김 냄비에 있었어! 사실대로 말해! (나쁜 사자/나쁜 티라노사
우루스 – 부담을 주고 공격한다.)

셰프는 감자를 튀겼다는 것을 인정하지 않는다. 얼마 후 주방 직원 한 사람이 셰프가 자신에게 감자를 튀겨 달라는 부탁을 했었다고 램지에게 말한다. 램지는 다시 셰프와 대립하고, 이때 셰프는 감자를 튀겼음을 인정하지만 화가 나고 억울해한다. 그는 나쁜 쥐/나쁜 타라노사우루스 위치에서 소통을 끝낸다. 램지는 "난 제길 거짓말쟁이가 싫어." 하고 말하더니 탁자를 치면서 소통을 끝낸다. 극도로 나쁜 티라노사우루스다.

그가 어떤 동물인지 벌써 이야기할 수 있겠는가? 고든은 분명히 (책임을 지는) 사자와 (대립을 일삼는) 티라노사우루스로 있는 게 편하다. 하지만 그가 이런 행동에서 나쁘거나 좋은 쪽을 선택하고 있는 걸까?

앞서 논의한 그림들을 생각해 보자. 이 짧은 소통에서 어떤 행동 유형을 인지했는가?

램지가 셰프의 잘한 부분을 조금 더 언급했더라면 셰프가 사실을 이야기하도록 유도하는 데 훨씬 더 도움이 됐을 것이다. 하지만 처음에 회피성(나쁜 쥐) 행동을 마주했을 때 고든은 지체 없이 부담을 주면서(나쁜 사자) 공격하는(나쁜 티라노사우루스) 쪽을 선택했다. 그래서 셰프는 더 저항하고, 방어하며, 피하는 행동을 취했다(나쁜 쥐/티라노사우루스).

좋은 사자/티라노사우루스 접근법을 썼다면 다음과 같이 말했을

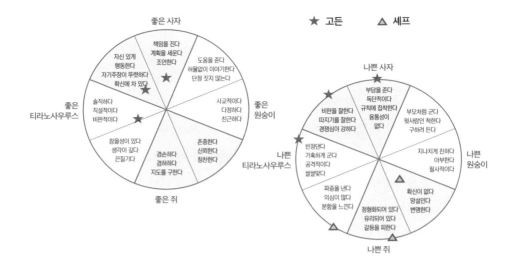

★ 고든   △ 셰프

좋은 사자
- 책임을 진다
- 계획을 세운다
- 조언한다 ★
- 자신 있게 행동한다
- 자기주장이 뚜렷하다
- 확신에 차 있다 ★
- 도움을 준다
- 허물없이 이야기한다
- 단정 짓지 않는다
- 사교적이다
- 다정하다
- 친근하다

좋은 티라노사우루스
- 솔직하다
- 직설적이다
- 비판적이다 ★
- 참을성이 있다
- 생각이 깊다
- 끈질기다
- 겸손하다
- 겸허하다
- 지도를 구한다
- 존중한다
- 신뢰한다
- 칭찬한다

좋은 원숭이

좋은 쥐

나쁜 사자
- 부담을 준다
- 독단적이다
- 규칙에 집착한다
- 융통성이 없다 ★
- 비판을 잘한다
- 따지기를 잘한다
- 경쟁심이 강하다 ★
- 부모처럼 군다
- 윗사람인 척하려 구하려 든다

나쁜 티라노사우루스
- 빈정댄다
- 가혹하게 군다
- 공격적이다
- 쌀쌀맞다 ★
- 지나치게 친하다
- 아부한다
- 필사적이다

나쁜 원숭이
- 짜증을 낸다
- 의심이 많다
- 분함을 느낀다 △
- 확신이 없다
- 망설인다
- 변명한다 △
- 정형화되어 있다
- 유리되어 있다
- 갈등을 피한다

나쁜 쥐 △

것이다. "이건 아주 중요해. 이 사업은 문을 닫기 직전이야. 네가 주방에서 하는 모든 일이 중요해. 그런데 이 감자들은 옳지 않아. 우리 둘다 아는 사실이야. 너 감자들을 튀겼지?" 이번에는 제이미 올리버다.

제이미 올리버의 너겟

다음은 제이미 올리버의 TV 프로그램 〈제이미의 학교 급식Jamie's School Dinners〉[2]의 일부다.

제이미 (14~16세 청소년 10여 명에게 말한다.) 얘들아. 모두 앞으로 나
        와 보자, 모두 앞으로. 이게 뭔지 아는 사람? (냉동식품 한
        봉지를 든다.)

아이들 치킨 너겟이요.

제이미 그렇지, 여러 사람의 음식 일기에 이게 있었어, 그렇지? 그렇다면 사람들이 가공식품이나 냉동식품을 사는 이유는 뭘까?

아이들 값이 싸요! … 빨리 먹을 수 있으니까요! … 요리하기 쉬워요! … 싸요! (무리가 목소리를 높인다.)

제이미 아주 요리하기 쉽고, 빠르고, 싸지. (손가락으로 이유의 개수를 센다.) 이건 기본적으로 오징어 두 마리(2파운드를 가리키는 속어)짜리 남부식 프라이드치킨 디퍼야. 네가 여기서 거기까지 재료 수를 세 줬으면 좋겠는데, 그냥 큰 소리로 세 봐. (그 아이는 재료 수를 큰 소리로 세기 시작한다.) 아주 더 쉽고, 더 빠르고 더 싸지, 그치? 그게 중요한 거야. 그래서 너희가 이런 걸 사게 되는 거야? 그렇지. (고개를 끄덕인다.) (다른 아이 하나가 '그리고 맛있어요.' 하고 말한다.) 크게 읽어 봐. 쉿, 들어 보자.

숫자 세는 아이 36, 37, 38, 39, 40, 41, 42, 43, 44. 44요! (목소리가 갈라진다. 무리가 웃는다.)

제이미 거기에 재료가 몇 가지나 들어 있다고, 애들아?

아이들 마흔네 가지요! (목소리를 높인다.)

제이미 좋았어, 그러면 닭은 얼마나 있니? 그러니까 너희가 닭을 사는 거잖아, 안 그래?

숫자 세는 아이 닭은 54퍼센트네요.

아이 그러면 나머지는 뭐예요? (앞쪽에 있던 여자아이 한 명이 재빨리 말한다.)

제이미 아아! 질문하는 호랑이구먼! 나머지는 뭘까? (여자아이가 그에게 으르렁거리자, 모두가 웃는다.) 마흔네 가지 재료가 들어가 있고 닭이 54퍼센트라면, 나머지는 뭘까? 내가 패스트푸드라는 잘못된 생각을 보여 줄게. 저건 54퍼센트 닭이고, 이건 100퍼센트 닭이야. 저건 요리하는 데 14~16분이 걸리는데, 이건 10분도 채 안 걸려. 저건 2파운드짜리인데, 이건 1.90파운드짜리야. 그러니까 저게 더 싸지도 않고, 더 빠르지도 않고, 심지어 100퍼센트 닭도 아니야. 그러면 그걸 왜 원하는 거야?

숫자 세는 아이 이유가 없어요.

제이미 올리버는 냉동 너겟을 어깨 뒤로 던져 바닥에 내팽개친다. 그러자 아이들이 모두 웃는다.

여기서 어떤 방식의 동기 부여와 영향력 전달이 보이는가? 올리버는 허물없이 대화하고, 단정 짓지 않으며, 사교적이고, 다정하며, 친근하다. 하지만 동시에 모임을 주도하고 과제를 내놓는다. 그는 사자/원숭이다. 당신이 보기에 나쁜 서클에 있는 행동이 보이는가? 때로 그는—속어를 쓰고 여자아이 한 명을 "호랑이"라고 부르면서—조금 과할 정도로 친근함을 보이는데, 이건 소소한 축에 속하며 과한 친근함이라기보다는 다정함과 유머의 표현이다.

그는 아이들에게서 어떤 반응을 얻어 내는가? 아이들은 잘 듣고 잘 참여한다. 사교적이고, 다정하며, 친근하고, 존중을 보인다. 아이들은 쥐 유형이 약간 포함된 원숭이처럼 행동한다. 이는 활달한

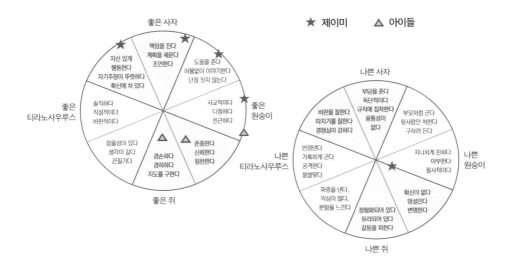

10대 집단과 함께한 것으로는 큰 성과라고 할 수 있다.

올리버가 나쁜 티라노사우루스/사자가 되어 빈정대고, 독단적이며, 따지기를 잘했다면 그들의 반응은 어땠을지 생각해 보라. '너희는 왜 이런 걸 먹어? 그건 닭도 아니라고! 너희가 쓰레기를 먹으면 기분도 쓰레기 같을 거야. 너희는 뭐가 문젠데?! 냉동 가공 쓰레기를 너희 몸속에 넣지 마. 이제 진짜 닭 요리를 만들어 보자.'

본질적으로는 똑같은 메시지다. 하지만 이런 식의 이야기를 들으면 아이들은 수업에 대한 관심이 순식간에 사라졌을 것이다. 심지어 집에 가서 차에 냉동 치킨 너겟을 곁들여 먹었을지도 모른다.

올리버의 접근법은 HEAR 대화 원칙의 기준에 맞는가? 올리버는 자신의 사례를 주장하거나 아이들에게 호통을 치는 대신 복기를 써서 그들이 실제로 냉동 치킨 너겟을 사는 이유를 끌어내고자 한다. 그런 다음 이와 같은 정확한 이유들을 고려해 그들이 왜 신선하게 제조된 너겟을 선택해야 하는지에 대한 주장을 펼친다. 올리버는 아이들을 설득하려고 애쓰지 않는다. 아이들의 주장을 수용하고 복기해 그들이 스스로 결정하도록 만든다. 올리버는 솔직하고 객관적이다. 아이들을 몰아세우는 게 아니라 사실에 근거해 자신의 입장을 내세운다. 그의 전략은 이해를 구하고 아이들에게 자율을 허락한다. 그래서 아이들은 그에게 동의하지 않거나 이의를 제기할 기회를 갖는다.

이것이 라포르에 기반한 접근법의 핵심 원칙이다. 외면적인 언쟁, 압박, 혹은 위협에 기대기보다는 듣고, 복기하며, 상대에게 변화할 필요가 있다는 확신을 스스로 갖게 한다면, 그 사람에게 성공적으로 동기를 부여하고 영향을 줄 수 있다.

램지와 올리버는 자신과 소통하는 사람들이 행동을 바꾸길 원한다. 램지의 경우, 그가 지켜보는 한 그 셰프는 감자를 다시 튀기지 않을 것이다. 하지만 램지가 보지 않는다면? 변화는 램지가 그를 감시하고 있다는 전제하에서만 일어날 것이다.

올리버의 경우, 모든 아이가 냉동 너겟을 그만 먹을 거라는 생각은 비현실적이다. 다수는 계속 먹을 것이다. 하지만 일부는 그만 먹을지 모른다. 그리고 일부는 자신의 식습관을 영원히 바꿀 수도 있다. 올리버가 차를 마시러 오건 말건 상관없다. 변화의 이유는 올리버가 아니라 아이들에게 있기 때문이다.

잠시 내가 속한 조직이 구성원에게 사내 방침이나 절차의 변화를 어떻게 일러 주는지 생각해 보자. 아무런 협의나 설명 없이 상부에서 명령이 떨어지면, 구성원은 변화를 거부하거나 무시하곤 한다. 그러면 그 변화는 외부의 감사와 감시를 통해 시행되어야 한다. 반면에 구성원이 주인의식을 느끼고 변화의 이유를 인식한다면, 그들은 자기의 행동이 바뀌었는지 확인하기 위한 불시 점검과 감시를 받아야 하는 게 아니라 변화를 받아들이고 이를 업무에 결합할 가능성이 높다.

대부분의 상사는 지시대로 행동하는지 확인하기 위해 감시받고 질책받아야 하는 부하보다는 스스로 동기를 부여하고 규제하는 팀원과 일하길 바란다. 부모들도 이것이 자기 자녀들이 가졌으면 하는, 조금 야심 차긴 하지만 바람직한 목표라는 데 동의할 것이다. HEAR 대화 원칙을 따르는 상호작용을 계속 만들어 가는 것은 솔직한 의사소통의 기반을 만들고, 외부의 압박에 기대기보다는 내면의 동기 부여를 유도한다. 애니멀 서클을 활용하면 상호작용에 알맞은 말투를 만들고 설정하는 데 도움이 된다.

자신의 상호작용을 도모하는 데 서클을 활용할 경우, 다음 3단계에 따라 말하는 것이 유용하다.

1. 나는 어떤 동물을 대하고 있는가?

이를 파악하는 가장 빠른 방법은 '더 위에 있나(사자) 더 아래에 있나(쥐)?', '대립하는가(티라노사우루스) 포용하는가(원숭이)?'를 묻는 것이다. 그러고 나서 그 사람이 좋은 서클에 있는지 나쁜 서클에 있는지 파악하라.

2. 나의 위험 영역은 어디인가?

이제 상대가 어디에 있는지 알게 됐다. 그럼 생각해 보자. '그 사람은 나를 어디로 밀어내려고 하는가?' 기억하라. 사자/쥐는 서로 밀어내고, 티라노사우루스/원숭이는 같은 행동을 유도한다. 따라서 상대가 (부담을 주고, 규칙을 너무 따지고, 윗사람인 척하는) 나쁜 사자라면, 당신의 위험 지대는 (뒤로 빼고, 망설이고, 확신이 없는) 나쁜 쥐다. 상대가 (공격적이고, 따지기를 잘하고, 빈정대는) 나쁜 티라노사우루스라면, 당신의 위험 지대는 나쁜 티라노사우루스로 돌아가는 것이다.

3. 좋은 서클로 가라.

나쁜 대인 행동은 좋은 대인 행동으로 대응하라. 그러니까 나쁜 사자를 좋은 쥐로 대응하고, 나쁜 티라노사우루스에 좋은 티라노사우루스의 반응을 보이며 나쁜 쥐는 좋은 사자로, 나쁜 원숭이는 좋은 원숭이로 대응하자.

뒤에서 이 모델을 활용해 상호작용에서 더 많은 주도권과 지휘권을 얻는 방법을 검토할 것이다. 하지만 원활한 대인관계를 맺기 위해서는 무엇보다 본능에 좌우되지 않으면서 자신의 반응에 책임을 질 수 있어야 한다. 따라서 다른 사람을 파악하기 전에 자신을 파악하고, 자신이 가장 편하게 그리고 가장 어렵게 여기는 동물 소통 방식을 알아내는 것으로 논의를 시작하자.

나의 상징 찾기

내가 어떤 동물 방식에 강하고, 일반적으로 어떤 방식이 천성적으로 거리가 먼지 파악해 보자. 이를 통해 태생적으로 강한 영역을 확인할 수 있고, 나아가 대인 기술을 개선하고 확장하려면 어느 영역에 집중해야 하는지 파악할 수 있다.

- **다음 페이지의 설문을 보고 각 설명에 0부터 3까지 점수를 매기자.** 0점은 '전혀 나와 다르다', 1점은 '때로 나와 같다', 2점은 '자주 나와 같다', 3점은 '항상 나와 같다'를 가리킨다.

깊게 생각하지 말고 직감적인 반응으로 판단하라. 특정한 환경에서 당신이 어떻게 행동하는지를 떠올려 보자. 직장에 있거나, 아니면 자신의 자녀, 인척, 배우자 등과 있는 것도 좋다. 최근에 가장 마음 고생을 한 경우를 고르는 게 도움이 될 수 있다.

1	상대방에게 최선의 해결책을 조언한다. (　점) **책임지기를 좋아한다.** (　점) 상대방에 대한 분명한 목표와 기대치를 세운다. (　점)	총점 (　)
2	**상황을 쉽게 넘기지 않는다.** (　점) 사람들이 내 말대로 행동하길 기대한다. (　점) **사소한 실수라도 만나서 확실히 지적한다.** (　점)	총점 (　)
3	상대를 단정 짓지 않는다. (　점) 지지하고 격려한다. (　점) 대화를 쉽게 시작한다. (　점)	총점 (　)

4	부모처럼 조언한다. (　점) 상대방을 얕보듯 말한다. (　점) 어색함을 느끼거나 상대방이 불편해하면 말을 먼저 하는 편이다. (　점)	총점 (　)
5	상대방에게 자주 웃으면서 이야기한다. (　점) 여러 사람과 어울리기를 좋아한다. (　점) 다정하고 상냥하다. (　점)	총점 (　)
6	상대방을 칭찬해 비위를 맞춘다. (　점) 인간관계에서 자신을 빨리 드러낸다. (　점) 자신을 모두가 좋아하길 바란다. (　점)	총점 (　)
7	상대방을 존중으로 대한다. (　점) 상대방을 기본적으로 신뢰한다. (　점) 상대방을 잘한다고 칭찬하거나 추켜세우곤 한다. (　점)	총점 (　)
8	새로운 상황에서는 불안하거나 자신이 없다. (　점) 확신이 들지 않으면 망설인다. (　점) 잘못한 게 전혀 없어도 사과한다. (　점)	총점 (　)
9	잘못을 했으면 사과한다. (　점) 다른 사람의 도움과 지지를 구한다. (　점) 자신이 뭔가를 잘했을 때도 자랑하지 않는다. (　점)	총점 (　)
10	어색하거나 불편하면 신경을 끈다. (　점) 갈등을 최대한 피한다. (　점) 사교적인 상황에서는 조용히 있는다/관심받지 않게 행동한다. (　점)	총점 (　)
11	상대방에게 인내를 보이고 관대하다. (　점) 배려심 있고 사려 깊다. (　점) 감정을 억제한다. (　점)	총점 (　)

12	상대방 때문에 짜증이 자주 난다. (점) 본래 타인을 잘 믿지 못한다. (점) 타인이 잘하면 분하다. (점)	총점 ( )
13	분명하고 간결하게 표현한다. (점) 직접적이고 간단명료하게 표현한다. (점) 공격하지 않는 선에서 비판적인 피드백을 줄 수 있다. (점)	총점 ( )
14	상대방과 언쟁하기를 좋아한다. (점) 언쟁 중에 빈정댄다. (점) 상대방이 실수하면 그 대가를 치러야 한다고 생각한다. (점)	총점 ( )
15	자신감 있다. (점) 자신의 시각과 의견을 확신한다. (점) 상대방에게 이의를 제기할 때 자기주장이 뚜렷하다. (점)	총점 ( )
16	언쟁에서 마지막 발언을 하고 싶어 한다. (점) 좋은 언쟁은 즐긴다. (점) 상대방의 행동이 자신의 기준에 맞지 않으면 비판한다. (점)	총점 ( )

• 이제 각 열에서 세 가지 질문에 매겨진 점수들을 더하라. 각 열에서 최소 0점, 최대 9점을 얻을 수 있다. 이제 각 열의 점수들을 다음 표로 바꾸라.

좋은 서클			
1열 사자 점수( )		9열 쥐 점수( )
3열 사자/원숭이 점수( )		11열 쥐/티라노사우루스 점수( )
5열 원숭이 점수( )		13열 티라노사우루스 점수( )
7열 원숭이/쥐 점수( )		15열 티라노사우루스/사자 점수( )

나쁜 서클					
2열	사자	점수( )	10열	쥐	점수( )
4열	사자/원숭이	점수( )	12열	쥐/티라노사우루스	점수( )
6열	원숭이	점수( )	14열	티라노사우루스	점수( )
8열	원숭이/쥐	점수( )	16열	티라노사우루스/사자	점수( )

- 사자부터 티라노사우루스/사자까지 해당하는 점수를 서클에 표시를 하라(175쪽 그래프). 그리고 표시된 각 점을 연결하라. 각 서클에서 선이 뾰족하게 꺾이거나 굴곡이 생기지 않도록 주의하라.

나의 서클 해석하기

서클에 자신의 점수를 표시함으로써 나의 강점과 약점을 확인할 수 있다. 한 가지 동물이 지배적인가, 아니면 여러 영역에서 고르게 점수가 나오는가? 한 가지 동물로 두드러지지 않아도 괜찮다. 융통성은 좋은 서클에서 플러스 요인임을 기억하라. 그런데 좋은 서클에서 높은 점수를 기록한 영역이 나쁜 서클에서 높은 점수를 기록한 영역과 겹치는 경우가 많다. 때로는 우리의 강점이 약점이 될 수도 있다.

높은 점수가 나온 나쁜 서클의 영역을 생각해 보자. 이런 행동이 나의 인간관계에 문제를 일으키곤 하는가? 이런 행동은 나의 소통 방식에서 최대한 없앨 필요가 있다.

이제 좋은 서클에서 낮은 점수를 받은 영역을 확인해 보자. 이 영역들은 개선하고 보완할 필요가 있다. 특정 상황에 대응하는 데 불편

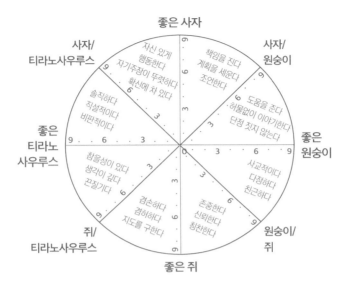

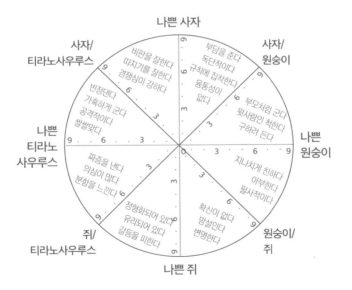

함을 느낄 때 애를 먹는 영역이 여기에 해당한다.

마지막으로 나쁜 서클을 보자. 나쁜 서클에 해당하는 행동을 완전히 없애 버리지는 못할 수 있다. 나의 약점을 파악하고 이를 보완했다고 하더라도 때로는 예전의 나쁜 소통 방식으로 돌아가서 고충을 겪기도 할 것이다. 하지만 내가 속한 좋은 서클의 강점을 한층 더 강화한다면 의사소통이 틀어지더라도 이를 바로잡기가 더 수월해지고 라포르 형성도 전반적으로 더 잘할 수 있다.

우리의 서클

우리 부부의 점수가 어떻게 나왔는지 궁금하다면 다음 서클을 확인하라. 우리가 20년 넘게 이 모델을 적용하고 사용해 왔지만 여전히 개선이 필요한 영역이 있다. 우리는 지금도 개선점을 인지하고 이를 고치려고 노력하고 있다.

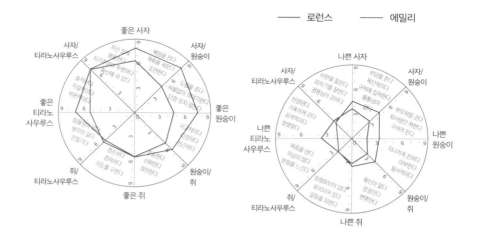

1. **배움은 자기인식에서 시작한다.** 소통 방식을 바꾸려고 고심하기 전에, 자신의 내면을 살펴야 한다. 자신의 강점과 약점을 생각해 보고, 본능적인 반응을 줄이라. 더 전략적인 태도로 목표에 집중하라.

2. **나는 나만이 통제한다.** 타인의 행동은 통제할 수 없다. 나의 행동만 통제할 수 있다. 따라서 '그 사람이 내가 이렇게 행동하게 했어'라고 생각하는 습관은 버리자. 누군가가 항상 나를 자극한다고 느낄 수도 있지만 그 사람이 그런 소통의 분위기를 만들게 한 것은 바로 나 자신이다. 그저 남의 반응을 살피기보다 자신의 목표에 맞는 방식으로 반응하는 법을 더 고민하는 편이 낫다.

3. **더 위에 있나, 더 아래에 있나?** 소통할 때 '힘'의 측면을 고려하라. 무언가 잘 풀리지 않으면, 두 사람이 주도권을 차지하려고 다투고 있기 때문이다. 장기적인 라포르 형성을 고려했을 때, 때로는 편하지 않더라도 자신을 두기에 가장 알맞은 위치를 고려할 필요가 있다.

4. **대립하는가, 포용하는가?** '친밀감'의 측면을 고려하라. 상대가 대립하는 태도를 보이면 때로는 맞대응하는 게 나을 수 있다. 비슷한 예로 상대가 다정하고 사교적인 태도를 보이는데 이를 무시하고 실무적으로 구는 것은 좋지 못한 선택일 수 있다. 물론 두 가지 태도(대립, 협조) 모두 좋거나 나쁘게 나타날 수 있지만, 힘의 측면을 고려했을 때 자신에게 가장 편한 역할을 선택하기보다는 상대적으로 융통성 있는 태도를 고려할 필요가 있다.

5장

티라노사우루스, 나는 공격한다 고로 존재한다

어떤 문제든 직접적인 힘을 쓴다는 건 좋은 해결책이 아니다.
그런 건 보통 어린아이나 강대국이 선택하는 행위다.

— 데이비드 프리드먼David Friedman, 《자유의 기계The Machinery of Freedom》

2007년 4월, 이라크 전쟁 와중 바스라의 어느 좁고 하얀 특색 없는 취조실. 영국군용 위장 작업복을 입은 군인 두 명이 반란 혐의자 앞에 서 있다. 통역사는 억류자 바로 뒤에 서 있다. 군인들은 공격 위치, 사제폭탄 제조 능력, 동료, 재정조직 등의 정보를 캐내려는 신문 팀의 일원이다. 엄청난 정보를 얻을 기회다.

심문자 이제 넌 망했다, 그치? (억류자 바로 앞에 선 군인이 바닥에 침을 뱉는다) 망할 살인마 녀석. 우리한테 네 전화기가 있는데…. 우리한테 네 전화기가 있다고. 네가 그 인간한테 전화한 걸 확인하면 넌 완전 망하는 거야. 네가 뭘 기대하는지는 모르겠지만 이건 아니겠지. 넌 이것 때문에 목이 매달릴 텐데….

억류자 이틀 동안 먹거나 마신 게 하나도 없어요.

심문자 젠장, 네 칫솔이나 써서…(들리지 않는다). 너는 역겨워… 그리고 만에 하나, 만에 하나 누구라도 내 동료 앞에서 네가 또 그렇게 서 있는 게 내 눈에 띄면, 가만 안 둔다…. (심문자는 억류자가 서 있는 모습을 두고 놀린다. 팔짱을 끼고 머리를 옆으로 기울인다) 내가 너 젠장 가만 안 둔다고, 알아들었냐? 그때가 낮이건 밤이건 너 가만 안 두겠다고!

자, 네 개떡 같은 태도에 대해서 죄송하다고 말해(억류자는 반응하지 않는다). 너 이 새끼… 이 망할 살인마… (억류자는 가만히 선 채로 조용히 있다.)

이게 너야?! 너희 중 한 사람은 이것 때문에 목이 매달릴 거야. 넌 거기 있었어… 넌 거기 있었다고! 넌 거기 있었어!! 너희 중 한 녀석은 이것 때문에 목이 매달릴 거야. 누가 될까, 너일까?

위협은 하책 중의 하책

이 상황이 녹화된 자료가 〈가디언Guardian〉지에 공개됐다.[1] 심문자가 보인 이런 신문 방식을 용인할 수 있는지 없는지는 우선 차치하

자. 분명한 점은 말로 요란스럽게 하는 이런 방법으로는 아무런 효과가 없다는 것이다.

목표가 신뢰할 만한 정보를 얻어 내는 것이라면, 이런 신문 방식으로는 원하는 바를 이룰 수 없다. 이는 나쁜 티라노사우루스의 극단적인 예다. 공포를 자아내고 이론상으로는 순응을 끌어내기 위해, 한 개인을 비하하고 인간성을 말살하려는 짓이다. 약자를 괴롭히는 형태다. 이러한 관행은 수감자의 인간성을 말살하는 걸 넘어 종종 신체적 고문으로 이어졌다.[2]

고문에 관한 연구에 따르면, 심문자들은 아무런 정보를 얻지 못하거나(억류자들이 입을 닫는다), 간신히 확보한 정보는 대부분 완벽한 거짓말이거나 허구였다. 억류자가 더 이상 고통을 받고 싶지 않아서 뭐든 말하려고 하기 때문이다.

고문은 정보를 얻어 내는 도구로서는 무익하지만 효과가 하나 있긴 하다. 고문이 자행된다는 사실은, 테러리스트 단체의 훌륭한 선전 메시지이자 모집 도구로 쓰인다. 예컨대 1970년대에 영국 정부의 고문이 밝혀지자 아일랜드 공화국군에 지원하는 사람이 늘어났다. 과거에 아부 그라이브와 캠프 엑스레이와 같은 강제 수용소에 있었거나, 외국 교도소에서 고문을 받았던 ISIS와 알카에다의 고위층 수가 증가한 것을 봐도 고문의 역효과를 알 수 있다. 인간에게 가하는 심리적·신체적 굴욕은 피해자가 고문자에 대한 최악의 시각을 갖고, 고문자와 고문자가 대변하는 모든 것에 복수하고자 하는 열망을 키우기에 아주 좋은 방법인데, 이 때문에 피해자는 입을 굳게 닫아 버린다.

이러한 개념은 이라크에서 억류자에게 취한 관행과 관련해 인권 감시 보고서에 인용한 어느 미군 병장의 증언으로 쉽게 요약할 수 있다.

> 우리는 (군 정보부로부터) 이 사람들이 나쁘다는 이야기를 들었어요. 하지만 그 사람들(분석가들)이 틀릴 수도 있고, 실제로 가끔 틀리기도 했어요. (강압의) 요점은 그 사람들이 신문을 준비할 수 있게 만드는 거였거든요. (정보부 장교는 억류자들이) 심하게 지치고, 심한 괴롭힘을 당하고, 심하게 사기가 꺾여서 협조하고 싶게 만들고 싶다고 하더라고요. 하지만 억류자들 가운데 절반은 아무 증언도 하지 않았고, 결국 그냥 풀려났죠. 우리는 그 사람들을 팔루자로 돌려보냈고요. 아시다시피, 만약 그 사람이 좋은 사람이었다면, 우리에게 취급당한 방식 때문에 이제는 나쁜 사람이 됐을 거예요.[3]

테러리즘을 상대로 한 전쟁에 대해 어떤 정치적 성향이나 견해를 갖고 있든 간에, 우리는 나쁜 사람을 더 양산하는 일을 해서는 안 된다는 데 모두 동의할 것이다.

물론 전쟁을 치르다 보면 따뜻한 차 한 잔과 악수로 해결할 수 없는 일이 있다. 대립은 인생에서 피할 수 없는 부분이고, 전쟁의 주된 근간을 이룬다. 군인에게 살인 훈련을 시키는 사람은 그들이 필요한 일을 할 수 있도록 공감, 연민, 인간애 등에는 관심을 꺼야 한다. 하지만 진짜 의문은, 한번 관심을 끄고 나면 이후에 그 관심을 되살릴 수 있느냐 하는 것이다. 예컨대 폭력을 써서 적을 죽이는 훈련을 받은 사람이 연민과 공감으로 적을 신문하는 게 정보를 알아내는 가장 좋은 방법이란 걸 안다고 해도, 그걸 실천하리라고 기대하는 것이 타당할까?

물론 그런 극단적인 상황을 벗어나 더 일상적인 상황에서도, 우리는 갈등과 의견 충돌을 경험한다. 동료와 가족과 언쟁을 벌이기도 하고, 사람들이 우리를 실망시키거나 속상하게 만들기도 한다. 정치적·사상적·종교적·정신적 혹은 개인적 차원에서 정반대의 견해를 가진 사람과 만나 상대해야 할 때도 있다. 갈등이 인간의 수많은 상호작용에서 필요한 부분이라고 해도, 바스라 신문의 예는 공격성이 유용한 의사소통을 얼마나 방해할 수 있는지를 증명한다. 나쁜 티라노사우루스가 나타날 때, 라포르는 무너지고 돌이킬 수 없을 정도로 훼손된다. 공격성은 거리감과 저항감을 낳고, 그러한 상호작용은 더 이상 의사소통이라고 할 수 없다.

사람들이 브렉시트, 트럼프, 모유 수유, 백신 접종 등등 논란이 되는 이슈에 대해 소셜 미디어에서 보이는 반응을 떠올려 보라. 이런 상호작용 속에서 사람들이 공격하고, 빈정대고, 욕을 하고, 상대에게 창피를 주려고 애쓰는 모습을 우리는 쭉 지켜봐 왔다. 이슈가 뭐든지 간에, 여기서 목표는 의미 있는 의사소통이 아니다. 상대보다 더 시끄럽게 굴고, 더 무섭게 굴고, 더 고약하게 굴고, 더 공격적으로 굴어서 언쟁에서 '이기는 것'이다.

이 모두가 나쁜 티라노사우루스 행동이다. 이 행동 중 하나라도 하고 있다면, 가장 먼저 버려야 한다. 직관에 반하는 것처럼 보일지 모르겠지만, 좋은 티라노사우루스의 의사소통도 있다. 하지만 우리는 우선 '나쁜 티라노사우루스'가 얼마나 그리고 어째서 효과가 없는지 살펴본 다음, '좋은 티라노사우루스' 행동이 얼마나 효과를 볼 수 있는지―정말 보는지―입증하고자 한다.

상처 주지 않고 당당하게 말하는 법

나쁜 티라노사우루스는 공격적이고, 처벌하고, 비하하고, 창피를 주고, 위협한다. 이와 대조적으로 좋은 티라노사우루스는 솔직하고, 직설적이고, 비판적이고, 분명하다. 그 차이를 이해하기 위해 〈가디언〉이 포착해 세상에 공개했던 바스라 교도소의 극단적인 대화 상황으로 다시 돌아가 보자. 심문자는 이 상황을 안전하게 벗어나는 방법이란 없고, 억류자의 인생은 본질적으로 끝났다고 못을 박는다. 이는 정보 수집 활동이 아니다. 자아존중감을 무너뜨리려는 행태일 뿐이다("이제 넌 망했다, 그치?").

심문자는 억류자에게 학대를 일삼으면서 자신이 그를 완전히 통제하고 있다고 말한다. 그러고는 억류자의 죄를 단정한다. 여기서 메시지는 그가 무엇을 하건, 무엇을 말하건 상관없다고, 심문자는 사실을 잘 안다고, 그 사실이 억류자에 대해 절대적인 권력을 보여 줄 만큼 이견의 여지가 없다고 전한다. ["우리한테 네 전화기가 있어. … 넌 이것 때문에 목이 매달릴 텐데."] 위협하고, 벌하고, 통제한다.

억류자가 기회를 얻어 겨우 이야기한 내용은 자신이 이틀 동안 아무것도 먹거나 마시질 못했다는 것이다. 이 이야기는 바로 무시당한다. 이를 통해 심문자는 자신이 완전한 통제권을 쥐고 있음을 다시 한번 강조한다. 심문자는 공포와 두려움을 높이기 위해 신체적 위협을 더하면서("내가 너 가만 안 둔다") 포로를 계속 욕보이고 비하한다("넌 너무 역겨워").

비슷한 '기술'은 공산주의 정권에서도 사용됐다. 일례로 한국전쟁 당시 북한군이 미국 전쟁 포로에게 썼던 방법을 들 수 있다. 심리학자 파버I. E. Farber, 할로H. F. Harlow, 웨스트L. J. West가 일컬은 '쇠약, 의존, 두려움'을 통해 세뇌가 이루어졌다고 지적한다.[4] 그러나 나중에 밝혀진 바에 따르면, 전쟁 포로의 이상하고 맥 빠진 행동은 '세뇌'보다는 심각한 영양실조와 질병에 기인했다는 것이 더 그럴듯한 설명이다. 쇠약함은 만성 피로와 반기아 상태가 초래한 결과였다. 의존은 기본 욕구를 통제함으로써 생겼고, 두려움은 맞거나 죽임을 당할 거라는 공포와 불안을 일부러 키움으로써 나타났다.

비슷한 상황은 여러 사이비 종교 집단에서도 관찰됐다. 이는 왜 일부 추종자가 기회가 있음에도 그 집단을 떠나지 않는지 이해하는 데 도움이 된다(그들의 자율이나 선택에 대한 감각이 완전히 무너졌기 때문이다). 왜 우리는 인간관계에서 공포, 비하, 공격에 기대어 주변 사람을 순응시키려는 유혹에 빠질까? 그런 방식으로 행동할 때 치르는 희생은 보상받을 가치가 없다. 인간관계에서 생기는 대립을 이런 방법으로 해결할 때 승자란 존재하지 않는다.

대부분의 인간관계에는 의견 충돌과 언쟁이 어느 정도 있기 마련이다. 커플, 부모, 자녀, 직장 동료, 이웃, 심지어 가끔은 도로 위에서 낯선 사람들 사이에서도 말이다. 따라서 긍정적 관계를 맺고 싶다면 나쁜 티라노사우루스의 속성을 피하도록 노력해야 한다.

좋은 티라노사우루스는 직접적이고, 직설적이며, 솔직한 방법으로 언쟁한다. 이러한 이야기 전달 방식은 솔직함과 공감에 관한 2장의 논의, 그리고 이야기를 전달할 때 객관성과 균형을 유지해야 할 필요성과 교집합을 이룬다. 이건 대단히 어려울 수 있다. 애초에 갈등을 싫어하는 누군가에게는 특히 그럴 수 있다. 상대가 우리를 공격적으로 대하면, 본능적으로 우리는 실제로 원하는 것이 무엇이든 간에 공격적인 태도로 맞받아치고 싶어진다. 조용히 있거나 물러서 있는 경우에도 어떻게 말하거나 행동했으면 좋았을 거라고 상상할 테고, 여기에는 보통 폭력이나 적어도 완벽한 시점에 모욕을 주는 게 포함될지도 모른다.

우리는 자신의 본능적 충동을 통제하는 방법을 배웠지만, 그것이 충동을 느끼지 않는다는 의미는 아니다. 우리는 공격을 받았을 때 자연스럽게 싸우거나 피하고 싶어 한다. 만약 피할 수 없다면 우리는 공격을 하게 된다. 이는 자연스러운 반응인데 이런 행동이 뇌에서 일어나는 화학반응의 결과이기 때문이다. 우리가 두려움을 느낄 때 신체에서 경험하는 엔도르핀과 코르티솔의 분비는 싸움을 하거나 도망을 갈 것을 대비해 힘과 속도를 높여 준다.

하지만 우리가 여러 연구에서 발견한 바에 따르면, 부정적인 티라노사우루스의 행동(단정 짓는다/따지기를 좋아한다/빈정댄다/공격적이다 등)이 조금이라도 나타나면 라포르 형성은 물론이고 이후에 정보를 얻어 내는 데도 상당히 좋지 않다. 심리학에서는 신뢰를 얻으려고 노력하다가 무심코 던진 사소한 말 하나로 이를 무너뜨린 결과를 '스포일링spoiling'이라고 한다.

"내 말대로 해, 안 그러면 두고 봐"

이 역학이 집이나 직장처럼 긴장이 상대적으로 덜한 환경에서 일어난다고 생각해 보라. 자녀와 언쟁을 하는 부모의 예를 한번 떠올려 보자. 심리학자로서 우리는 부모들이 자녀가 자기 말을 듣길 바라면서, "너 내 말대로 하지 않으면 가만히 안 둬." 하고 말하며 대립하는 상황을 수없이 목격했다.

이때의 결과는 어린아이의 경우 아기 침대에서 '울도록' 방치되거나 벌로 '개구쟁이 계단'(문제를 일으킨 아이에게 주는 벌로 계단 한쪽의 조용한 곳에 있도록 하는 것 – 옮긴이)으로 떠밀리는 것이 될 수 있다. 이보다 연령이 높은 아이의 경우 휴대폰, 와이파이, 게임 콘솔 등을 빼앗길 수 있다. 이제는 첨단 기술 기업이 이러한 대응을 용이하게 만들고 있다. 부모는 다양한 앱을 통해 자녀의 기기를 원격으로 잠그거나 꺼 버릴 수 있다. 이처럼 힘은 발끈했을 때 순응을 끌어내는 좋은 방법이 되기도 한다. 부모가 주도권을 쥐고 있고 자녀가 그것을 무시할 방법은 없다는 사실을 강조하기 때문이다. 확실한 경계선이 있는 상황에서 아이들이 아무리 노력해도 부모의 주도권을 넘어설 수는 없다.

하지만 아이들은 자라면서 자율에 대한 갈망을 키우고, 순응을 강요받으면 자신이 심하게 통제받는다고 느끼게 된다. 위협, 협박, 처벌 등으로 순응을 강요받는 아이는 종종 화를 내고, 분함을 느끼고, 억울해한다. 그들은 행동을 선택하기보다는 속이거나, 숨기거나, 체계의 구멍을 찾는 데 상당한 에너지를 쏟아 다시 한번 자율권을 행사하려고 한다.

한번은 이런 경우도 있었다. 엄마가 아들의 휴대폰을 원격으로 통제하자 아들이 엄마 계정을 해킹해서 엄마 휴대폰에 비슷한 앱을 깔았다. 엄마가 아들 휴대폰을 잠그면, 아들도 보복으로 엄마 휴대폰을 잠그려고 했던 것이다. 이것은 창의적이지만 그들의 문제에 대한 확실한 해결책은 아니다! 다행히 두 사람은 그 방법이 먹히지 않는다는 데 동의하고 다른 해결책을 논의했다.

이런 통제 전략은 효과가 있어 보이지만 당신의 '적'이 한 수 앞선 방법을 찾거나 티라노사우루스만큼 커져서 돌아오면 힘을 잃는다. 당신은 통제 효과를 잠시 누릴지도 모른다. 하지만 이 전략을 자녀와의 관계에서 내내 고집스럽게 쓰면, 아이들은 신뢰와 존중이 아닌 원망을 키우게 된다. 자녀가 부모를 따르는 건 선택권이 없어서지, 부모의 이유를 이해하고 부모의 규칙을 존중해서가 아니다.

어떤 상황에서는 짧게나마 통제력을 행사하는 것이 필요할지 모른다. 아이들에겐 분명한 경계 구분이 필요할 때가 있다. 하지만 억지로 말을 듣게 해서 만들어진 분위기는 궁극적으로 두려움과 반항을 낳는다. 그것은 신뢰, 존중, 배려, 그리고 궁극적으로 사랑을 무너뜨린다.

어떤 부모가 자신의 10대 자녀가 집안일을 더 도왔으면 하는 마음에 협상을 시도한다고 가정해 보자. 예전에 아이는 여름에 아르바이트를 해서 돈을 모아 친구들과 여행을 가고 싶다고 말했지만, 지난 2개월 동안 매일 정오가 되도록 잠만 잤다고 하자. 아빠가 방으로 불쑥 들어가 이렇게 말한다. "네가 어떻게 돈을 모아서 이 여행을 가겠다는 건지 난 도통 모르겠다. 아르바이트는커녕(빈정댄다) 여기서 손가락 하나 까딱 안 했잖아(공격한다/쌀쌀맞다). 내가 너한테 그 돈을 줄 거라는 생각은 마라. 넌 이 집에서 뭔가를 해야 해(뒤지지 않는다/따지 기 좋아한다)! 넌 아무 노력도 하지 않으면서 뭔가 얻기를 바라잖아. 내가 미치겠어(단정 짓는다)!"

결과적으로 언쟁이 일어날 가능성이 높고, 자녀가 갑자기 도움을 주고, 정리를 잘하며, 의욕이 있고, 말을 잘 듣는 천사로 바뀔 가능성 은 낮다. 그 대신 아이가 돈 벌기를 포기할 가능성이 아주 높다. 만약 아이가 일거리를 얻는다면, 그건 악의에서 비롯했을 테고, 아이의 인 생 목표는 이제 아빠가 틀렸다는 걸 증명하는 게 된다. 그렇게 되면 아빠가 자녀에게 효과적으로 행동의 동기를 부여한 것처럼 보일지 도 모른다. 하지만 그들 사이의 따뜻하고 애정 어린 관계에 대한 기 반이 되는 건 결코 아니다. 자녀가 악의로 동기를 부여받게 하는 것 은 그들을 정말로 독하게 만드는 셈이다!

그 대신에 아빠는 이렇게 말할 수 있다. "젬마, 너랑 이번 여행 이 야기를 좀 하고 싶은데 말이야. 전에 네가 여행을 정말 가고 싶고 여 비를 마련하기 위해 이번 여름에 돈을 벌고 싶다고 말했잖아(복기). 이제 여름이 절반 가까이 지났는데, 네가 여전히 그렇게 하고 싶다면 시간이 별로 없어(솔직하다/비판적이다/직설적이다). 네가 원하고 말고 는 너한테 달렸어(자율). 하지만 이건 확실히 하고 싶은데, 네가 돈을 내야 할 때 돈이 없다고 해서 내가 그 돈을 줄 수도 없고 주지도 않 을 거야(자기주장이 뚜렷하다/확신에 차 있다). 네가 돈이 정말로 필요하 다면 그걸 벌 필요가 있어(솔직하다/직접적이다)."

이렇게 말을 건네도 '이런 세상에, 아빠! 나도 알아!'라는 반발이

나 눈을 돌리는 반응을 받을 수 있다. 하지만 마지막 대화에서 아빠는 모욕적이거나, 불쾌하거나, 잔혹한 태도에 기대지 않았다. 최후통첩도 없었다. 좋은 티라노사우루스는 이렇게 말한다. **"이게 내 입장이고, 내가 가진 증거야. 그리고 이게 핵심이지."**

하지만 좋고 나쁘고를 구분 짓는 경계선이 모호할 때가 있다. 아빠의 말이 의도치 않게 빈정대는 말투로 전해졌거나 젬마가 "아빠, 내가 알아서 해, 문제없다고"라고 반응했다고 하자. 아빠는 자포자기해서 고개를 가로젓거나 '내가 보기 전까지는 못 믿어.' 하고 쏘아붙이게 될 것이다.

단어 선택에 신경을 쓰는 만큼 말투에도 신경을 쓰고, 방해가 될 수 있는 요인은 피해야 한다. 다시 말해 방금까지 다 잘해 놓고는 아무 생각 없이 말을 더했다가 낭패를 보지 말라. 분노, 속상함, 짜증 등에 휘둘리지 않고 메시지를 분명하게 전달해 보자. 이는 쉽지는 않지만 효과적이다.

좋은 티라노사우루스는 바로 본론으로 들어간다. 그래서 문제를 빨리 식별할 수 있게 하고, 해결 속도를 높인다. 역설적일 수도 있겠지만, 좋은 티라노사우루스 행동은 명백하고 분명하며 속임수, 부정, 기만으로 트집 잡힐 일이 없기 때문에 갈등이 커지는 걸 막을 수 있다. 해결책을 교묘하게 다루지 않고, 당신이 원하는 것을 바로 묻는다. 좋은 티라노사우루스는 솔직함의 중요성에 대해 앞에서 논의한 원칙을 공유한다('난 대립을 피해선 안 되지만 널 무너뜨릴 필요도 없다는 걸 알고 있어').

다음은 우리가 조언하는 좋은 티라노사우루스의 3단계 원칙이다.

1. **직접적으로 증거를 인용하라.** 누군가에게 문제를 제기할 필요가 있을 때, 그 사람이 썼던 표현을 증거로 다시 써서 대응해 보라. 최대한 구체적이고 사실을 기반으로 하라. 말로 전해진 거라면 최대한 그 사람이 말한 것과 비슷하게 하라. 써 있는 것이면, 직접 그것을 읽으라. 과장하거나 메시지를 혼동하지 말라.

2. **상반되는 증거를 내놓으라.** 감정이나 판단을 배제한 상태에서 이를 행하라. 균형과 객관성을 유지하라.

3. **해결책을 제시하라.** 마지막으로, 문제를 어떻게 바로잡을 수 있을까? 다음에 어떤 일이 일어나길 바라는가? 대립 상황에서는 자신의 목표를 잊지 않는 것이 중요하다. '이것 봐, 난 맞고 넌 틀렸어'와 같은 말을 하기 위해 언쟁을 하지는 말라. 그 대신에 이렇게 생각하라. '이제 우리는 이게 문제라는 데 동의해. 그 문제를 고치기 위해 네가 했으면 하는 건 말이지….'

양육, 업무 협상, 사업 파트너나 커플 간의 언쟁, 심지어 불만사항을 처리하는 경우 등 많은 맥락에 이 방법을 쓸 수 있다.

하지만 당신이 대하는 사람이 감정에 휩싸여 있다면 어떨까? 그 사람이 너무 속상해서 들으려고 하지 않을 때, 어떻게 메시지의 요점을 전달할 수 있을까? 자기 자신의 감정적인 반응을 억제하는 것이 중요하긴 하지만, 상대를 귀를 열도록 진정시키기 위한 관건은 그 사람이 느낀 감정을 안다는 표시를 하는 것이다. '어린이와 티셔츠' 접근법을 떠올려 보라. 상대의 감정 상태를 공감하면서 솔직하게 인정하면, 상대는 저항을 바로 낮추고 당신의 이야기에 귀를 기울이게 된다. 기억하자! 감정을 관리하지 않고는 본론에 들어갈 수 없다.

직장 안의 티라노사우루스

직장은 권력 행사를 신중하게 관리해야 하는 또 다른 무대다. 나쁜 티라노사우루스 전술을 써서 생산력을 높이고 자기 팀에 동기를 부여하려는 상사가 있다. 그러니까 위협을 가하고, 팀이 목표한 바를 달성하지 못하면 직장을 잃거나 성과 관리에서 불이익을 받을 수 있다며 공포를 조장한다. 이런 상사와 일하는 직원은 결국 사기가 떨어지고, 낙담하며, 분노하고, 수동적 공격성을 띤 복수(직장 내 절도, 불필요한 병가, 낮은 생산성)에 나설 가능성이 크다. 궁극적으로 이직을 갈망할 것이다.

반면에 좋은 티라노사우루스 유형의 상사는 팀원에게 긍정적인 영향을 끼칠 수 있다. 좋은 티라노사우루스 전략을 선택해 비판적이고 직설적인 태도를 보이는 사람은 선의의 비판자 역할을 할 수 있다. 그래서 팀 전체가 말도 안 되는 생각에 빠질 때, 혹은 다들 흠이 있다는 걸 내심 알면서도 겉으로 드러내기를 두려워하는 문제를 무시할 때 적절하게 균형을 잡아 준다.

좋은 티라노사우루스는 자신의 조언에 대해 솔직하고, 직설적이며, 비판적이고, 건설적이다. 티라노사우루스는 누구에게나, 모두의 관점에 이의를 제기할 준비가 되어 있기 때문에 조직이 실패를 예상하고 대비하는 데 도움을 준다. 그들의 분명하고 직설적인 솔직함은 그들이 언급할 필요가 있는 것을 이야기할 유일한 주체임을 뜻하기도 한다. 열정의 도가니 속에 나타난 이성의 목소리인 셈이다. 효과적인 리더십에 관한 주디스 코마키Judith Komaki의 연구에 따르면, 무기력한 리더와 비교했을 때 훌륭한 리더는 자신의 요구를 분명하고, 솔직하며, 직설적으로 지시한다.[5] 또한 스탠퍼드 경영대학원에서 린드레드 그리어Lindred Greer가 진행한 연구에 따르면, 팀 내의 누군가가 확실한 대안적 관점을 보이면서 이의를 제기하고자 할 때, 팀의 다른 일원은 문제를 더 깊이 생각하고, 하마터면 생각하지 않았을 법한 해결책을 살피게 된다.[6]

조직이 현실 상황과의 연관성을 전혀 고려하지 않고 정책, 문화, 관행에만 기대어 결정을 내리기 시작할 때, 그것은 대재앙 혹은 적어도 공개 조사로 이어질 수 있다. 2010년에 일어난 딥워터 호라이즌 기름 유출 사건을 떠올려 보자. 당시 안전 조치가 미흡했던 탓에 석유시추선이 폭발했고, 그 결과 노동자 열한 명이 사망하고 미국 영해에서 최대 규모로 기록된 기름 유출 사고가 발생했다. 이어진 조사에서 밝혀진 바에 따르면, BP(브리티시 페트롤륨British Petroleum 사명의 약어, 해당 시설의 소유 주체다 – 옮긴이)의 상관들은 구조적 안전을 무시한 지시를 내렸고, 앞서 시추선에 생긴 문제의 조짐을 무시했다. 이들의 행동은 안전보다 이윤 창출을 우선시하는 조직 문화를 보여 준다. 이 사건 재판에서 판사는 BP에 중대 과실과 의도적 위법 행위가 있다고 보고 유죄 판결을 내렸다.[7] 판사의 표현을 빌리면 그들은 "무모한" 행위를 저질렀다. BP는 11건의 중죄 살인 혐의를 인정했고, 벌칙과 벌금으로 45억 달러 이상을 내야 했다.

우리가 여러 기업 스캔들에서 확인한 것처럼, 권력의 부패는 사람들이 목소리를 높이거나, 일반적으로 인식하는 사실에 이의를 제기하는 것을 필연적으로 두려워하게 만든다. 그로 인해 나중에 결점이 얼마나 뚜렷하게 나타날 수 있는지에 대해서는 아무도 상관하지 않는다.

안전 수칙 무시, 부실 작업, 암묵적 인종차별, 성희롱 등의 문제가 직장에서 발생할 때, 우리는 누군가가 반대의 목소리를 높여 '이건 옳지 않다'고 용감하게 말하기를 바란다. 그러나 이건 실천하기 아주 어려운 행동이고, 입을 연 사람은 외롭고 노출된 느낌을 받을 수 있다. 이는 용감하고 옳은 행위지만, 대단히 내리기 어려운 결단이기도 하다. 하지만 마틴 루서 킹 주니어 박사가 간단하고 유창하게 말한 것처럼 "옳은 일을 하는 것은 언제나 옳다".

한때 내가 상대하던 어떤 가족은 사회복지국의 감독을 받고 있었다. 그 가족의 아빠는 배우자를 폭행한 혐의로 체포되어 유죄 선고를 받았고, 사회봉사와 18개월간의 보호 관찰을 명령받았다. 아빠는 가정을 떠나라는 지시를 받았고, 두 시간 이상 떨어진 곳에서 살아야 했다. 아이들은 시설에서 일주일에 두 번 볼 수 있었다. 아이들의 엄마를 만나거나 집 근처에 있는 것은 절대 허락되지 않았다. 하지만 그는 자녀와의 만남, 직장, 보호 관찰 규정, 사회봉사 등 자기 지역에서 해야 하는 각종 업무 때문에 대부분의 낮 시간은 물론이고 저녁 시간에도 매일 시내에 있었다.

내가 그를 상담하기 시작했을 때, 이런 상황은 5개월째로 접어들고 있었다. 이동성과 재정 상황을 고려했을 때 매일 운전을 하거나 열차를 타는 것은 불가능한 일이었다. 많은 사람이 그가 보호 관찰 조건을 어기고 집으로 돌아가고픈 유혹을 받을 것이라고 생각했다.

하지만 그는 다른 선택을 했다. 그는 자기 차에서 잠을 자기 시작했다.

그런데 내 업무의 책임자가 이 상황을 바라보는 관점은 사실상 다음과 같았다. '아, 그 사람이 고생을 한다고? 그러게 애초에 그런 짓을 하지 말았어야지.'

다음 회의에서 나는 그 아빠에게 적절한 지역 주택이 필요한 상황에 우리가 제대로 대처하지 못하고 있으며 이는 가족 전체의 위험을 키울 수 있다고 보고했다. 따라서 아빠가 최대한 빨리 집을 구하도록 돕는 것이 좋을 것 같다는 입장을 피력했다.

"글쎄요, 당신이 확실히 아이들보다는 아버지의 요구를 더 우선시하고 있기 때문에 아무도 동의를 하지 않네요. 그러니 넘어갑시다, 다들 괜찮죠?" 책임자는 거만하게 고개를 끄덕이며 내 쪽으로 손을 휙 움직였다. 거의 나를 악취처럼 방 밖으로 날려 보낼 수 있다는 듯 말이다. 난 창피하고 모욕감을 느꼈다.

그러나 나는 자신감을 발휘해 살짝 떨리는 목소리로 다시 말했다. "넘어가기 전에, 제가 반대한다는 걸 회의록에 적어 주셨으면 합니다. 저는 그 결정에 동의하지 않습니다. 저는 최근의 상황이 바뀌지 않는다면 아이들이 더 위험해질 거라고 말했다는 사실을 아주 분명히 해 두고 싶습니다."

믿지 못하겠다는 듯 고개를 든 그녀의 얼굴은 빨개졌다. "좋아요, 적었습니다. 하지만 다른 사람은 아무도 그렇게 느끼지 않기 때문에 실제로는 상관이 없습니다." 그녀가 말했다.

고백하건대 내가 솔직하고 직설적으로 이의를 제기할 때 자신 있거나 자기주장을 뚜렷하게 전한다는 느낌은 없었다. 티라노사우루스의 옷을 입은 쥐처럼 느껴졌다. 나도 내가 사자가 아니라는 걸 알았다. 내겐 결정에 대한 권한이 없었다. 하지만 동의하지 않는다고 말할 필요가 있다는 것도 알았다. 핵심을 알고 있었고, 무엇이 옳은 일인지가 마음속에서 확고했다.

회의가 끝난 후, 다른 대리인 세 명이 내게 다가오더니 자신들도 그 상황이 위험을 키운다는 느낌을 받았다고 말했다. 그들은 그저 회의에서 목소리를 높일 용기를 내지 못한 것이다. 난 그들에게 자신들의 입장을 서면화할 것을 요청했고, 그들은 동의했다.

처음에 난 화가 났었다. 이렇게 생각했다. '그 사람들은 왜 회의에서 나를 지지해 주지 않았을까? 동의한다는 사람들이 왜 내가 끙끙거리게 놔뒀을까?' 그들은 갈등에 엮이고 싶지 않아서 회의 중 조마조마한 언쟁에 끼어들길 원치 않았던 것이다.

하지만 내가 우려의 목소리를 내자 최소한 그들은 회의 바깥에서 긍정적인 행동을 취했고, 결국 회의에서 내린 결정에 이의를 제기하게 됐다. 좋은 티라노사우루스는 내게 가장 어려운 유형이지만, 옳은 건 항상 옳은 것이다.

나쁜 티라노사우루스는 사람들이 겁을 먹고 무서워할 거라는 사실에 기댄다. 그런 사람은 중요한 의견이나 관심사가 있을지도 모르는 사람을 짓밟는다. 이런 식으로 행동하는 책임자는 독재자가 된다. 협의를 거치지 않고, 이의를 받아들이지 않으면서 결정을 내린다. 직원과 논의나 타협을 하지 않는다. 단순히 명령을 내리고 그들이 그 명령에 따라 주기를 바란다.

그런 사람과 일하는 것은 사기를 크게 떨어뜨리고, 직원의 자신감과 비판적 사고를 가로막는다. 흥미롭게도, 그렇게 되면 권력에 자만한 책임자도 무너질 위험이 크다. 모든 결정이 당신 몫이라면, 그게 잘못됐을 때의 책임도 마찬가지다.

또한 나쁜 티라노사우루스는 분노 수준이 높다. 이는 건강에 좋지 않다. 분노가 오랫동안 이어지면 심근경색과 뇌졸중이 발병할 확률이 높아진다.[8] 분노는 고립과 직업적·개인적 인간관계의 붕괴를 초래한다. 심리학자들은 오랫동안 (한 개인이 빠르게 최고의 자리에 오르지만 그 뒤에 파괴의 흔적을 남기는) '파괴적 리더십 유형'이라고 일컫은 것을 밝혀 왔다.[9] 이것은 다른 사람에 대한 공격과 무모한 묵살로 정의된다. 처음에 갖는 패기가 정상에 오르는 데 도움이 된다고 해도, 나쁜 티라노사우루스는 꾸준하고 한결같은 태도를 견지하는 데 계속 실패하고 남을 비난하고 공격하면서 불만, 원망, 회피, 증오의 수위를 점점 더 높이기 때문에 인내력이 없다. 더구나 그는 자신의 행동에 양심의 가책을 느끼지 않고, 실수에서 교훈을 얻지 못한다. 궁극적으로 정상에 오래 남을 수 없다. 분노와 불만을 품은 사람들이 그를 계속 몰아내고 무너뜨리려고 하기 때문이다.

이와 달리 좋은 티라노사우루스는 대립을 피하지 않는다. 무엇보다 분노가 적다. 여유 있고, 침착하며, 단호한 태도를 취한다. 공격을 당할 때도 마찬가지다. 이러한 태도는 가끔은 굉장히 어려울 수 있다. 앞선 예처럼 나쁜 티라노사우루스와 마주했을 때 특히 그렇다.

자신의 분노를 다스리는 과정에는 상대의 기분이 어떤지 살피고 관심을 두는 것, 그리고 때로는 상대의 기분을 명확히 인식하는 것이 포함된다. 좋은 티라노사우루스가 되려면 야자나무가 아니라 바위가 되어야 한다. 상대의 분노, 격노, 강요가 자신을 적시도록 하되 굴하지 말라. 당신의 관점을 솔직하고 직접적으로 밝히라. 그런 다음 태세를 갖추고, 자신의 입장을 견지하면서 인내심을 가지라.

하지만 명심하자. 좋은 티라노사우루스가 되기는 정말 어렵다. 그게 쉽지 않은 상황에서는 특히 그렇다. 차라리 나쁜 티라노사우루스가 되어 모욕과 냉소로 성난 반응을 보이고 싶을 수도 있다. 이를 악물고 참으면서 상대방이 맘대로 하도록 내버려 두는 게 더 쉽기 때문에 뒤로 물러나고 싶은 느낌을 받을지도 모른다. 때로는 실제로 이런 선택이 상황이 커지는 것을 막는 가장 현명한 결정일 수 있다. 하지만 필요하다면 누군가가 나서야 한다.

좋은 티라노사우루스로 반응하려면 침착하게 확신을 갖고 전달하도록 노력해야 한다. 상대가 화가 나거나 속상한 건 중요하지 않다. 그 사람이 기분 나쁘고 거만한 인간이라도 상관없다. 중요한 건 상대방이 당신의 이야기에 귀를 기울이고 대화의 요점을 이해하도록 만드는 것이다. 인신공격은 무시하고, 흔들리지 말고, 당신의 입장을 최대한 분명하고 침착하게 반복하라.

"할 말은 하고 삽니다"

미국 사우스캐롤라이나로 가족 휴가를 간 적이 있다. 우리는 가족 열 명이 함께 콘도에 머물렀다. 하지만 우리 바로 맞은편 건축 부지에서 매일 오전 8시부터 오후 6시까지 철거 단원이 일한다는 사실을 알고는 즐거운 시간을 보낼 수 없었다. 귀에 거슬리는 소음이 이어지면서 모두가 미칠 지경이었다.

아내는 프런트에 전화해 수화기 너머의 한 여성을 향해 불만을 토로했다. 그 여성은 자신이 할 수 있는 일은 없지만 책임자가 전화를 주게 하겠다고 약속했다. 하지만 시간이 흘러도 전화는 없었다.

그래서 나는 밖으로 나가서 우리 바로 맞은편에서 일어나는 소음과 복잡한 상황을 녹음했다. 그러고는 프런트로 가서 책임자를 만나고 싶다고 말했고, 책임자가 부재중이라는 답변을 받았다.

"무엇을 도와드릴까요?" 이렇게 말한 프런트 여성은 매우 공손했다. 에밀리가 통화했던 여성과는 분명 다른 사람이었다.

"네, 들어 보세요." 나는 우리가 체크인할 때 받았던 환영의 편지를 읽었다. "'최근 우리 리조트는 일부 구역을 보수 공사하고 있습니다. 하지만 불편은 거의 없을 것이며, 여러분이 이곳에 머무는 동안 편하고 즐거운 시간을 보내실 것이라고 확신합니다.'"

그 여성은 내게 미소를 보이며 고개를 끄덕였다. "네, 맞습니다."

"그러면 제가 15분 전에 녹음한 이걸 한번 들어 보세요." 난 이렇게 말하고는 내 아이패드에서 재생 버튼을 눌러 내가 녹음한 2분 30초짜리 클립을 재생했다. 착암기, 사이렌, 60톤짜리 레킹 볼이 벽을 부수는 소리가 끊임없이 들렸다. 우리가 함께 소음을 듣는 동안 그녀의 얼굴은 점점 새파랗게 질렸다.

클립이 끝나자 난 침착하게 말했다. "이게 '최소한의 불편'처럼 들리나요?"

"아니요, 손님." 그녀는 기운 없이 말했다.

"그렇죠." 난 말했다. "최소한이 아니에요. 우리는 가족 휴가로 아주 귀중한 시간을 함께 즐기려고 바다 건너에서 여기까지 왔는데, 이렇게 공사하는 동안에는 서로 이야기하는 소리도 안 들려요. 하루에 열 시간씩 매일 이래요."

"정말 죄송합니다, 손님." 그녀가 다시 말했다. "하지만 제가 무엇을 해 드릴 수 있을지 모르겠습니다."

난 말했다. "책임자를 불러 주세요. 더 조용한 어딘가로 이동하거나, 아니면 불편해서 매일 하루 종일 나가 있어야 한다는 사실에 대한 보상을 받고 싶습니다."

그녀는 고개를 끄덕였고, 내가 기다리는 동안 바에서 쓸 수 있는 음료 바우처를 주었다.

난 책임자에게도 똑같이 행동했다. 소통하는 내내 목소리를 높이거나, 소리를 지르거나, 공격적인 태도를 보이는 일은 없었다. 특별히 웃거나 따뜻하게 대하는 일도 없었다. 난 무엇이 잘못됐는지, 그리고 어떤 응대를 바라는지를 침착하고, 직접적이며, 중립적이고, 비판적이며, 직설적으로 전했다. 그리고 그것은 통했다.

내가 욕을 하거나 소리를 지르거나 공격적으로 나갔다면, 나를 문제 고객으로 다루기는 훨씬 더 쉬웠을 것이다. 그 대신에 그들은 우리를 다른 리조트로 옮겨 주었고, 그해 장인과 장모가 두 번째 휴가에 쓸 만큼 충분한 리조트 포인트는 물론이고 비용의 절반까지 배상해 주었다.

좋은 티라노사우루스 접근법은 이점이 많다. 좋은 티라노사우루스는 타협할 준비가 되지 않은 주제에 대해 타인에게 휘둘리지 않고, 자신의 목소리를 내며, 요점을 분명히 말한다. 적대적이거나, 불합리하거나, 공격적인 인상을 주지 않으면서도 할 말을 한다. 이는 소통에서 매우 중요한 강점이다. 상대에게 이의를 제기하지만, 그렇다고 대립적이지는 않다. 이를 통해 '모두가 알고는 있지만 말하기는 꺼리는 문제'를 지적하고, 자신이 어떤 위치에 서 있고 상황을 해결하려면 어떤 일이 일어날 필요가 있는지에 대해 아주 분명한 그림을 그릴 수 있다.

이처럼 좋은 티라노사우루스의 침착하고 적극적인 표현법을 익혀 두면 큰 힘이 된다. 상황에 대한 감정을 억제하고 목표에 집중할 때, 그것은 매혹적인 자기 통제감과 자신감으로 이어질 수 있다. 하지만 이 표현법을 사용할 때 그 싸움이 그럴 만한 가치가 있는지를 잘 생각해야 한다. 좋은 티라노사우루스의 표현법을 능숙하게 사용한다고 해도 지나치게 자주 쓰면 시간이 지나면서 무뎌지거나 불안정한 느낌을 받을 수 있다.

좋은 티라노사우루스는 굴하지 않는다. 그래서 타협을 어렵게 만들 수 있고, 인간관계 속에서 다정함과 친근함이 싹트는 것을 방해할 수도 있다. 그것이 서클상에서 원숭이의 사교적인 친목과 정확히 반대에 위치한다는 사실을 기억하자. 좋은 티라노사우루스 행동은 제

아무리 유용하다고 해도 아껴서 정말 필요한 상황에서만 써야 한다. 한편 나쁜 티라노사우루스 행동은 가급적 피해야 한다.

요약

1. **나쁜 티라노사우루스를 없애라.** 자신에게 나쁜 티라노사우루스 특성이 하나라도 있다고 판단되거든 확실한 노력으로 없앨 필요가 있다. 되도록 이야기할 내용을 미리 준비하고 여러 번 연습하라. 욕설이나 비하하거나 공격하는 표현을 버리는 데 집중하라. 사실에 기반해 분명한 태도를 취하고, 내용이 정확한지 검토하라. 분노의 감정을 없애는 방법은 반복적인 연습뿐이다. 불평을 드러내야 한다면 시간을 내서 연습하고, 표현에 경멸적인 부분이 없는지 검토하라. 그렇다고 당신이 사실에 근거하지 못하고 직접적일 수 없다는 의미는 아니다.

2. **싸움을 선택하라.** 대립할 가능성이 있는 문제에 발을 들이기 전에, '이게 정말 중요할까?' 혹은 '그냥 내버려 둘까?' 하고 자문해 보라(문제가 단순히 약간 짜증이 나는 무언가가 아니라 중요한 것임을 아주 확실히 하라.) 갈등은 피하는 게 최선이지만 매번 피하기란 불가능하다. 싸울 만한 가치가 있는지를 분명히 파악하라.

3. **구체적인 목표를 세우라.** 목표(들)와 요점을 분명히 하라. 일어나길 바라는 것과 바라지 않는 것은 무엇인가? 공정하고, 균형 잡히고, 객관적인 태도를 갖추라. 무엇이 공정할지 고민할 때 자신이 논쟁하는 반대편의 입장이라고 상상해 보라. ('내가 그 사람 입장이었다면, 무엇이 합리적인 해결책이라고 생각했을까?') 그저 자신이 옳기를 바라거나, 얻을

수 있는 건 가져간다고 생각하는 함정엔 빠지지 말라.

4. **감정은 건드리지 말라.** 생각의 요점을 분명히 했다면 비아냥대는 말, 꼼수 쓰기, 공격, 분노, 상대를 비하하거나 기를 죽이는 시도 등은 절대 하지 않도록 유의하라. 필요하다면 당신이 신뢰하는 누군가와 '리허설'이나 역할극을 하고, 그 사람에게 이야기를 듣는 사람의 입장으로서 어떤 기분을 느꼈는지 물어보라.

5. **상대의 기분을 부정하지 말라.** 상대도 감정적 반응을 보일 수 있음을 이해하라. 이렇게 나온다고 해서 그들을 부정하지 말고, 그게 정상일 수 있다는 걸 인정하라(우리가 앞서 말한 것처럼, 대립에서 가장 자주 나타나는 반응은 화로써 맞대응하는 것이다). 상대방의 반응이 (부적절하고, 이상하고, 극단적인) 비정상으로 보일지라도, 가혹하게 굴기보다는 호기심을 갖도록 노력하라(가령 당신의 10대 자녀가 숙제를 하라는 요청에 '격한' 반응을 보였다면, '감히 나한테 말대꾸라니!' 하고 생각하기보다는 '이걸 왜 그렇게 큰일로 받아들이는 거지?' 하고 생각하라).

한발 더 들어가기에 앞서서

5~9장까지는 각 동물 소통 방식을 효과적으로 활용하려면 어떤 마음가짐을 가져야 하는지에 대한 구체적인 예시를 소개하고자 한다. 동물 유형에 따라 무엇을 하고 무엇을 하지 말아야 하는지 간략히 설명하고, 예시를 하나씩 소개한다. 한마디 덧붙이자면, HEAR 대화 원칙은 라포의 절대적 기반이기 때문에, 자신이 어떤 소통 방식을 택하더라도 이 원칙을 항상 염두에 둘 필요가 있다. 예컨대 사자 기술에 능한 사람도 정직하지 못하거나, 공감을 보이는 데 실패하거나, 사적인 선택을 하고 복기 기술을 제대로 활용하지 못한다면 순식간에 소통을 망칠 수 있다. 상호작용을 성공적으로 이끌려면 HEAR 대화 원칙을 항상 적용해야 한다.

> ### 한발 더 들어가기

티라노사우루스는 주로 갈등 상황에서 힘을 발휘한다. 갈등은 되도록 피해야 하고, 극소수의 상황을 제외하면 보통 적당히 넘어가는 것이 바람직하다. 사적인 논쟁, 싸움에 휘말릴 때면 늘 자신에게 물어야 한다. '여기에 얽히는 게 정말 가치 있는 일일까?' '그다지 중요하지 않은 일 때문에 저 사람과 틀어지는 게 가치 있는 일일까?'

티라노사우루스처럼 굴지 않을 수만 있다면, 그러지 말아야 한다. 그러함에도 싸워야 한다면 내 안의 티라노사우루스를 등장시키도록 하라. 그래서 티라노사우루스에 대한 첫 번째 팁은 다음과 같은 아주 간단한 질문에 답하는 것이다.

'나의 이쪽 면을 드러내는 게 과연 가치 있는 일일까?'

여기 직장에서 벌어지기 쉬운 예시를 하나 소개한다.

에이든은 대형 섬유 업체의 대표다. 그는 그레이스라는 직원으로부터 보고를 받았는데, 그녀의 직속 관리자인 오언에게서 부적절한 문자 메시지를 받았다는 내용이다. 에이든은 이 메시지의 일부를 확인하고, 그 메시지들이 부적절하다는 결론을 내린다.

그래서 에이든은 오언을 불러내 입장을 듣기로 했다. 오언은 자신이 그 메시지들을 보냈다고 인정하면서도 그 메시지들이 부적절하다는 의견은 받아들이지 않는다. 에이든은 오언이 그레이스를 위험에 몰아넣고 있다고 보고 오언에게 서면 경고를 하기로 결심한다. 그는 미팅에서 오언이 그레이스에게 사과를 해야 하며, 그 메시지들이 얼마나 부적절한지 인정하길 바란다. 또한 이후에 유사한 행동이 반복되면 마지막 경고를 하고, 그럼에도 고쳐지지 않으면 해고를 할 수밖에 없다는 뜻을 전달하려고 한다.

마음가짐

알맞은 마음 상태를 갖는 데 도움이 될 만한 몇 가지 팁은 다음과 같다. 먼저 상호작용을 마무리하고 싶은 지점, 즉 목표를 명확히 하라. 에이든의 목표는 반드시 그레이스가 더 이상 괴롭힘을 당하지 않고 안전함을 느끼면서 최종 결과에 만족하게 하는 것, 더 나아가서 오언이 수용 가능한 행동의 범위를 인식하고 잘못을 절대 반복하지 않도록 하는 데 있다. 그리고 자신이 직원 두 명 모두와 관계를 유지하면서 그런 행동을 참아야 하는 다른 고용인이 또 나오지 않도록 하는 것이 대화의 목표이다.

단, 명심하라! 티라노사우루스로 통제할 수 있는 대상은 자기 자신뿐이다. 자신의 행동에 영향을 주고 상황에 반응할 수 있을 뿐, 상대의 마음을 바꾸거나 자신의 관점을 그저 받아들일 것을 고집하거나 기대해서는 안 된다. 따라서 무엇이 타협 가능하고 불가능한지는 확실히 해야 한다.

일단 목표를 확실히 했다면 갈등에 엮였을 때 자신이 전달하고자 하는 메시지에 집중할 필요가 있다. 이때 피해야 하는 태도가 있다. 덤비거나 비아냥대거나 따지려 드는 행동, 공격적인 생각을 버리라. 상대를 괴롭히려고 대화하는 것이 아니다. 마찬가지로 상대의 사고를 바꾸려는 생각도 버려라! 예컨대 당신은 누군가가 인종 차별적인 생각을 하거나 그런 발언을 하는 것을 근본적으로 막을 수 없다. 하지만 자신은 그렇게 생각하지 않는다고, 그 사람의 행위에 놀랐다고, 자신의 회사에서 그런 식의 발언은 삼갈 것을 (고집할 수는 없지만) 요청할 수 있다. 그러나 논쟁의 감정적인 측면에 얽히면 통제력을 잃게 된다. 화내거나 공격하지 말고, 분노 또한 드러내지 말아라. 대신 냉정하고 확실한 태도를 유지하라.

자신의 의사를 최대한 분명하고 단순한 방식으로 말하라. 여기 소개하는 CALM이라는 연상기호 형태의 주문을 사전에 반복해 읽어보길 바란다.

1. **침착함**Cool 나는 침착함을 잃지 않을 것이다. 객관적이고 중립적인 태도를 취하고 목표에 집중할 것이다.
2. **화**Angry 나는 화를 내지 않을 것이다. 화를 내거나 문제를 키우는 일이 없도록 할 것이다. 상대가 화를 낼지도 모르는데, 나는 그 사람의 행위를 통제할 수 없음을 인정한다. 나는 나만을 통제할 수 있다.
3. **언어 표현**Language 나는 나쁜 표현을 쓰거나 사적인 감정을 담지 않을 것이다. 분명하고, 짧고, 단호하고, 확실한 메시지를 전할 것이다. 여기서 내가 타협하지 않으리란 걸 알고 있다. 나는 상대가 내 입장을 받아들이도록 강요할 수 없다는 건 알지만, 나의 요점을 아주 분명히 하고 상대방에게 확실히 전달할 것이다. 나는 공감을 보일 필요가 있고. 내가 상대방의 입장에 있었다면 다른 생각을 가졌을지도 모른다는 걸 고려할 것이다. 나는 상대방의 생각에 진정으로 관심이 있으며, 상대방이 느낄 수 있는 감정을 받아들일 것이다.
4. **차분함**Measured 나는 상대방의 의견을 듣고 그 사람의 입장을—내가 동의하지 않을 수 있어도—이해하도록 노력할 것이

다. 내가 상황을 이런 식으로 보는 이유를 설명할 것이다. 가령 '나는 A, B, C라고 생각하는데, 그렇게 생각하는 이유는 X, Y, Z 때문이다'라고 말할 것이다. 이유를 과장하거나 되풀이하지 않되 간략하고 차분한 방식으로 이야기할 것이다.

티라노사우루스 상태로는 오래 머무를 필요가 없다. 자신이 해야 할 말을 꺼내고 이야기를 분명하고 간결하게 전한 다음 물러서라. 그러고 나면 결과에 따라 자신이 티라노사우루스로서 전한 요점에 대해 나타나는 상대방의 반응에 빠르게 적응하라.

가령 긍정적인 반응을 얻었다면 쥐로 물러서거나 원숭이로서 상황을 누그러뜨릴 필요가 있다. 필요한 말을 다 하고 나서는 거기에 공을 들일 필요는 없는데, 때로는 상대가 메시지를 흡수하도록 놔두는 편이 더 낫다.

에이튼	안녕하세요, 오언 씨. 들어와서 앉으세요.
오언	안녕하세요, 무슨 일이죠?
에이튼	당신이 그레이스 씨한테 연속으로 보냈던 네 개의 문자 메시지에 관해서 저번에 그레이스와 이야기를 나눴어요. 그레이스는 이 문자들 때문에 상당히 불쾌해했고, 그래서 내가 당신과 직접 이야기를 나눠서 상황을 정리하겠다고 이야기했어요. 그 문자들에 대한 생각을 듣고 싶군요.
오언	저랑 그 여자 외에 정말 아무와도 관계없는 그 가벼운 문자들 말씀하시는 건가요? 그건 업무 이야기도 아닌데…,

그 여자가 이런 걸로 당신을 성가시게 했다니 믿기지 않는데요….

에이든 　그 문자들이 불쾌함을 의도한 게 아니라는 뜻이라면 이해합니다. 그리고 듣자 하니 당신도 그런 의도가 없었다니 다행이네요. 일부러 나서서 남을 불쾌하게 만들려는 사람이 우리 회사에는 당연히 없어야죠. 그래도 그 메시지에 담긴 내용이 그레이스를 정말 불쾌하게 했고….

오언 　(이야기를 가로막는다.) 제발요. 그건 말도 안 돼요. 어차피 제 말 안 믿을 거죠? (중얼거린다.) 정치적 정당성이란 게 도무지 없군.

에이든 　… 그리고 그런 메시지가 우리 회사 안의 그 누구에게도 보내지길 원치 않는다는 말을 덧붙이고 싶습니다. 업무용 전화기나 어떤 기기로든 말이죠. 이메일이나, 통화나, 직접 대면이나 다 마찬가지예요.

오언 　맙소사… 별것도 아닌 걸 갖고 이야기하다니.

에이든 　오언 씨, 난 여기서 정말 확실히 할 필요가 있어요. 그레이스와 당신을 위해서 말이죠. 당신은 이게 별일도 아니고 모욕적이지도 않다고 이야기하고 있습니다. 나는 당신이 회사에 기여하는 모든 일을 인정해요.

그리고 당신도 알겠지만 그걸 간과할 생각은 없습니다. 지난 몇 달 동안 당신은 열심히 일했고, 분명히 여러 차례에 걸쳐서 그레이스를 많이 도와줬다는 것도 알고 있어요. … 그래도 나는 직접 이야기하고 싶었어요. 개인적으로 부적절하게 생각하는 행동은 무엇이건 그냥 넘어가고 싶지 않습니다. 그래서 이번 건은 서면 경고로 처리할 예정입니다.

오언 안 돼요, 그러지 마시지… 그건 부당해요.

에이든 오언, 이건 사적으로 당신을 어떻게든 혼내려고 고안한 게 아니에요.

오언 그 여자가 나를 엿 먹이려고 그러는 거예요.

에이든 나는 이 회사의 모두를 보호하기 위해 이 자리에 있습니다. 그레이스, 당신…, 모두를 말이죠. 난 당신한테 서면 경고를 내려서 나와 회사가 그런 메시지를 용인하지 않는다는 걸 확실히 보여 주려고 합니다. 정리하자면, 이건 내가 당신의 태도나 업무에 관련해서 제기하는 유일한 문제지만, 그건 문제에 해당하고 이 행동은 당신이나 그 누가 했다고 해도 받아들일 수 없습니다. 이상적으로는 당신이 그레이스에게 불쾌하게 한 점에 대해 사과했으면 좋겠지만, 나는 그걸 강요할 수도 없고 하고 싶지도 않아요. 당신과 그레이스 씨 사이의 일이니까요. 하지만 나는 당신이 과거에 훌륭한 업무 관계를 유지했다는 사실을 알고 있습니다.

오언 제가 여기서 하는 말이나 행동은 뭐든 전부 조심해야 한다는 뜻인가요?

에이든 그 문자 내용이 부적절하다는 점을 인정하지 못한다면 그렇죠, 신경을 더 바짝 써야 할 필요가 있습니다. 혹시 그

문자 중에 당신이 특별히 부적절하다고 느끼지 않는 부분
이 있을까요?

오언   글쎄요, 칭찬이 뭐가 문제라는 거죠?

에이튼   좋아요, 여기 문자 하나의 내용이 이렇습니다. '난 위층에
갈 때 항상 숙녀를 먼저 가게 하는데… 특히 당신한테 그
래요.'

오언   네, 그래서…?

에이튼   이 메시지의 뜻이 뭐죠?

오언   그건 그냥 머저리 같은… 성적인 그림엽서 따위의 뉘앙스
예요, 아시잖아요?

에이튼   결국 성적으로 빗댄 표현을 담은 거네요?

오언   제가 실제로 그 여자의 몸매를 칭찬하고 있다는 한에서는
그렇죠. 그건 욕이 아니에요. 그 여자 정말로 몸매가 훌륭
해요. 그 여자를 몇 년 동안 알고 지낸 걸요. 이건 가벼운
농담에 불과해요. 그녀가 그런 옷을 입고 있을 때 못 느끼
셨다는 말씀인가요?

에이튼   그러니까 당신 말은 어떤 여자가 그런 옷을 입는데 업무
상 가까운 관계에 있으면 누구라도 그런 식으로 메시지를
보내거나 말을 할 수도 있다는 뜻인가요?

오언   그럼요, 문화적으로 깬 척하는 미친 헛소리가 아닌, 저처
럼 가벼운 농담에 익숙하다면 말이죠.

에이튼   오언 씨, 이런 메시지가 하나뿐이었다면 그레이스가 말
을 꺼내지 않았을 거예요. 우리 모두 생각을 할 수 있다는

데는 동의합니다. 우리 모두 사적인 생각을 할 수 있어요. 하지만 이건 당신이 사적으로만 생각한 게 아니죠. 이건 상대방이 전송받은, 원치 않는, 그리고 내가 알기론 일방적인 메시지 네 개 중 하나입니다.

오언 흠… 뭐, 그러네요, 그 여자가 답장은 전혀 안 했을 거예요.

에이든 문자가 죄다 그레이스의 복장이나 다리 혹은 엉덩이와 관련되잖아요. 분명히 말할게요. 그건 적절치 않습니다. 그 메시지는 불쾌함을 야기했고, 당신은 서면 경고를 받을 겁니다. 보아하니 당신은 화가 나 있고 그게 부당하거나 불공평하다고 생각하고 있네요. 당신은 상대에게 불쾌한 행위를 하고 싶지 않다고 말했고, 나는 당신과 그레이스가 오랫동안 훌륭한 업무상 관계를 유지했다는 걸 알고 있습니다. 그 관계는 계속되리라 확신해요. 다른 모든 면에서 당신은 뛰어나고 협조할 줄 아는 동료라는 걸 알고 있습니다. 당신이 과거에 다른 여러 동료뿐 아니라 그레이스도 도왔다는 걸 알고 있어요. 하지만 난 이번 건에 대해 입장을 바꾸지 않을 거고, 내가 그 이야기를 당신과 터놓고 직접적으로 분명히 하는 길만이 공정한 겁니다. 오늘 오후에 문서를 보내겠습니다. 이와 관련해 불분명한 부분이 있거나 더 이야기하고 싶은 부분이 있으면 언제든 날 만나러 오세요.

에이든은 망설임 없이 요점을 전하면서도 오언의 입장을 듣는다. 또한 그는 오언이 상대방에게 불쾌감을 주려는 의도를 갖고 있지 않았을지도 모른다는 점을 인정한다. (하지만 그는 오언의 입장에 동조하지 않는다.) 더 나아가서 에이든은 평화적인 해결책을 지향하려고 노력하면서도 그레이스가 기분이 불쾌했다는 중요한 이슈를 강조한다. 그의 태도는 분명하고 직접적이다. 그는 오언에게 화를 내거나 창피를 주지 않으면서 경계를 분명히 한다. 냉정한 태도를 유지한 채, 서면 경고는 자신이 대표로서 내린 결정이지 그레이스의 결정이 아님을 확실히 한다.

이처럼 그는 명확한 태도로 이슈에 대해 책임을 지고 다음에 일어날 일을 정리한다. 또한 결과를 객관화하고 '이건 부당하다'는 오언의 발언을 직접적으로 다룬다. 에이든은 타협의 여지가 없는 부분들을 명확히 한다. 그리고 사과가 좋겠지만 진심을 담아야 한다는 걸 말하고, 그러한 화해는 실제로 진심 어리게 느껴지지 않으면 진짜일 수 없다는 데 주목한다.

또한 에이든은 오언이 자신의 잘못에 대한 인정 여부를 스스로 이해했는지 해명하도록 요구한다. 그는 오언이 이해하지 못한 경우 더 신경 써야 한다는 점을 지적하면서도, 오언이 머저리나 야만인이라서 그 행동이 잘못된지도 모른다는 섣부른 암시를 하지 않는다.

요컨대 티라노사우루스 유형은 객관적이고, 군더더기 없으며, 정직하고, 목표 지향적이다. 하지만 결코 인색하지 않으며 다른 HEAR 대화 원칙 못지않게 공감력도 있다. 상대방에게 해결책을 받아들이라고 요구하지는 않지만, 타협이 불가능한 부분은 확실히 밝힌다. 에이든은 자신의 조직에서 특정 행동을 용납하지 않을 것이고 이를 분명히 밝히고 있다.

6장

쥐, 겸손이냐 비굴이냐
그것이 문제로다

겸손은 모든 미덕의 견실한 기반이다.

— 공자

브라이언 머피Brian Murphy 경관은 총격 신고를 받고 오전 10시 25분이 조금 지나서 위스콘신주 오크크리크에 위치한 시크교 사원으로 출동했다. 조용하고 화창한 일요일 아침은 그때까지였다. 뉴욕 출신의 성실한 경찰관인 머피는 모루처럼 강했고 쉽게 충격을 받지 않는 사람이었다. 그의 아버지는 아들처럼 미국 동부 해안의 날씨에 단련된 뉴욕 환경미화원이었는데, 브라이언을 "벽도 뚫고 갈 수 있는 친구"라고 표현했다.

순찰차에서 내린 머피는 사원의 주차장에 두 사람이 쓰러져 있는 것을 발견했다. 한 사람이 다른 사람 위로 넘어져 있었다. 머피는 위에 있는 사람이 죽었다는 걸 바로 알 수 있었다. 그러고 나서 남은 한 사람이 살아 있는지 확인하려는데, 한 남자가 자기 쪽으로 달려오는 모습을 목격하고는 순찰차 쪽으로 물러섰다. 그 남자는 흰 티셔츠와 권총집을 착용했고, 총을 뽑아 머피를 바로 겨누고 있었다. 머피는 총을 뽑아 발사했고, 그와 동시에 범인도 총을 쐈다. 머피의 총알은 빗나갔지만, 범인의 총알은 그렇지 않았다. 총알은 머피의 얼굴을 때린 후 턱을 뚫고 후두로 들어가 머리 뒤쪽으로 나왔다.

머피는 첫 발을 맞고서도 숨을 쉬고 있었고 차 뒤에 숨을 수 있었다. 자세를 낮추고 범인의 위치를 확인하기 위해 위쪽을 쳐다보았다. 총격전을 벌일 수 있도록 자기 앞쪽에 범인이 있길 바랐다. 하지만 범인은 머피를 빙 둘러 왔다. 전형적인 군인의 행동이었다. 범인은 머피의 바로 뒤에 서서 다시 총을 쐈다. 두 번째 발사로 머피의 왼쪽 엄지손가락이 날아갔고, 머피는 고통스러워하며 바닥에 쓰러졌다. 그러고 나서 공격자는 두 발을 더 쐈다. 총알은 머피의 팔 뒤쪽으로 한 발씩 날아갔다. 범인이 침착하게 재장전을 시작하는 사이에 머피는 숨으려고 차 밑으로 몸을 굴렸다. 나중에 그는 그 당시 자신이 '이 친구의 공격이 멈추기는 하는 걸까?' 하고 생각한 기억이 있다고 말했다.

차 밑에서 머피는 부츠 속에 있던 산탄총을 집으려고 했다. 피범벅이 된 그는 움직였지만, 또 총에 맞았다. 이번에는 직사거리에서 머리 뒤쪽을 맞았다. 범인은 총을 쏘고 또 쐈다. 하나는 팔, 하나는 다리를 맞혔다. 그러고 나서도 계속 총을 쐈다. 총 열다섯 발의 총알이 머피의 몸과 머리를 관통했다. 총성이 연이어 울려 퍼졌다. 그러고 나서 잠시 정적이 흘렀다.

얼마 후 다시 총격이 시작됐다. 이번에는 머피의 동료인 샘 렌다Sam Lenda 경찰관의 총이었다. 렌다는 위험의 정도를 파악하고 동료를 돕기 위해 주차장의 긴 가로수 차도에 들어서서 차를 멈췄다. 그는 라이플총으로 범인을 조준하고는 상당히 먼 거리에 있었음에도 방아쇠를 당겼다. 렌다는 군대의 명사수 교관이었다. 그는 범인의 엉덩이를 맞혔고, 그는 그 자리에서 쓰러졌다. 다른 경찰관들이 탄 경찰차 몇 대가 멈췄다. 몇 사람이 죽었는지, 머피가 어디에 있는지, 공범이 또 있는지 불분명했다.

렌다의 총에 엉덩이를 맞고 바닥에 쓰러진—증오로 가득 찬 40세 백인 극단주의자로 앞서 미군에서 복무하기도 했던—웨이드 마이클 페이지Wade Michael Page는 결국 자기 머리에 총을 쐈고 곧바로 숨졌다.*

머리 앞뒤와 팔과 다리까지 총 열다섯 발의 총을 맞은 머피는 놀랍게도 살아 있었다. 머피와 총격전을 벌이기 직전, 페이지는 사원의 작은 주방 식료품 저장고로 다가가고 있었다. 그곳에는 주로 여성과 아이로 이루어진 정확히 열다섯 사람이 아주 얇은 문 뒤에 옹기종기 모여 두려움에 떨고 있었다. 페이지는 주차장에 있는 머피를 발견하고는 돌아서서 그를 처리하러 왔던 것이다. 이후 생존자들은 머피가 말 그대로 자신들 각자를 대신해 한 발씩 맞은 것이라고 느꼈다.

머피는 그날 자신의 행동을 표현할 때 '영웅'이라는 단어를 쓰는

---

* 다소 충격적인 사실은 페이지가 미군 복무 당시 심리전 전문가로 있었다는 사실이다.

걸 극구 사양한다. 그 대신에 시크교 사원의 지도자인 사트완트 싱 칼레카Satwant Singh Kaleka에게 그 표현을 양보한다. 그 역시 범인을 막으려고 했던 인물이다. 싱 씨는 숨을 거두는 와중에도 페이지가 다른 사람을 공격하는 걸 막으려고 자신의 손톱이 떨어져 나갈 정도로 페이지를 꽉 붙잡았다.

이번 장의 주인공은 용감한 사자가 아니다. 겸손한 쥐다. 머피는 그날 사건이 자신에게 의협심보다는 겸손함을 가르쳤다고, 이 이야기에서 정말 중요한 부분은 자신의 회복과 최종적인 퇴원 이후에 자신에게 일어났던 모든 일이라고 이야기한다. 그에게 일어난 비극적인 사건은 그에게 겸손을 가르쳤다.

〈버투스 그룹The Virtus Group〉(검경·군인 토크쇼 시리즈)에 출연한 머피는 자신의 후두를 관통한 총알 탓에 훨씬 더 거칠어진 뉴욕 말씨로 이렇게 이야기한다.[1]

당신의 가족은 당신의 생명줄입니다. 오랫동안 저는 그걸 고려하지 않았어요. 자존심이 셌거든요. 전형적인 A 유형이었죠. (…)

하지만 웃긴 일이 생겼어요. …크리스마스트리처럼 불이 번쩍 들고 보니까 제 두 손에 깁스가 되어 있었죠. 손끝까지…. (머피는 사고 후 쭉 펴져 있던 두 손을 단단한 집게발처럼 들어 올려 당시 두 손을 못 쓰게 됐다는 걸 관객에게 보여 준다.) 여전히 화장실에는 가야 했는데…하지만…(이제는 화장실 이용 같은 기본적인 일상생활에도 자신의 '집게발'이 무용했음을 관객에게 보여 주며) 휴지도…못 잡았죠.

(머피는 시선을 떨구고 한숨을 내쉰다.) 여기서 말하고 싶은 건 겸손해

지는 것입니다. 여기서 말하고 싶은 건 제가 항상 있어야 했던 위치로 내려오는 것입니다. 결혼은 매일 단단해질 필요가 있는 동반자 관계였습니다. 그런데 제가 그걸 잊고 있었던 겁니다. 필요해지기 전까지 말이죠. 쉰 살 먹은 남자가 '난 화장실도 못 가' 하면서 깁스를 벽에다 쿵쿵 치고 있으면, 사랑하는 사람이 와서 돌봐 줄 수 있습니다. 신사숙녀 여러분, 그게 바로 겸손해지는 경험입니다. 우리가 유난스럽게 이야기하지 않는 것이죠. 일상에서 감사히 여기지 않는 것들이죠.

최후에는 쥐가 이긴다

머피는 "총알들을 잡으면서"(그의 표현이다) 완벽한 영웅적 행위와 불굴의 용기를 보여 주었다. 그런데도 정작 그가 경찰관으로서 동료들에게 강조하고 싶었던 것은 다른 사람에게 겸손과 진심 어린 감사를 표할 필요가 있다는 것이었다. 싱 씨의 부인은 머피를 "그때 우리에겐 신"이었다고 표현했다. "그 사람이 우리를 구했으니까요. 그는 모든 총알을 혼자 맞았어요. 정말로 강인한 사람이죠. 감사해요. 그는 정말 많은 목숨을 구했어요." 머피는 영웅적 행위를 하고 자신이 구한 이들로부터 숭배를 받음에도 겸손함을 지켰다. 그 당시 경험으로 그는 그 이전까지 자신의 인생에서 당연하게 여겼던 것들을 소중히 여기게 됐다. 자신과 가장 가까운 이들이 주는 사랑과 관심 말이다.

많은 이가 의아할 수 있을 텐데, 우리가 지금까지 논의한 모든 라포르에 기반한 행동 중에 좋은 쥐가 상대방에게 가장 큰 영향력을 행사한다. 이는 상대에게 주도권을 양보하고 상황이 벌어질 때 나서지 않는 것처럼 보이는 기술, 그리고 겸손할 수 있는 능력이 대인관계에서 가장 큰 힘을 발휘한다는 뜻이다. 나쁜 티라노사우루스가 버려야 하는 심각한 소통 방식이라면, 좋은 쥐는 반드시 취해야 하는 소통 방식이다.

겸손은 정말로 갖추기 어렵다. 불교에서 겸손은 깨달음의 상태로 여겨진다. 일종의 공허로 표현되기도 한다. '환상에 불과한 자아를 비운 것'. 겸손의 까다로운 부분은 섬세한 자아를 지키려는 우리의 자연적 본능 때문에 규정하기 힘들다는 점이다.

마찬가지로 겸손이 어려운 만큼 우리는 어느 정도 겸손하기만 하면, 그러한 상태를 이룬 자신이 왠지 더 높거나, 더 낫거나, 더 '깨달음을 얻은' 존재라고 여길 우려가 있다. 그러면 우리는 스스로 얻으려고 노력했던 겸손을 바로 잃고 만다. 마찬가지로 거짓된 자기비하감은 위선과 이기심으로 이어질 수 있다.

겸손하려면 상대를 파악하는 동시에 자신의 강점과 약점에 대한 솔직하고 객관적인 감각을 키워야 한다. 호기심, 끈기, 세상에서 자신이 서 있는 위치에 대한 정확한 인식이 필요하다. 우리 대부분에게 자신의 가치를 정확하게 파악한다는 것은 우리의 장점을 너무 부풀리지 않는다는 뜻이기도 하다.

겸손은 자존심이나 자부심 대신 상대에 대한 존중을 갖되, 그 사람에게 즐거움이나 깊은 인상을 주길 바라는 마음이 없이 행동하는 것이다. (우리의 도덕성이나 연약함을 드러내곤 하는) 극단적인 사건은 겸손해지기 위한 필요충분조건은 아니지만, 때로는 (머피의 경우에 그랬던 것처럼) 우리의 초점을 겸손에 맞추게 한다.

우리가 살면서 자신이 힘이 없거나 하찮은 존재라고 느끼는 순간은 상징적인 토템으로 작용할 수 있다. 이는 자신을 세상의 중심에 세우려는 자연적인 충동을 이겨 내도록 돕는다.

겸손한 쥐 접근법은 상대의 뜻을 따르고 양보하는 위치를 선택하는 것이다. 서양 문화에서 상대방에게 자신을 굽힌다는 행위는 바로 약함과 결부되는데, 이는 잘못된 인식이다. 우리는 사자의 통제, 원숭이의 기쁨과 친밀함을 더 좋아할지도 모른다. 티라노사우루스가 뿜어내는 카타르시스도 그럴 것이다. 하지만 앞으로 논의하겠지만 쥐의 방식은 라포르 형성에서 그야말로 유일무이하게 중요한 장점을 가지고 있다.

겸손이 상대와 라포르를 형성하는 데 어떤 관련이 있을까? 수천 시간 분량의 면담 장면을 관찰한 결과, 우리는 최고의 면담 진행자들의 공통점이 겸손임을 확인했다. 그들은 자신을 싫어하는 사람이 바로 눈앞에 있을 때조차 기꺼이 최대한 자신을 낮췄다. 우리가 장시간의 경찰 신문을 확인하고 가치가 높은 표적과 테러리스트에 관한 모든 데이터를 주의 깊게 살펴본 결과, 라포르 형성에 가장 긍정적인 영향을 미친 행동은 예상과 달리 좋은 쥐의 긍정적이고, 남을 존중하며, 겸손한 태도였다.

쥐가 '포기한다'거나 '약하게 군다'고 오해하지 말라. 상대방에게 자신감을 주는 것은 꽤 효과적이고 유리한 전술이다. '관대한 항복의 기술'은 쥐의 전형적인 행동이다. 우리가 관여했던 인터뷰 중 하나가 훌륭한 예시가 될 수 있는데, 이 사례는 대표적인 '다윗과 골리앗' 상황이다.

테러리스트를 움직인 겸손의 힘

디올라는 길고 어두운색의 수염을 기르고 반짝이는 두꺼운 안경을 쓰고 있었다. 발목까지 내려오는 새하얀 예복 때문에 더 도드라져 보이는 외양이었다. 그는 조각상처럼 앉아서 DS 다비르DS Dabir를 노려보고 있었다. 다비르는 키가 작고 마른 체격에 최근에 수염을 깔끔하게 다듬었다. 이와 대조적으로 머리는 약간 헝클어져 있었다. 얼굴에 난 털을 다듬는 데 너무 집중하다가 머리 모양은 어떻게 됐는지 잊은 듯했다. 다비르는 신문이 익숙지 않았고, 특히 보복 테러의 세계는 처음이었다. 앞선 신문에서는 보조 심문자로 디올라와 만났지만, 이번 신문은 자신이 주도하게 됐다. 앞서 대표 심문자가 사전 준비를 잘하고 전체적으로 계획한 전략을 사용했다가도 디올라에게 궁지에 몰리거나, 방해를 받는 모습을 DS 다비르는 지켜봤었다.

디올라는 폭력성을 드러냈는데, 이는 범죄 이력에도 드러났다. 당시에 그는 소셜 미디어를 통해 경찰간부 후보생 공격을 모의하는 메시지를 올렸다는 혐의를 받고 있다. 그의 주거지를 수색한 경찰관은 가방 안에서 망치, 식칼, 경찰간부 후보생 훈련소 근처의 장소를 특정한 지도를 발견했다. 경찰관은 그가 후보생들을 표적으로 삼았을 수도 있다고, 그리고 공격이나 납치 시도를 모의하는 더 큰 집단의 일원일 수도 있다고 의심했다.

앞선 신문에서 디올라는 경찰관들을 방해하면서 그들이 무지하고, 단순하며, 도덕적으로 문제가 있다고 비난했다. 그리고 질문에 답하기를 거부했다. 그는 심문자들에게 이야기를 장황하게 늘어놓지만 그들의 역사적, 문화적 무지에 대해 잔소리만 하고 중요한 말은 거의 하지 않았다.

DS 다비르는 주의를 주는 것으로 신문을 시작했다. 그러자 디올라는 안경 너머로 다비르를 뚫어지게 쳐다보며 말했다. "이 신문의 목적은 당신의 노트에 적힌 짧은 체크리스트를 훑어 가면서 당신이 예쁨을 받게 하려는 게 아니에요. 만약 당신이 유명해지고 싶어서 이런다는 게 밝혀지면, 이야기는 끝이에요. 그러니 진심을 다하세요." 그의 말투는 단호하면서 약간 비아냥대는 듯했다.

오롯이 침착함을 유지한 다비르는 자신의 경찰관 노트를 보여 주려고 디올라에게 가까이 다가갔다. 그는 디올라 앞에서 노트를 쭉 넘기며 아무것도 적힌 게 없다는 걸 확인해 주었다. "질문 목록도 없고 체크리스트도 없어요. 당신이 무엇을 계획하고 있었는지에 대해 당신 스스로 내게 이야기해 주길 바랄 뿐이에요."

디올라는 실실 웃으면서 DS 다비르를 뜯어보았다. "좋아요, 그러면 기회는 딱 한 번 주리다. 내 질문에 당신이 어떻게 답하는지에 따라 내가 말을 할지 말지 결정할 거예요."

그러더니 DS 다비르에게 가까이 다가서서 자기 손가락으로 다비르의 얼굴을 가리키며 이렇게 말했다. "그러면… 아주 신중하게 생각해서 대답하세요. (잠시 멈춘다.) 내가 오늘 왜 당신한테 말을 해야 하는 거죠?"

DS 다비르는 대답하기에 앞서 10초 동안 가만히 있었다. 취조실의 산소가 모두 빨려 나간 것만 같았다(우리는 이 신문을 영상실에서 보고 있었는데 모니터가 멈춘 줄 알고 그걸 두드리기까지 했다). 이윽고 DS 다비르가 차분하고 침착한 목소리로 간단하게 말했다. "우리가 당신을 체포한 날, 난 당신이 경찰간부 후보생을 죽이고 싶어 한다고 믿었어요. (그는 다시 또 멈추고는 심호흡을 했다.) 당신에게 어떤 의도가 있었는지, 왜 그런 일이 일어나야 한다고 느꼈는지, 무엇을 이루고 싶었는지 저는 자세한 내용은 모릅니다. 디올라 당신만이 진실을 알죠. (다시 멈춘다.) … 난 내 상사를 기쁘게 하고 싶어서가 아니라 사람들을 보호하고 싶어서 알고 싶은 거예요. 내가 당신한테 말하라고 강요할 수는 없어요. 그러고 싶지도 않고요. 말하고 싶으면 말하고, 말하기 싫으면 하지 마세요. 당신 선택이에요."

DS 다비르가 던진 이야기는 바로 그들 사이에 자리를 잡았다. 다비르는 차분하고, 아주 침착하며, 끈기 있고, 겸허한 자세를 유지했다. 사자의 반응을 기다리는 쥐와 같았다.

"아름다운 답이군요." 디올라가 미소를 띠며 말했다. "당신이 나를 배려와 존중으로 대해 줬으니, 그래, 이제 내가 말해 줄게요. 하지만 이 나라에 정말 어떤 일이 벌어지고 있는지를 당신이 이해할 수 있는 정도까지만."

상황을 지켜보던 DS 다비르의 상급 경찰관과 우리는 어안이 벙벙해졌다. 전통에서 벗어난 DS 다비르의 겸손한 접근법이 먹혔던 것이다. 왜일까?

DS 다비르가 효과를 거둔 이유 중 하나는, 그가 디올라를 통제하려 들지 않았기 때문이다. 디올라는 자신이 상황을 주도하고 싶어 했다. 사자가 되고 싶었던 것이다. 그래서 DS 다비르는 그렇게 하도록 뒀다. 우리가 앞서 말했듯이 만약 힘을 쓰려고 든다면, 똑같이 강력한 저항에 부딪혔을 것이다. 그런데 DS 다비르는 여기서 힘을 쓰지 않았다. 실제로 반대되는 이야기를 명확하게 전달했다("난 당신에게 강요하지 않을 거예요. 그러고 싶지도 않고요").

DS 다비르의 반응을 HEAR 대화 원칙과 연결해 보자. 다비르는 정형화된 대답을 하거나, 조작이나 속임수를 시도하지 않았다. 그의 대답은 진정성 있고 솔직했다. 그는 조심스럽게 처신하면서 분명하게 이야기했다("당신이 경찰 간부 후보생을 죽이고 싶어 했다는 의심이 들었기 때문에 당신이 여기 있는 거예요"). DS 다비르는 또한 디올라의 자율성을 강조했다("당신만이 사실을 알죠"). 그리고 자신의 무지를 인정했다("어떤 일이 있었는지, 왜 그런 일이 일어나야 한다고 느꼈는지, 이렇게 해서 무엇을 이루고 싶었는지 저는 자세한 내용은 모릅니다"). 더 나아가서 디올라에게 교육자와 선생의 역할을 맡겨 안내를 구했다("내가 이해할 수 있도록 당신이 도와줬으면 좋겠어요"). 또한 질문을 어떻게 진행해 나가고 싶은지에 대해 미리 생각해 둔 게 없다는 걸 밝혔다. 메모나 질문이 아무것도 적혀 있지 않은 노트를 보여 준 건 '네가 계획을 짜고, 네가 주도권을 잡아, 난 여기서 들을게'라는 메시지를 전한 상징적인 방법이다.

경찰관이 이렇게 거만하고 과시적인 테러리스트에게 양보하는 이야기를 읽는 게 거슬리는 사람도 있을 것이다. 하지만 이건 아주 솔직하고, 아주 인간적이며, 아주 겸손한 방식이다. 이는 상대방의 적개심을 누그러뜨리고, 믿음을 주며, 상대방이 정말 거부할 수 없는 상황을 만들었다.

앞의 장에서 우리가 티라노사우루스의 본능적인 반응에 대해 이야기했던 걸 떠올려 보라. 당신은 테러리스트가 겸손해지고, 굴복하고, 찍소리 못 하게 되는 모습을 보고 싶어 할 수도 있다. 하지만 그게 대화의 목표에 맞을까? DS 다비르의 목표는 이 사람에게 그의 위치를 가르쳐 주는 게 아니다. 잠재적인 공격을 막는 데 도움이 될 수 있는 믿을 만하고 수용할 수 있는 정보를 얻는 것이다. 모두가 탁자 맞은편에 있는 디올라와 같은 사람에게 그러한 겸손함을 발휘할 수 있는 건 아니다. 만약 DS 다비르가 자존심을 내세웠다면, 관계자들은 디올라의 동료, 혹은 무고한 사람들을 겁먹게 하고 죽이려는 음모를 절대 알아내지 못했을 것이다.

순응적인 쥐의 접근법은 토끼와 거북이 이야기에 나오는 거북이와 유사하다. 토끼는 거북이를 이길 수 있다는 자신의 능력에 거만할 정도로 자신이 있다. 거북이의 참을성 있고 끈질기지만 굼뜬 노력을 비웃는다. 거북이의 장점을 위협으로 의식하지 않아 결국 몰락하고 만다. 그는 자존심이 너무 센 나머지 굼뜬 거북이를 쉽게 이길 것으로 생각하면서 경주 도중에 낮잠을 잔다. 토끼는 방심하고, 결국 거북이가 토끼를 이긴다.

양보가 항상 가장 적절한 전략일까? 아니다. 우리는 항상 요구를 들어줘야 하는 걸까? 물론 아니다. 하지만 때로 우리는 본래의 자신보다 더 숙고하고 겸손할 필요가 있다. 큰 성공을 거둔 사람은 양보하고, 겸손하고, 사과하고, 모든 입장을 고려하고, 주의 깊게 듣는 능력을 가진 경우가 많다. 그런 사람은 목표를 달성하는 데 필요하다면 다른 사람이 주도권을 잡게 한다. 그런 기술이 유용할 때와 유용하지 않을 때를 아는 것이 쥐의 묘미다.

나쁜 쥐의 착각

무엇을 그만해야 하는지를 배우는 것이 도움이 될 때가 종종 있다. 이와 관련해 앞의 장에서는 티라노사우루스의 가장 나쁜 특성, 즉 공격을 하거나, 비판을 자주 하거나, 빈정대는 것을 그만두는 방법에 대해 이야기했다. 이와 비슷하게 쥐 유형에서도 우리는 좋은 행동을 익히기 전에 나쁜 행동을 없앨 필요가 있다. 나쁜 쥐는 확신이 없고, 갈등을 피하며, 정형화되어 있고, 상황과 유리되어 있다.

나쁜 쥐는 (겸손이 아닌) 약함을 드러내고 이를 극복하지 못한다. 경쟁적이거나 잔혹한 비즈니스 환경에 내몰리면 나쁜 쥐의 특성은 더욱 두드러진다. 괴롭힘당하고, 무시당하고, 열외 취급당하고, 배제되는 결과를 낳을 수 있다. 확신이 없고 주저하는 모습은 자신이 없다는 걸 방증하기 때문에, 그런 사람이 내리는 결정은 다른 사람의 신뢰를 받지 못한다. 쥐는 사자의 반대로서 통솔력, 자기주장, 자신감 등을 보일 필요가 있는 상황에는 맞지 않는다는 것을 기억하라.

리더가 나쁜 쥐면 특히 위험하다. 한번은 내가 감독과 동시에 협조를 요청받았던 어떤 부서가 있었다. 거기서 얼마 지나지 않아 눈에 띈 것은 계층의 균열이었다. 어떤 하위 부서는 자기 부서가 가장 중요하다고 우겼고, 분열을 조장하는 관행은 심해져서 팀원 사이에 분노와 좌절이 넘쳐났다. 문제 대부분이 실질적인 결손이나 위험한 관행이 아니라 그야말로 '인식'에 있었다. 그들은 모두 제 할 일을 하고 있었고 상대적으로 잘하고 있었다. 하지만 모두 괴로워하고, 분노하며, 의욕이 떨어져 있었고, 서로 대결한다는 느낌을 받았다. 왜 이런 일이 생겼을까?

난 이 상황을 논의하기 위해 그들의 상사인 앤을 만났다. 앤은 친절한 얼굴에 안경을 낀 모습이 다정한 유모를 연상케 하는 아담한 체구의 여성이었다. 앤은 자신이 이 부서와 한시적으로 함께할 것이고, 자신의 전문 영역도 아니라고 설명했다. 난 그녀가 얼마나 오랫동안 팀을 관리했는지 물었다.

"음, 이제 1년쯤 된 것 같아요." 그녀는 마치 방금 이 사실을 깨달았다는 듯이 말했다. 부서가 하고 있는 일을 어떻게 느끼고 있는지 그녀에게 물었다.

"아, 다들 똑똑한 것 같아요. 뭐가 필요한지는 저보다 훨씬 더 잘 알죠. 저는 그저 직원들이 일을 알아서 하도록 하고, 문제가 생기면 저한테 알려 달라고 말해요." 앤은 쾌활하게 말했다.

그 즉시 문제를 파악할 수 있었다. 거의 12개월 동안 이 부서는 상부에서 지침이나 지시를 전달받는 일 없이 스스로를 관리하도록 방치되고 있었다. 그들은 각기 나름대로 최선을 다하고 있었지만, 관리가 부족한 탓에 드센 사람들이 치고 올라와 다소 조용한 구성원들에게 자신의 관점이나 계획을 밀어붙였다. 그들이 경험한 리더십은 확신이 없고 회피하는 방식이었다. 나쁜 쥐였던 셈이다.

'문제가 있을 때 내게 알리라'는 이야기는 '날 끌어들이지 마'라는 의미를 담고 있다. 이는 '파리대왕'식 자율 관리를 초래하는 방식이다. 이 경우 부서들은 저마다의 규칙을 만들고 누구의 욕구를 최우선으로 내세울지를 결정한다. 다행히도 상황은 아직 아수라장이 되어 직원들끼리 죽느니 마느니 하는 지경까지 이르지는 않았다. 하지만 심해져 가던 유독한 암류를 내보내고 그들의 관행을 더 전체적이고 긍정적인 체계로 바로잡기 위해선 3개월이 더 필요했다.

문제를 해결하기 위해 앤을 부서의 일상적 관행에 훨씬 더 제대로 녹아들게 만들고, 그들의 필요와 문제, 성과에 귀 기울이도록 할 필요가 있었다. 우리는 앤의 나쁜 쥐 행동(유리되어 있다, 확신이 없다, 정형화되어 있다)을 건드리는 것부터 시작했다. 하지만 그녀가 부서의 의견에 귀 기울일 필요가 있는 만큼, 직원들도 지시를 따라야 할 필요가 있었다. 그래서 다음으로 앤의 사자 유형의 리더십을 끌어내고 개선하는 데 초점을 맞췄다. 책임을 지고, 계획을 세우며, 직원들을 지원하도록 한 것이다. 각 하위 부서도 문제를 제기하고, 동료들의 요구를 앤에게 분명하고 솔직하게 전달해 앤의 결정에 영향을 미칠 수 있도록, 저마다 사자를 둘 필요가 있었다. 직원들의 경우, 보이지 않는 곳에 숨어서 뒷담화를 하거나 상대방의 자신감이나 능력을 해치는 일은 없어야 했다.

좋은 쥐는 최고의 리더다

좋은 쥐가 된다는 건 신경을 끄는 게 아니다. 정반대다. 좋은 쥐는 끈기를 갖고 집중해서 기꺼이 귀를 연다. 추종자를 택한다는 건 라포르 형성에서 참담할 정도로 저평가되지만 사실은 아주 강력한 전략이다.

우리가 관계를 맺고자 하는 사람에게 내가 좋은 쥐라고 말하는 것은 그 사람이 주도권과 선택권을 갖고 우리에게 중요한 사람이라는 메시지를 전달하는 것과 같다. 이는 우리의 부모, 자녀, 배우자, 동료에게 우리가 그들의 이야기에 관심을 갖고 있으며 가치 있게 여긴다는 뜻을 담고 있다. 상대방이 이런 느낌을 자연스럽게 갖게 하는 것이 오랫동안 라포르를 이어 나가기 위한 가장 좋은 방법이다. 또한 우리가 통제와 선택의 느낌을 즐기고 잘 대처하며, 우리가 중요하다는 느낌을 받고 싶다는 단순한 진실을 인식한다면, 그리고 우리가 그런 느낌을 상대방에게 선물한다면, 라포르 형성은 자동으로 이뤄진다. 좋은 쥐는 인간관계에서 신뢰와 배려를 낳는다.

좋은 쥐는 전술적인 이점도 갖고 있다. 우리가 면담과 신문을 연구한 결과, 애니멀 서클에서 정보를 끌어내는 데 가장 강력한 힘을 발휘하는 동물이 바로 좋은 쥐였다. DS 다비르의 예시에서 확인한 것처럼 쥐의 전략은 잘만 하면 상대가 자신에게 주도권이 있다고 느끼게 하고, 그래서 그 사람이 마음을 누그러뜨려 정보를 내놓게 하는 조용하지만 효과적인 무기다. 우리 개개인의 인간관계에 아주 긍정적인 역할을 하는 이러한 신뢰와 배려는 상대방에게서 정보를 얻어

낼 때 전략적 이점으로 작용한다.

그러면 쥐의 생각을 뒷받침하는 행동과 접근법은 무엇일까? 순응적인 쥐는 엄청난 끈기를 갖는다는 것을 뜻한다. 으르렁대는 사자 앞에서도 마찬가지다. 목표에 끈기 있게 집중하되 자기 말을 듣게 하려고 상대를 몰아붙이거나 힘이나 압박을 가하려고 하지 않는 것이다. 순응적인 쥐는 외적인 압박, 간청, 질책보다는 끈기 있는 탐구를 통한 내적 압박을 중요시한다.

좋은 쥐는 자신의 자아를 통제하고, 순응의 힘이 가진 진가를 안다. 하지만 기본적으로 쥐는 세상의 모든 것, 특히 자기 자신에 대한 균형감을 중시한다. 때로 우리는 더 좋은 것을 위해 자신의 자존심이나 이익을 희생할 필요가 있다. 겸손은 좋은 쥐가 가진 진정한 본질이다.

당신이 책임자로서 좋은 쥐를 선택하면 다른 사람에게 자립심과 개인적 책임감을 자연스럽게 갖게 할 수 있다. 이는 조직의 목표를 달성하는 데 큰 도움이 된다. 팀원들에게 당신이 그들의 이야기를 경청하고 있고, 그들의 가치를 인정하며 운명에 대한 주도권을 그들이 갖고 있다고 느끼게 한다면 그들의 소속감과 성취욕 또한 높아질 것이다.

예컨대 버클리대학의 '건강한 직장을 위한 학제 간 센터'에서 진행한 연구에 따르면, 직원에게 유연한 근무 시간과 팀 역할에 대한 선택권을 줌으로써 주도권을 허락했을 때, 그들은 더 건강하고 행복감을 느끼며 더 큰 동기를 부여받았다.[2] 또한 더 생산적이고 효율적으로 일했고, 자신이 일하는 회사에 더 헌신적이었다.

이렇게 좋은 쥐가 직장에서 유용할 수 있다면, 집에서는 어떨까?

쥐 같은 부모

부모 자식 간의 관계를 개선하는 경우, 쥐 유형의 행동과 관련해서는 뚜렷한 문제가 두 가지 있다. 첫째는 부모가 사자의 자세를 취한 자녀 때문에 '나쁜 쥐' 행동을 하게 된 경우다. 부모는 회피하거나 약한 자세를 취하고 자녀에 대한 훈육을 망설인다. 되도록 충돌을 피하려고 할 수도 있고, 자신의 양육 방식에 확신이 없어 자신 없는 모습을 보일지도 모른다.

둘째는 부모가 쥐의 위치를 택하기를 거부하는 경우다. 자녀를 존중하거나, 자신이 실수를 저질렀을 때 사과하거나, 과오를 인정하는 것이 마치 부모의 권위를 떨어뜨리고 자녀의 무례한 행동을 허용한다는 의미로 받아들이는 부모가 여전히 많다.

두 가지 상황 모두 쥐의 위치가 엄청난 힘을 갖는다는 점을 간과하고 있다. 자녀와의 갈등을 다루는 데 어려움을 겪는 부모들을 돕기 위해 우리가 쓰는 기본적인 방법 중 하나로, 긍정적인 부모-자녀 관계의 '십계명'이라 일컫는 것이 있다. 이 방법은 확실한 행동을 기대하는 한편 자신이나 상대를 진정시킬 수 있도록 사과나 양보를 권한다.

1. 욕하거든 사과하라.
2. 소리를 지르거든 사과하라.
3. 사적 공간을 침범하거든 사과하라.

4. 내가 알고는 있지만 말하지 말아야 했거나 말할 의도가 없었던 걸 입 밖에 내거든 사과하라.

5. 상대방이 마음을 진정시키도록 시간을 달라고 요청하거든 그렇게 하도록 하라.

6. 내가 마음을 진정시키도록 시간이 필요하거든 그렇게 요청하라.

7. 언쟁에서 이기기 위해 겁주려고 하지 말라.

8. (자신을 포함한) 누군가에게 상처를 주거나, 무언가를 부수거나, 우리 집에 있는 무언가를 엉망으로 만들지 않는 선에서 울분을 토하라.

9. 이 집에선 그 누구도 절대, 절대로 때리지 말라.

10. 이것은 내 가정이고, 내 가족이다. 그들에게 존중과 사랑을 보이라.

이 계명들은 모든 가족 구성원이 동의해야 한다. 엄마와 아빠가 바로잡고 싶어 하는 까다로운 10대 자녀만 지켜야 하는 '규칙'이 아니다. 엄마와 아빠를 포함한 모두를 위한 규칙이다. 그런데 여기서 어려움이 생겨난다.

부모들은 이 계명 가운데 두 가지 요소 때문에 고민한다.

• 아이들이 마음을 진정시킬 수 있도록 시간을 허락하기
• 도가 지나쳤다면 자녀에게 사과하기

둘 다 권력을 내주는 느낌이 든다. 하지만 잘만 실천하면 언쟁이 점점 커져서 급격하게 악화되는 것을 막을 수 있다.

논의가 격화됐을 때 당신이 자녀에게 마음을 진정시킬 수 있는 시간을 허락한다면, 자녀는 이로부터 중요한 교훈을 배울 수 있다. 첫째는 논쟁이 언쟁으로 변해서 더는 생산적이지 않을 때를 인식할 수 있게 된다. 자녀의 입장에서는 언쟁이 일정 수준에 다다랐을 때 한 발 물러서서 마음을 진정시키는 게 더 낫다는 걸 배울 필요가 있다. 둘째는 시간을 갖고 마음을 진정시킨 뒤 감정이 누그러졌을 때 다시 문제로 돌아옴으로써 자신의 감정 상태를 다스리는 것이다. 이것은 감정적 자기 조절로, 성장에서 아주 중요한 부분이다.

부모가 쥐가 되는 것이 말처럼 쉬운 일이 아니라는 것은 우리도 안다. 사자가 되어 자녀에게 침착할 것을 요구하는 게 아니라, 쥐의 접근법을 취해 언쟁 도중에 물러서서 자녀가 마음을 가라앉힐 수 있는 여유를 주는 것은 꽤 어려운 일이다. 이것은 자녀를 처벌할 때 '개구쟁이 계단'으로 보내는 것이 아니라 '타임아웃' 기술을 적절히 활용하는 것이다. 타임아웃은 자녀가 자신의 감정을 조절하고 인생에서 피할 수 없는 부정적인 감정에 대처하는 방법을 배우도록 한다.

우리는 심리학자 부모로서 우리 아들이 어렸을 때부터 이 원칙을 지키도록 키웠다. 처음에는 언쟁이 붙어서 아이가 "저한테 마음을 진정시킬 수 있는 여유를 주세요. 지금 당장 이걸 갖고 이야기할 수는 없어요." 하고 말하면, 돌아서서 물러나는 게 마치 결속을 깨는 것처럼 느껴졌다. 그래서 종종 우리는 물러서면서 이를 악물고 조용히 소리를 질러야 했다. 하지만 규칙이 효과가 있기 때문에 우리는 이를 지금도 지킨다. 그러기 어려운 상황에서도 말이다.

부모가 어려워하는 또 다른 측면은 사과하기다. 우리의 행동이 어떤 면에서든 나쁜 서클 쪽으로 넘어갈 때, 우리는 이를 인정하고 사과해야 한다. 사과는 진정성과 진심을 다해 전달하면 아주 강력한 관계맺기의 도구가 된다. 우리는 경찰 신문을 관찰하면서 온갖 종류의 사과를 확인했다. 사과는 잘만 하면 심문의 권력 관계를 재조정해 용의자로부터 존중을 끌어내는 놀라운 효과를 발휘할 수 있다. 반면에 변변치 못한 사과는 모든 상호작용을 그르칠 수 있다.

부모들은 보통 자신이 자녀에게 '미안해' 하고 말하면 자기 권력과 위치를 포기하는 거라고 느낀다. 그런데 실제로는 부모가 사과를 거부하면 억압의 관계가 형성된다. '내가 틀렸더라도 내가 주도권을 갖고 있으니 넌 그걸 따라야 해' 하는 식이다. 부모는 사과를 함으로써 자신이 실수를 저질렀고 거기에 책임이 있다는 것을 보여 줄 수 있다. 이를 통해 자녀도 자신이 실수했을 때 사과해야 한다는 원칙을 배우게 된다.

가장 이상적인 대응은 내가 진정으로 책임져야 하는 부분만 사과하는 것이다. 만약 자녀에게 하고 있던 플레이스테이션을 끄라고 세 번이나 요구했는데 아이들이 말을 듣지 않았다면, 그래서 소리를 지른 다음에 아이들이 하던 게임이 엎어질 줄 알면서도 경고도 하지 않고 와이파이를 꺼 버렸다면, 사과해야 한다. 하지만 소리를 지르고 경고도 없이 와이파이를 끈 것에 대해서만 사과해야 한다. 처음에 게임을 그만하라고 요구한 부분은 해당하지 않는다. 사과를 했는데도 자녀가 여전히 말을 듣지 않고 말썽을 부린다면 그건 그들이 취한 행동이고 그들에게 책임이 있다. 사람들은 사과를 한다는 것 자체가 자신이 ─ 모든 것에 대해서! ─ 틀렸다는 걸 전반적으로 인정한다는 뜻으로 받아들여질까 봐 두려워한다.

너무 과하거나 틀렸다는 걸 알면서도 사과하지 않는 것은 겸손과는 반대되는 행위다. 그것은 자만이다. 가능하면 누군가와 연습을 해서 이런 상황을 피하라. 상대방이 진심인 것처럼 느껴진다고 말할 때까지 사과하는 역할극을 하라. 단, 나쁜 행동에 대해서만 미안하다고 말하라. 실제로 우리는 어린이 집단과 '미안해, butt(엉덩이)은 안 돼'라는 연습을 한다. 여기서 누군가 변명을 덧붙이거나 사과를 비난하면, 다른 아이가 대형 엉덩이 판지를 들고 "but(하지만)은 안 돼!" 하고 외친다.

다음은 앞선 상황의 예시다.

너한테 소리를 지르고, 너에게 귀가 먹었냐고 하고, 사전에 경고도 없이 와이파이를 꺼서 미안해. 그러지 말았어야 했어. 내가 선을 넘었고, 그래서 네가 속상한 것도 알아. 그게 내가 너한테 말하고 싶은 방식은 아니야.

내가 너한테 뭘 하라고 하면 네가 좀 들었으면 좋겠어. 그래서 오늘밤에 와이파이를 다시 켜지는 않을 거야. 우리 둘 다 내일 더 잘해낼 수 있겠지. 넌 듣고, 난 소리를 지르지 않는 거야.

스스로 겸손해지고 자신의 나쁜 행동을 자신뿐 아니라 자녀에게까지도 인정하는 이는 바로 쥐의 입장에 선 당신이다. 여전히 문제가 남아 있고 결론을 내려야 한다는 걸 확인하는 건 다시 사자의 입장을 분명히 하는 당신이다. 양쪽 모두를 더 열심히 하도록 격려하는 것은 원숭이의 팀워크로 향하는 것이다.

필요할 때 쥐에서 벗어날 수 있는 한, 사과해서 나쁠 건 없다. 실제로 사과하는 태도는 훌륭한 재산이고 우리가 자녀에게 기대하는 행동을 만든다. 자신의 실수에 책임을 진다는 것을 보여 줄 사람 중에 자녀보다 더 중요한 사람이 있을까? 그렇게 하지 못하면 자녀는 자신의 행동에 대해 변명을 하거나 다른 사람을 비난함으로써 책임을 벗어나려고 할 수 있다.

좋은 쥐는 인내하고, 사과하며, 자신이 모든 걸 알지 못한다는 점을 인정한다. 이건 약하다는 표시가 아니라 미덕이자 강점이다. 라포르 형성에서 힘과 권력은 과대평가되어 있고, 인내와 겸손은 종종 과소평가되어 있다.

〉〉〉 요약 〈〈〈

1. **귀 기울이라.** 말수를 줄이고 더 많이 들으라. 상대방이 무엇에 관심을 보이는지 파악하고 그것에 대해 물으라. 자기 이야기를 할 수 있는 기회를 찾기보다 상대방에게 호기심을 가지라. 상대방에게 대답을 고민할 시간을 최소 7초는 주길 바란다.
2. **실수를 인정하고 사과하라.** 부당하게 대한 사람이 누구인지는 중요하지 않다. 싫어하는 사람이든 사랑하는 사람이든, 범죄자든 경찰관이든, 청소년이든 연금 수령자든, 상사든 직원이든 상관없다. 당신이 뭔가

를 돌려받을 것이라는 기대를 하지 말고 사과하라. 실수는 실수다.

3. **인내심을 키우라.** 굴하지 말라. 집요하게 이어 가라. 호기심은 기분 좋은 경험이고, 한번 생기기만 하면 노력이나 허드렛일이 아니다. 소소한 것에서도 아주 큰 즐거움이 생길 것이다. 정말 큰 사건을 복기하는 것과 마찬가지로 가끔은 속도를 늦추고 당신이 정말 좋아하는 것을 즐기라. 음악 감상, 하굣길에 친구와 나누는 수다, 파도를 보며 해안 따라 걷기 등 그렇게 좋아하는 걸 하게 되어 얼마나 행복한지를 정말 감사히 여기고 복기하라. 자신이 당연하게 여길지 모르는 사소한 것을 찾으라. 시각, 소리, 맛, 느낌, 심지어 기억도 괜찮다.

4. **조용한 자신감을 가지라.** 어떤 상황에서 망설이고 확신이 없다고 느낄 때, 이것이 겉으로 표시가 나지 않도록 하라. 확실하지 않은 건 괜찮다. 하지만 그러한 일이 습관이 되면 사람들이 당신의 결정을 믿지 않거나 함부로 대할 수 있다. 세 번 심호흡을 하고, 불확실함을 삼켜 버리고, 앞으로 나아가라.

쥐는 상대방의 이야기를 듣고 배운다. 쥐는 (최소한 서양에서는) 활용도가 낮은 편이지만 자기 개선과 정신적 성장에 중요한 역할을 한다. 우리는 스스로 통제력을 갖고, 세상의 중심에 서며, 자신의 욕구를 충족하고 싶은 마음에 쥐를 종종 무시하곤 한다. 우리는 상황과 사람들을 지배한다는 느낌을 즐기지만, 상황을 그저 받아들이고 순응하는 데 따르는 이점 또한 높이 사고 즐겨야 한다. 쥐의 소통은 상대방에 대한 이해를 넓히는 최고의 방법이다.

티라노사우루스와 마찬가지로, 직장 내 예시를 살펴보자.

미카는 〈브루클린: 더 뮤지컬〉이라는 무대 공연을 위해 어느 배우 팀에 들어간다. 그녀는 소규모 출연진의 일원이다. 에이샤, 캐런, 브렛 세 사람은 모두 이전 공연에서 함께 호흡을 맞춰 서로를 잘 아는 반면, 미카는 이 공연이 처음인 데다가 누구와도 구면이 아니다. 그녀는 상대적으로 경험이 부족하고 이번에 처음 큰 역할을 맡았다. 그리고 자신이 아웃사이더처럼 보일 수 있는, 그렇게 유대관계가 긴밀한 집단에 들어가 어울리기가 어려울 것임을 알고 있다. 그녀는 어떻게 하면 자신의 존재감을 드러내고 그룹에 어우러질 수 있을까? 그들을 처음 만났을 때 미카는 쥐를 선택했다.

마음가짐

먼저 티라노사우루스의 경우와 마찬가지로 목표를 명확히 하라. 어느 지점에서 끝내고 싶은가? 미카의 경우 자신이 함께 일하는 사람에게서 더 좋은 평가를 받고 궁극적으로 팀원과 잘 지내는 것이 목표다.

쥐는 우리가 '보내는' 위치보다 '받는' 위치에 있도록 도움을 준다. 미카는 상대를 통제하거나 특정한 방향으로 이끌려는 생각을 전부 포기할 필요가 있다. 자신의 마음을 활짝 열고, 상황의 흐름에 따르며, 상대가 이야기를 많이 하게 놔두는 데 거리낌이 없어야 한다. 다시 말해 질문을 부드럽게 던지고, 이야기를 주의 깊게 들으며, 흥미와 호기심을 진심으로 보여야 한다. '나는 당신의 이야기를 경청하고, 당신이 무엇을 좋아하고 무엇에 가치를 두며 무엇을 믿는지를 배우기 위해 이 자리에 있습니다'라는 마음가짐을 가질 필요가 있다.

하지만 나쁜 쥐의 특성은 피해야 한다. 쥐 상태에서 그냥 가만히 앉아서 존재감 없이 있어서는 안 된다. 뒤쪽으로 내둘리거나 투명인간이라는 느낌을 줘서도 안 된다. 미카는 여기서 운이 좋은 편인데, 함께하는 사람들이 아주 편하고 사려 깊기 때문이다. 하지만 쥐의 위치를 선택함으로써 불합리한 사람들과 빠르고 효과적으로 섞일 수 있다는 점은 유념해야 한다. 자신이 싫어하거나 잘 어울리지 못하는 사람과 함께 있더라도 새로운 경험, 새로운 지식, 개인적 성장을 위해 마음을 열어야 한다.

다행히 쥐와 관련해서 할 수 있는 일이 몇 가지 있는데, 아주 구체적이고 실천하기가 쉽다. 쥐에게는 상대방의 이야기를 먼저 듣고 그

다음에 자신이 하고 싶은 말을 생각해 두는 것이 절대적으로 중요하다. 쥐는 거의 사색에 가까운 상태를 만들고 싶어 한다. 평온하게, 조용히 있으라. 상호작용을 시작하기 전에는 넷까지 천천히 세면서 심호흡을 몇 번 하라. 이때는 마음을 평온하게 만드는 단어를 반복하거나 평온한 광경(해변의 잔잔한 파도, 천천히 움직이는 구름, 조용히 떨어지는 낙엽 등)을 떠올리면 도움이 된다. 마음속으로 평화로운 주문을 반복할 수도 있다. 이것은 우리가 고안한 EASE라는 연상기호가 될 수 있다.

1. 상대방이 하는 이야기를 미리 가정하지 말고 우선 듣고 **탐색하라**Explore. 제대로 들었는가? 정확히 해석했는가? 들은 이야기를 완전히 확인하기 전까지 사람들이 의도하는 바를 가정하지 말라. 사람들이 의미하는 바가 무엇인지 이해하도록 4장에서 배운 것을 활용하고, 자신을 드러내거나 자신의 의견을 고집하기 위해 질문만 계속 던지지 말라. '그 이야기 좀 더 해줘', '그 말이 무슨 뜻인지 설명해 줘', '그걸 조금 더 설명해 줄래?'와 같은 표현을 활용하라. 또한 누군가 무언가를 설명하고 나면 기분이나 생각을 물어보라. '그랬더니 기분이 어땠어?' '그때 어떤 생각이 들었어?'

2. **조언**Advice을 구하라. 다른 사람의 조언을 구하고 이를 신중하게 고려하라. 고민 끝에 굳이 아무것도 받아들이지 않는 경우가 생기더라도 말이다. 경우에 따라서 어떤 사람은 나와 너무 달라서 나를 어떻게 도와줄지 감을 못 잡을 거라고 여길 수도 있다.

그런 사람이라면 내게 아무것도 제안하지 못할 거라고 생각할지도 모른다. 이는 우리가 반복해서 확인하게 되는 평범한 실수다. 젊은 사람은 연로한 사람의 이야기를 듣지 않는다. 연로한 사람은 젊은 사람의 이야기를 듣지 않는다. 학생은 때로 선생의 충고를 받아들이지 않고, 선생은 때로 학생의 충고를 받아들이지 않는다. 보통은 다른 사람이 나를 어떻게 가르칠 수 있을지 고려하기 전에 내 입장을 내세우곤 한다. 늘 자기 이야기만 하지 말고 대화를 하면서 더 많이 물어보고 상대를 더 많이 알려고 노력하라.

3. **속도를 늦추고 여유를 가지라**Slow down and give space. 대화를 자기만의 생각으로 채우기 전에 상대방이 채울 수 있도록 시간을 충분히 주라. 사람들은 대개 질문에 대한 대답을 평균 5초에서 7초 정도 기다린 다음에 다시 끼어든다. 그러지 말고 상대방이 생각을 한 다음 답을 할 수 있도록 속도를 늦추고 여유를 가지라. 복잡하거나 감정적으로 힘든 질문이라면 특히 그렇다. 대화 중 적절할 때 여백을 만들라. 자신이 쥐 상태에 있을 경우 전체 시간의 20퍼센트 이하로 말을 줄이고 남은 80퍼센트를 상대에게 넘기라.

4. 말하기 전에 생각한 말들을 **검토하라**Examine. 상대방의 언급, 질문, 진술을 덥석 물지 말고 자신이 하고 싶은 말을 천천히 주의해서 생각한 다음에 말하는 게 좋다. 듣고 나서 생각한 다음에 말하라. 그리고 그 순서를 확실히 하라.

보다시피 이 모든 팁은 '받는 사람'의 입장이 되어 마음을 편히 먹으며, 마음가짐을 차분히 갖고, 자존심을 잠깐 버리는 데 방점을 둔다.

미카가 에이샤, 캐런, 브렛과 어떻게 대화하는지 확인해 보자. 미카는 세 사람을 만나기 위해 막 극장에 들어섰다. 이번 만남은 그들의 첫 대본 읽기 모임이 될 텐데, 출연진으로서 처음 갖는 정식 미팅이기도 하다.

미카 (밝게) 안녕, 난 미카라고 하고….

에이샤 야, 미카! (걸어와서 그녀를 반기고 포옹한다.) 축하하고… 팀에 들어온 걸 환영해! (두 사람 모두 다른 사람들 쪽으로 걸어간다.) 여기는 브렛, 약간 디바 같은 애고, (브렛이 웃는다.) 얘를 관리하는 사람이 여기 캐런! 얘들아, 여긴 미카라고 해. (모두와 포옹을 나눈다.)

캐런 우린 이번 연극 덕분에 한동안 팀으로 같이 있었는데, 안타깝게도 오슬로에서 있었던 최종 일정의 마지막에 지나를 떠나보냈어.

미카 아, 참 유감이네. '떠나보냈다'는 말은 그러니까….

캐런 오, 이런! 미안해, 걔가 죽었다는 뜻이 아닌데…. 그게 아니라 개인적인 사정이 있었어.

브렛 맙소사, 참 조심스럽게도 말하네….

캐런 브렛!

브렛 뭐가? '떠나보냈'으니 다행이지…. 악몽이었잖아. 최종 일정의 마지막은 재앙이었어. 난 이 두 사람만큼 관대하지 못하거든. 우리를 마지막으로 맡았던 감독이 너무 약해 빠져서 걔를 버리지 못하다가 마지막 공연에 대역을 써야 했는데, 그 마지막 공연은 끔찍했어.

미카   끔찍했다고?

에이샤 응, 우리는 마지막을 정말 우울하게 끝냈어. 그것 때문에 추가 일정마저도 거의 날아가 버렸지. 그래도 우리 모두 가 아주 가까워서 걔 몫까지 대신할 수 있었던 것 같아.

미카   (생각한다.) 서로 유대관계가 아주 깊어서 팀으로서 그렇게 할 수 있다니 참 멋지네….

캐런   (끼어든다.) 맞아, 그게 육감이란 거지. 그리고 오랫동안 같 이 작업한 것도 어느 정도 작용했겠지. 적어도 나랑 브렛 은 근 6년 동안 함께했고, 그다음에 에이샤랑 딱 맞았지.

에이샤 맞아, 자기가 뭘 하고 있는지 잘 알면 얘네는 아주 잘 받 아 주더라고.

미카   그러니까, 그런 직감과 통찰력을 얻은 게 너희가 함께 작 업한 시간만의 문제는 아니란 건가…?

        (브렛과 캐런은 뭔가를 안다는 듯 서로를 쳐다보고 이걸 밝혀야 할 지 말지를 고민하며 10초 동안 머뭇거린다. 미카는 그 모습을 보면 서 그들이 생각할 시간을 준다.)

브렛   맞아, 사실 나랑 캐런은 곧 결혼해. 우리가 작업으로 잘 맞는 데는 시간이 좀 걸렸지만, 이건 말해야 한다는 생각 이 드네. 하지만 에이샤의 경우는 얘가 우리 둘이랑 잘 섞

이고 우리를 정말 잘 이해하거든. 실제로 우리 둘이랑 정
말 다른 점도 있어. 정확히는 모르겠는데, 상호 보완적인
관계 같아.

에이샤 그렇지, 내가 너희 두 사람 싸움을 막았지…. 지난 작품
에서는 너희 둘 사이에서 내가 거의 유엔 직원으로 있었
다고!

캐런 거기까지 말하진 말자…. 지나가 계속 나한테 브렛을 험
담하고, 그러고는 브렛한테 내 험담을 해서 그랬잖아.

미카 에이샤가 지나 마음엔 들었나 보네. 연인 사이에서 중간
다리 역할까지?

브렛 얘가 정말로 긴장 상태를 많이 풀어 줬어. 그리고 맞아,
우리 둘이 합심해 서로 틀어지지 않도록 여러모로 도움을
줬지.

이 짧고 간단한 대화 속에서 미카는 말을 거의 하지 않았다. 어조
는 조용하고, 탐색적이며, 결코 유약하지 않다. 미카는 다정함과 진
심 어린 흥미를 드러낸다. 그리고 미카가 단순 복기와 재구성 등의
기술을 쓴다는 점이 눈에 띌 것이다. 무엇보다 미카는 다른 사람이
말할 수 있도록 시간 여유를 둔다. 브렛과 캐런이 둘 사이의 관계를
밝힐지 말지 망설이는 동안 미카가 시간을 두고 기다리는 모습을 보
라. 미카는 이 세 사람에 대한 많은 사실을 파악했다. 캐런과 브렛이
커플이고, 지나가 지난 작품에서 상황을 힘들게 만들고 브렛과 캐런
사이에까지 껴들었으며, 에이샤가 이제 두 사람과 잘 지내고 둘을 엮

어 준 사람이라는 사실을 알게 됐다. 캐런은 꽤 주도적인 면이 있고, 브렛도 그런 듯하다. 무엇보다 미카는 이 사람들이 가치를 두는 대상과 그렇게 행동하는 이유를 상당 부분 알게 됐다. 자신에 대해서는 거의 말을 하지 않았음에도 쌀쌀맞거나 자신을 드러내지 않는다는 인상을 남기지 않는다. 그저 세 사람에게 진심으로 관심을 보인다. 미카는 전체 대화의 20퍼센트도 하지 않는데, 시간 여유를 두면서, 느긋하고 관심이 있고 더 많은 사실을 알고 싶어 한다는 인상을 준다. 자신이 하는 말을 생각하면서 많은 정보를 아주 빠르게 얻어 낸다. 미카는 이제 세 사람을 더 잘 알 수 있는 위치에 있고, 노력 여하에 따라 더 많은 정보를 얻을 수도 있다. 물론 머지않아 미카도 자신의 이야기를 공유해야겠지만, 지금은 시기상조고 아직 10분도 지나지 않았다. 이처럼 쥐는 상대방의 생각, 감정, 믿음, 가치를 이해하기 위한 아주 강력한 방법이다.

7장

사자,
앞장서거나 멱살을 잡거나

양 한 마리가 사자들을 이끄는 군대는 두렵지 않으나
사자 한 마리가 양들을 이끄는 군대는 두렵다.

— 알렉산더 대왕

아랍어에는 '사자'와 관련해서 300개 이상의 단어가 있는데 그중 대표적인 단어 두 개를 소개한다. 먼저 함자Hamza는 강력한 보호자이자 적들로부터 자신의 자존심을 지키는 강한 사자를 의미한다. 하지만 함자는 보호와 균형을 추구하는 아량 있는 사자이기도 하다. 함자는 자신이 얻은 존경과 충심으로 사람들을 이끈다. 반면에 가단파르Ghadanfar는 나쁜 사자를 가리킨다. 아랍어에서 이 단어는 감정 기복이 심해 예측 불가한, 잔인한 성질 때문에 기회만 있으면 싸우려고 드는 사자를 의미한다. 가단파르는 공포와 위협으로 자존심을 세운다.

여기서 질문, 왜 두려움이 아닌 존경심으로 사람들을 이끌어야 할까? 답은 간단하다. 존경과 헌신을 다하는 추종자를 둔 리더는, 자신을 경멸하고 기만하면서 몰아낼 기회를 엿보는 추종자를 둔 리더보다 항상 더 오래 살아남는다.

문제 해결사, 사자

11월 중순에 부둣가에 서 있으려면 따뜻한 웃옷과 모자가 필요하다. 내가 지도하는 학부생 쉰여섯 명이 탄 연락선이 잿빛 파도를 일으키는 바다 너머로 들어오고 있었다. 나는 동료 한 사람 옆에 붙어서 그 연락선을 보며 입을 열었다. "보세요, 이 학생들이 오늘 이걸 느껴 볼 거예요." 우리는 비상 대응 단체의 의사 결정을 시험하는 대규모의 '중대 사건 훈련'을 지휘하고 있었다. 그중 하나인 연락선 사고는 시멘트를 실은 예인선이 연락선을 들이받아 시멘트 가루가 갑판 위로 쏟아지고 탑승객들이 숨쉬기가 어려워지는 시나리오다. 물론 실제 시멘트는 없었지만 실제 연락선은 있었고, 연락선에 탄 다수의 사람(내 학생)들은 사고를 당해 시멘트 가루를 뒤집어쓴 척해야 했다. 실제로 그런 사건이 일어난다면 연락선을 부두에 대고 반드시 제염 조치를 해야 한다. 단체 제염 작업을 하려면 오염 물질을 뒤집어쓴 사람들에게 찬물을 뿌리는 거대한 공기 주입식 튜브형 텐트를 설치해야 한다.

소방서장은 사건을 관찰하면서 경험이 부족한 사람들이 어떻게 반응하는지 확인하고 싶어 했다. 하지만 문제가 있었다. 연락선이 부두에서 약 9미터 떨어진 상태로 멈춰 버린 것이다. 이건 훈련에 없는 부분이었다. 무슨 일이 일어나고 있었던 걸까? 계획은 '연락선이 항구를 떠난다, 시멘트를 실은 예인선이 연락선을 친다, 시멘트가 연락선을 뒤덮는다, 연락선이 정박한다, 제염 작업을 시작한다'였다. 그런데 연락선은 정박하지 않았다.

"대체 무슨 일이 생긴 거지?" 난 동료에게 말했다. "왜 정박을 하지 않는 거야?" 대응 팀에서도 웅성거렸다. 무슨 문제일까? 난 생각했다. '젠장, 이게 진짜 사고라면 연락선에 탄 사람들은 지금쯤 심각한 문제를 겪고 있을 거야.'

제염 절차에서 가장 중요한 것은 신속한 의사 결정이다. 어떤 상황에서든 사람들은 오염 물질이 무엇이든 간에 옷을 벗고 피부를 신속히 씻어 내야 한다. 그런데 선박이 멈춰 있다니! 상황을 해결하는 데 걸리는 시간이 늘어날수록 최종 책임자는 매 순간 사람들을 점점 더 궁지에 몰아넣고 있는 것과 같다. 10분이 지나고, 20분이 지났다. 이제 30분에 다다르고 있었다.

'이 상황을 통제하는 사람이 왜 아무도 없지?' 연락선은 부두에 아주 가까이 있었지만 손쓸 방법이 없었다. 결국 45분이 지나서야 연락선은 정박할 수 있었다. 마침내 학생들이 한 사람씩 제염 텐트에 들어가 차디찬 물을 맞으며 소리를 지르더니, 반대쪽으로 나와 몸을 말리고는 베이컨 샌드위치와 머그컵에 든 차를 받았다. 지연에도 불구하고 다들 즐거워하고 있었다. 하지만 난 돌발 상황 때문에 여전히 당황스러웠다. 나중에 알고 보니 부두 바로 옆에 떠 있던 거대한 통나무가 문제였다. 이것 때문에 항구에 정박하는 게 불가능했다. 뒤늦게라도 내가 정박할 수 있었던 것은 소방서장의 발빠른 대응 덕분이었다.

댄 스티븐스Dan Stephens 서장은 낙하산병 출신으로 아주 대범한 사람이다. 다정다감한 사내로 허튼짓을 하지 않는 전형적인 사자 유형 리더로 말보다는 행동을 하는 사람이다. 그 당시 그는 모의 훈련에 끼어들지 않고 참관만 하기로 했다. 하지만 관제실의 통솔력이 딱 봐도 미흡해서 미칠 지경이었다고 한다. 해상 사고가 났을 때 절차는 안전을 위해서 반드시 지켜야 한다. 이 경우엔 배를 정박한 다음에 제염을 시작하는 게 정해진 절차였다. 그래서 관제실 사람들 대부분이 그걸 지키길 바랐고, 모두 통나무에 대해 설왕설래하며 시간을 보내고 있었다. 하지만 댄은 달랐다.

댄은 지연이 계속될수록 위험도 커진다고 보았고, 그래서 타고난 리더로서 이렇게 외쳤다. "이봐, 절차는 개나 줘 버려. 부두랑 연락선 사이로 고속정을 띄워서 저 망할 통나무를 옮기라고. 최소한 고속정에서 배로 제염 망토를 던지기 시작해야 희생자들이 염병할 옷을 벗고 정박하자마자 제염 시작 준비를 할 수 있을 거 아니야. 그게 절차가 아니어도 상관없어. 사람들이 죽을 수도 있다고! 젠장, 책임감을 가지고 서둘러!"

티라노사우루스가 갈등을 다루고 쥐가 듣고 따른다면, 사자는 강하고 책임감 있는 리더를 의미한다. 앞의 시나리오에서 소방서장 스티븐스는 일부 거친 표현을 쓰긴 했지만 좋은 사자가 갖는 결단의 의무를 입증해 보였다. 그는 상황을 관리하고 연락선에 탄 사람들을 보호하는 일이 궁극적으로 자신의 책임이라는 걸 알았다. 그래서 예상치 못한 상황에 대응하고 책임을 다했다. 사자의 리더십 유형은 '무탈한' 환경이 아닌 역경 속에서 어떻게 하느냐에 따라 가늠된다. 좋은 사자는 적극적이며 자신의 계획을 다른 사람에게 분명히 제시한다.

티라노사우루스가 요점을 확고히 하는 기술을 가졌다면('내가 하거나 하지 않을 준비가 된 게 바로 이거야'), 사자는 상대에 대한 기대를 분명히 제시하고 팀을 이끌 때는('내가 너한테 기대하는 게 바로 이거야') 분명한 경계와 도덕적 행동 규범을 확립한다.

2003년 이라크에서 아일랜드 왕실 연대 1대대 소속 팀 콜린스^{Tim} ^{Collins} 대령이 전투 전야에 한 다음 연설 내용을 생각해 보자.

우리는 이라크를 정복하려고 가는 게 아니라 해방하려고 갑니다. 우리는 사람들에게 자유를 주기 위해 이라크로 들어가고, 그 오래된 땅에 펄럭일 유일한 깃발은 바로 그들의 깃발입니다. 그들을 존중하십시오.

적은 우리를 공격하는 것이 정당하다고 여길 것입니다. 그들을 동정하지 마십시오.

인간의 생명을 빼앗는다는 것은 엄청난 일입니다. 아무렇지도 않게 해서는 안 되는 일입니다. 난 다른 충돌 중에 불필요하게 생명을 앗아간 사람들을 알고 있습니다. 장담하건대, 그 사람들은 카인의 오명을 안고 살아갈 것입니다. 만약 누군가가 당신에게 투항한다면,

그들에게 국제법에 따라 그렇게 할 권리가 있음을 기억하고, 언젠가 그들이 고향으로 돌아가 가족 품에 안길 거라는 점을 보장해 주십시오.

싸우고 싶어 하는 사람들한테는, 음… 우리가 거기에 맞춰 줘야죠.

만약 우리가 살인에 과도하게 열중한 나머지 연대나 연대의 역사에 해를 끼친다면, 그 고통은 우리의 가족이 받을 거라는 걸 명심하십시오. 우리의 행동이 최선이 아니라면 우리는 외면당할 것입니다. 우리의 행위는 역사 내내 우리를 따라다닐 것이기 때문입니다.[1]

여기서 콜린스 대령이 가장 우선시하는 주제는 윤리적 행동과 힘의 균형이다. 그렇다고 해도 역시 핵심은 힘이다. 그는 부대원에게 교전 규칙을 제시하며 그들에게 기대하는 바를 분명하고 단호하게 전한다. 그는 부대원이 점거 중인 국가와 문화를 존경하는 명예로운 사람이 되길 바란다. 그리고 야만, 비겁, 국제법을 무시하는 행동에 대해 경고한다. 이는 부대원에게 분명한 가이드가 된다.

결정적으로 대령은 자신이 원하는 바를 분명히 전하지만 그 행동에 대한 책임은 각 개인과 그 사람의 개인적 평판, 도덕적 기준에 맡긴다. 부대원이 명예, 용기, 헌신, 연민을 갖고 행동하길 기대한다. 또한 자기 자신에게 요구하지 않는 것을 부대원에게도 요구하지 않는다.

좋은 사자가 활용하는 통제란 분명하게 이끌어 주는 것이지, 누군가를 본인이 원하지 않는 곳으로 끌어당기는 게 아니다. 권력이 다른 사람의 희생을 발판으로 삼을 때, 상호작용은 통제('상대는 내가 원하는 방식대로 행동하고 있다')에서 지배('난 이 사람을 내가 원하는 방식대로 행동하게 만들 것이다')로 바뀐다. 좋은 사자는 독단적인 요구와 복종에 기대지 않는다.

내가 목격한 좋은 사자의 강력한 사례를 소개한다. 당시 심문자는 촌각을 다투는 정보를 찾고 있었다. 위기 상황이었다. 사전 신문 정보에 따르면 폭탄은 이미 어딘가 길가에 설치되어 있었고, 심문자는 그 위치를 알아내야 했다.

심문자는 용의자에게 왜 그곳에 있었는지를 밝히라고 단호하게 요구하며 신문을 시작했다. 그러면서 심문자는 용의자를 똑바로 쳐다보았지만 용의자는 심문자의 시선을 피하려고 했다. 심문자는 자기가 이야기할 때 자기를 쳐다보라고 용의자에게 단호히 명령했다.

"사람을 잘못 봤어요." 용의자가 말했다.

심문자는 자기 바로 앞에 있는 사람을 정색하면서 뚫어지게 쳐다보고는 말했다. "젠장, 사람을 잘못 본 게 아니에요. 무슨 일이 있었는지 말하세요."

용의자는 대답하지 않았다.

심문자는 강도를 높였다. "언제 폭탄을 설치하려고 했죠? 오전? 오후? 언제죠? 빨리 말하세요, 어서."

"오전이요." 대답이 돌아왔다. "그 사람들은 사제 폭탄을 계획하고 있었어요."

심문자	언제? 어제 아니면 오늘?
용의자	어제요.
심문자	그래요, 좋아요. 정확히 언제죠?
용의자	그건 모르는데….
심문자	잘 알잖아요. 뭘 설치하려고 했어요?
용의자	다른 정보는 전혀 몰라요.
심문자	동료들은 누구예요? 동료들이 있었다는 거 압니다. (뜸을 들인다.) 당신의 대답에 따라 당신이 여기에 얼마나 오래 있을지가 결정될 겁니다. (단정적이지만 위협감 없이) 헛소리 따위는 하지 마세요.

그러자 용의자는 여러 이름을 심문자에게 내놓기 시작한다. 심문자는 침착한 태도로 "좋아요, 그래요, 그래요." 하고 말하며 상대를 안심시킨다.

방 안에 있던 세 사람(심문자, 통역사, 용의자) 모두 이제 컴퓨터 화면 주위에 쭈그리고 앉아 폭탄이 터질 정확한 위치를 찾는다. 좋은 사자 행동은 효과가 있었고, 이제 세 사람 모두 협력하고 있다. 대화는 사자와 쥐의 관계로 시작해 이제 원숭이의 협력 쪽으로 옮겨 가고 있다.

심문자는 이제 아주 상냥하고 부드러운 태도를 보이지만, 여전히 적극적이고, 확신에 차 있으며 분명한 태도를 유지한다. 그는 무슨 일이 생겼는지 말할 수 있는 기회가 용의자에게 주어져 있음을 설명한다. 그리고 용의자에게 솔직할 필요가 있다고, 그래야 자기도 당신에게 솔직할 수 있다고 이야기한다. 심문자는 용의자가 존중받고 음식, 물, 기도할 기회를 얻을 것임을 다시금 확인시켜 준다.

여기서 심문자는 용의자를 비하하거나, 괴롭히거나, 치욕을 주려는 시도를 하지 않는다. 급박한 상황이라서 심문자의 질문에는 분명한 절박감이 있지만, 욕설이나 위협은 없다. 나쁜 티라노사우루스의 낌새가 없다.

앞에서 소개한 바스라 인터뷰를 기억하는가? 함자와 가단파르 사이의 차이가 바로 이것이다. 이 신문은 아주 어려운 상황이었지만 모욕이나 비하가 없다. 물론 심문자의 접근법이 대의에 맹목적으로 헌신하는 알카에다나 탈레반 조직의 상부에 있는 사람, 혹은 공공연히 적대적이고 티라노사우루스와 같은 행동을 보이는 이들에게 똑같은 효과를 낼 것 같지는 않다. 그래도 이렇게 좋은 사자의 의사소통은 쥐와 같은 행동을 보이는 사람에게 아주 효과적이다.

나는 몇 주 뒤에 동일한 세 사람 사이에서 진행된 신문에 참관하게 됐다. 용의자가 가족 품으로 돌아가기 전에 진행된 마지막 신문이었다. 그는 심문자를 싫어하고 두려워할 사자가 아니라 존중하는 사자로 여기는 게 분명했다. 신문 말미에 심문자는 용의자가 수용소에서 곧 풀려날 거라고 말했다. 용의자는 심문자 쪽으로 돌아서더니 그의 손을 붙잡고 열심히 흔들며 이렇게 말했다.

"당신이…그리울 거예요."

통솔하되 지배하지 않는다

이쯤에서 과거에 경험한 상사들을 떠올려 보라. 함자였는가, 가단
파르였는가? 그들은 어떻게 팀을 이끌었는가? 자신감과 책임감을
갖고 지지해 줬는가? 확실한 계획과 목표를 제시했는가? 일이 잘 풀
리면 그 공을 함께 나누고, 일이 잘못되면 책임을 졌는가? 당신이 어
떤 행동을 하게 만들었는가? 좋은 사자는 팀이 일을 열심히 하고, 포
부를 갖고, 분투하게 한다. 이게 아니라면 당신의 상사는 큰 부담을
주고, 규칙에 집착하며, 융통성 없고, 고집이 센 가단파르 유형이었
을 것이다. 이런 리더는 세세한 부분까지 따지고 든다. 사람들은 감
시받는 느낌이 들고 성과에 예민해진다. 가단파르 상사는 업무 평가
를 지원이 아닌 규율의 수단으로 활용해 직원들을 위협한다. 좋은 사
자가 성취를 격려하는 반면, 나쁜 사자는 팀 내부의 경쟁과 피해망상
을 일으킨다.

나쁜 사자는 상당히 부정적인 결과를 오랫동안 만들어 궁극적으
로 조직을 비효율의 구덩이로 빠뜨린다. 또한 팀에 더 큰 이익을 가
져다주려는 게 아니라 자신의 힘을 키우기 위해 독단적이고 규칙에
얽매인 요구를 한다. 이러한 리더십은 부하들에게 감시받는 느낌과
함께 성과에 대한 압박을 준다. 그래서 자신의 모든 행위와 결정을
의심하게 만들고, 결국에는 자신이 무엇을 하건 충분하지 않을 거라
는 판단을 하게 만든다.

팀원이 불화를 일으키며 경쟁하도록 부추기는 것, 그리고 비현실
적이고 실현 불가능한 목표를 세우는 것은 나쁜 사자 리더십의 특징

이다. 나쁜 사자는 일부러 부모나 윗사람인 것처럼 굴기도 한다. 팀원들이 결코 독자적으로 나서거나 개인적 책임을 지게 하지 않는다. 부하 직원이 그럴 기회를 갖기도 전에 팀원을 장악하고 구해 내는 척한다. ('여기는 내가 알아서 할게, 넌 절대 처리 못 해. 나 혼자 하는 게 더 쉬워.') 이렇게 되면 직원은 자신이 약해지고 역할을 제대로 하지 못한다고 느끼게 된다. 자신이 절대 성장하거나 발전하지 못할 거라면 무엇 하러 시도를 하겠는가? 이런 관계가 지속되면 팀은 와해된다.

가장 자주 혼동하는 두 가지 방식은 사자와 티라노사우루스다. 앞서 살펴본 것처럼 티라노사우루스에게 중요한 부분은 자신의 요점이 무엇인지를 확실히 정하고, 그것을 분명하고 단호하게 전달하는 태도다. 티라노사우루스는 리드하지 않는다. 갈등이 생겼을 때 자신의 입장을 고수하기만 한다. 다른 사람을 통제하고 싶어 하지 않는다. 마찬가지로 통제받는 것도 원하지 않는다.

이와 대조적으로 사자 방식을 선택하는 사람은 무엇보다 타인의 행동을 통제하고 직접 지시하고자 한다. 남의 제안이나, 이야기를 듣는 것이나, 다른 실천 방법에 마음의 문을 열지 않을 거라는 뜻은 아니다. 누군가가 책임자가 되고 싶어 할 때, 우리는 그 사람이 대립을 기대한다고 추정해서는 안 된다. 사자는 대립이 아니라 이끌기를 선호한다.

좋은 사자는 팀을 감독하고 모든 일에 책임을 진다. 통솔한다는 것은 사자가 개별적인 업무를 전부 하지도 않고 또 할 수도 없다는 의미다. 좋은 사자는 팀원의 다양한 특성을 인정하고, 그들의 전문 지식을 살펴보고 역할을 효과적으로 분배한다. 그렇게 사자는 팀의 리더이자 지휘자가 되고, 팀원은 다양한 연주자로 성장한다.

하지만 오케스트라가 실패하면, 좋은 사자는 실패에 대한 책임을 인정하고 떠안는다. 연주자 개개인을 비난하지 않는다. 앞에서 이끈다는 것이 뒤에 있는 모두의 행동에 책임을 진다는 의미임을 좋은 사자는 알고 있다. 그렇기 때문에 제대로 된 리더가 어느 시점에 겸손이라는 쥐의 교훈을 익히지 않은 경우는 정말 드물다. 누미디아의 기독교 신학자이자 철학자인 성 아우구스티누스의 멋진 인용문은 첫째로 겸손의 개념, 둘째로 리더십의 개념을 학구적으로 포착한다.

오르고 싶은가? 먼저 내려가는 것부터 시작하라. 구름을 가르는 높은 탑을 계획하고 있는가? 우선 겸손의 기초부터 닦으라.

우리 집의 사자는 누구인가

에밀리는 가정 폭력에 내몰린 가족을 상담할 때 부모와 자녀 사이의 문제를 바로잡고 그들이 건강한 관계를 회복하도록 애니멀 서클을 최우선으로 가르친다. 에밀리는 내담자에게 이렇게 묻는다. "당신이 평소에 어떤 동물인지 아이들에게 묻는다면, 아이들은 뭐라고 말할까요?"

많은 부모가 사자의 입장이 양육에 이상적인 위치일 것 같다고 생각한다. 여기에는 부모가 책임을 맡고 규칙과 경계를 세우며, 자녀는 부모의 권위를 좇아야 한다는 의미가 담겨 있다. 하지만 의사소통 체계의 꼭대기에 서서 양육을 하는 것은 다양한 문제를 낳는다.

만약 당신이 나쁜 사자로 빠지면, 당신의 자녀는 당신이 무조건 지시나 요구만 하고 그걸 확인한다고만 느낄 것이다. ("이 닦았니/수학 공부했니/럭비화 닦았니/완두콩 먹었니?") 그러면 자녀는 당신을 일만 계속 시키는 사람으로 여기고, 당신과의 관계를 거의 감시처럼 느낄 수 있다. 당신에게 이런 식으로 행동하는 상사가 있다면 당신이 어떻게 받아들일지 생각해 보라. 끊임없이 요구하고 그걸 다 했는지 보려고 또 확인하는 상사 말이다. 그러면 당신은 곧 상사의 성가신 간섭에 분개하기 시작하고 더 많은 자율을 원할 것이다. 자녀를 그렇게 세세하게 통제한다는 건, 자녀가 당신이 말한 대로 할 거라고 믿지 않고 자녀가 스스로 내리는 선택도 당연히 믿지 않는다는 메시지를 주는 것과 다름없다.

'내가 하라는 대로 하든지 아니면 가 버리든지'와 같은 양육 방식은 말을 억지로 길들이려고 하는 것과 비슷하다. 당신이 자녀에게 우위와 통제를 주장하면, 자녀는 자신의 독립성을 주장하려는 시도를 포기하고 시키는 대로 할 것이다. 하지만 그러한 순응주의자의 복종은 후에 좋은 결과로 이어지기 어렵다.

자수성가한 부모들 중에는 자녀의 비판적 사고와 독립적인 도덕성 발달을 억누르려는 이들이 있다. ('내 말대로만 하면 난 그게 좋을지 나쁠지를 생각할 필요가 없어. 내가 그걸 알아서 하기보다는 다른 사람이 내 선택을 따르는지 두고 보겠어.') 그런 자녀가 한번 집을 떠나거나 부모보다 더 영향력 있는 사람을 만난다면 어떤 일이 벌어질까? 그들의 윤리 기준은 맥락에 상관없이 안정된 상태를 유지하기보다는 가장 영향력 있는 사람을 좇게 된다.

우리는 부모를 대할 때 그들이 그동안 자녀들과 어떻게 상호작용을 했고 그 관계에 만족했는지 복기하도록 한다. 또한 서클에서 이상적인 부모-자녀 관계를 이야기한다. 부모가 (단호하고 친절한) 좋은 사자/원숭이, 자녀가 (행복하고 말 잘 듣는) 좋은 쥐/원숭이로 행동하는 게 일반적으로 최고의 위치다. 이 위치에서 부모는 계속 통제권을 갖긴 하지만 느슨하게 유지하고, 자녀는 자신의 관점을 살피고, 실수를 하더라도 배우고 발전하며 성장할 수 있는 여유를 갖는다.

좋은 사자 부모는 여전히 주도권을 갖지만 독단적이지 않고 협조적이다(예컨대 자녀가 제시간에 일어나서 등교할 수 있도록 아침마다 계단 밑에서 소리만 질러 대기보다는, 알람을 여러 개 사용하거나, 전날 밤에 입을 옷을 준비하거나 가방을 싸 두는 등 그 방법을 찾아내도록 독려한다). 좋은 사자 부모는 자녀와 대화하는 데 시간과 에너지를 들이며 자녀가 어떻게 생각하고 느끼는지에 관심을 보인다(자신의 관심거리가 아니어도 그렇다!). 만약 부모와 자녀 간의 상호작용이 요구와 회피의 반복으로 점철됐다면, 서클에서의 위치를 조정하려는 노력이 필요하다.

흥미롭게도 우리가 종종 참여자들에게 "배우자와의 이상적인 관계에 대해서는 어떻게 생각하세요?" 하고 물으면, 그들은 "자녀와의 관계와 똑같습니다." 하고 말한다. 이건 올바른 대답이 아니다. 배우자 한 사람이 상대 배우자를 '책임지는' 태도는 위험하다. 배우자 관계나 공동 양육 관계에는 한 팀으로서의 노력이 필요하다. 때로는 한 사람이 상대에게 양보하고 혹은 그 반대가 되도록 하되 같은 목표를 향해 함께 나아가야 한다. 집안일을 하거나, 자녀를 양육하거나 재정을 관리할 때도 마찬가지다.

당신의 배우자가 당신을 상사 혹은 그 반대처럼 느낀다면, 서로의 의사소통 방식을 조정할 필요가 있다. 가정에서 일어나는 학대의 상당수는 한 사람이 상대를 위협, 협박, 폭력으로 통제하려고 들면서 시작된다. 두 사람의 관계가 배우자에 대한 학대, 압박, 요구, 혹은 '양육'으로 확대되지 않았을지라도, 이는 전부 건강하지 못한 행동이다. 그래서 배우자와 대화를 할 때 최대한 HEAR 대화 원칙을 지키는 것이 중요하다.

- **솔직함, 당신이 행복하지 않거나 무언가 신경 쓰인다면 겁먹지 말고 배우자에게 솔직하게 표현해야 한다.** 대화를 피하거나 의견이 맞지 않을 때 배우자를 공격하는 모습을 스스로 발견한다면, 관계의 균형을 바로잡기 위해 한층 더 노력할 필요가 있다.
- **공감, 상황에 대한 배우자의 관점과 그 반대를 볼 줄 알아야 한다.** 모든 것에 항상 동의해야 한다는 뜻이 아니라, 상대방의 배경이 어떠하고 그 사람의 핵심 가치가 무엇인지 이해하려고 노력해야 한다는 뜻이다. 만약 당신의 생각과 큰 차이가 있다면, 이것이 끝까지 갈등 요인으로 작용할 가능성이 높다.
- **자율성, 당신과 배우자는 일을 각자 알아서 할 수 있는가?** 당신은 배우자와 결정을 논의하기보다 허락을 구해야 한다고 느끼는가? 독립적인 성인으로서 당신은 배우자로부터 '주어지는' 무언가가 아니라 선택권과 자유를 갖고 있는가? 부부들이 한 쌍의 구성원으로서 독립적 자아를 잃는 경우는 드물지 않다. 어

떤 부부는 두 사람 모두 일부러 서로의 삶에 자신을 얽어 넣으려고 한다. 문제는 당신이 그 관계 밖에서의 접촉이나 흥미를 허락받지 못한다는 느낌을 받을 때 생긴다. 건강한 인간관계는 통제와 제한이 아닌 신뢰와 솔직함을 바탕으로 만들어진다.

• **복기, 당신은 배우자가 자신을 이해하고 이야기를 잘 들어 준다는 느낌을 받는가?** 그리고 상대도 그런가? 의미 있는 대화를 하거나 서로의 관점과 의견에 흥미를 갖는 일이 사라졌다면, 그것은 의사소통이 무너졌다는 분명한 징표다. 배우자가 하는 이야기를 듣고 무엇을 생각하고 느끼는지 알아보는 시간을 가지라. 이런 것이 친밀함과 건강하고 밀접한 인간관계를 만드는 요소다.

좋은 사자는 밀어붙이지 않는다. 그 대신 길잡이 역할을 자처한다. 주도권을 잡고 리더가 되는 것은 상대방과 라포르를 형성하고 결과를 내는 데 중요한 부분이지만, 권력을 행사할 때에는 세심해야 한다. 적절한 시기에 적합한 사람에게만 써야 한다. 리더십보다는 팀워크가 필요한 상황에서도 우리가 책임자를 자처하는 건 아닌지 고심할 필요가 있다.

정말 앞으로 나설 필요가 있다면, 우리는 우리와 소통하는 사람을 처벌하는 게 아닌 보호하고 싶다는 생각을 바탕에 두고 사자의 위치를 선택해야 한다.

1. **앞에서 이끌 때와 뒤로 물러설 때를 알라.** 훌륭한 리더는 모든 환경에서, 모든 일을 하려고 하지 않는다. 주변 사람이 지시한 대로만 하길 기대하는 게 아니라 그들이 발전하고 성장하도록 돕는다. 좋은 리더는 자신의 경험과 지식을 앞에 펼쳐 보일 수 있는 비판적 사고자로 가득한 팀을 원하지, 그저 지시사항만 수행하는 팀을 원하지 않는다. 리더십에는 책임이 따르는데, 그러한 책임 중 하나는 미래의 리더를 키우는 것이다.

2. **이익은 거두되 책임은 인정하라.** 통제권을 쥐면 많은 혜택이 따른다. 개인과 팀의 목표를 설정할 수 있고, 주도적으로 일하며, 자신과 주변 사람들의 야심을 키울 수 있다. 그리고 당신이 모든 일을 하지 않아도 이 모든 게 이루어질 수 있다. 리더는 사람들을 선택해서 자신을 위해 일하고 부담을 함께 지도록 할 수 있다. 하지만 리더는 자신의 행위뿐 아니라 팀 행위에 대한 책임도 져야 한다. 좋은 리더는 일이 잘 풀리면 그 영광을 팀원과 공유한다. 하지만 일이 잘못되면 가장 큰 책임을 진다.

3. **이끄는 것과 마찬가지로 따르는 것도 선택이다.** 훌륭한 리더는 자기 의지를 타인에게 강요하지 않는다. 그들이 이끌도록 추종자들이 선택했기 때문에 그들이 이끌게 된 것이다. 누군가에게 그 사람의 의지에 반한 권위를 행사하는 것은 가끔 필요한 것처럼 보일 것이다. 하지만 그게 길어지면 분개, 저항, 그리고 궁극적으로는 반란까지 일어날 수 있음을 명심하라. 추종자들에게 더 많은 선택권을 줄 수 있다면 그들

은 당신을 더 많이 존중할 것이고, 헌신과 동기 부여도 더 강해질 것이다.

　　소피아는 유명 기업의 고위 간부를 대상으로 1일 스트레스 해소 과정을 진행하는 강연 팀을 이끌고 있다. 그녀는 규모는 작지만 사업을 2년 동안 성공적으로 운영해 왔다. 직원은 세 사람이 더 있다. 사업 초창기부터 소피아와 함께한 (그녀를 대학 시절부터 알고 지낸) 트리시, 회사에서 12개월 동안 일한 루이스, 새로 입사한 체스터다. 체스터는 사흘 전에 입사했다. 모든 직원(트리시, 루이스, 체스터)이 스트레스 해소 과정을 강연할 능력이 있었다. 특히 체스터는 아주 유능한 분석가이자 통계 전문가다. 처음 이틀 동안 소피아는 그에게 사업 성공 가능성을 분석하고 그 내용을 일련의 슬라이드로 만들도록 재택근무를 허락했다. 그가 만든 슬라이드 자료는 인상적이다. 정확하고 자세한 정보가 복잡하게 구성된 자료라 그 내용을 가장 제대로 발표할 수 있는 사람은 체스터 뿐이었다.

　　오늘 (소피아가 이끄는) 팀에 아주 중요한 프로모션 미팅이 잡혀 있다. 잠재 투자자는 소피아의 사업에 투자를 할지를 고민 중이다. 프로모션에 성공한다면 소피아의 사업은 200퍼센트 성장할 수 있다. 소피아는 자신이 프로모션을 처음에 이끈 다음 체스터에게 분석 슬라이드 자료 발표를 맡기려고 한다. 전체 프로모션은 30분 동안 진행될 예정이다. 소피아의 사업 소개가 15분, 체스터의 세부 설명이

10분, 질의응답 시간이 5분을 차지한다.

발표 당일, 잠재 투자자들을 대상으로 한 프로모션 미팅까지 45분이 남았을 때였다. 체스터가 소피아 옆으로 다가서며 걱정스럽게 말한다.

"소피아, 죄송하지만 제가 이걸 할 수 있을지 모르겠어요. 전 빠져야 할지도 모르겠어요." 그는 걱정스러운 표정을 지으며, 이내 트리시와 루이스를 만나 자신이 얼마나 긴장을 하고 있는지 토로하기 시작한다. 소피아는 분명히 몇 가지 결정을 내릴 필요가 있고, 팀 전체를 감독할 필요가 있다.

마음가짐

알맞은 마음 상태를 갖는 데 도움이 될 만한 몇 가지 팁은 다음과 같다. 다른 동물 유형의 마음가짐과 마찬가지로 목표를 명확히 한다. 어느 지점에서 끝내고 싶은가? 소피아 입장에서는 체스터의 긴장을 풀어주어 최고의 프로모션을 하도록 만드는 게 목표다. 또한 그녀는 팀원에게 자신이 사업을 위해 최선의 결정을 내렸다는 확신을 주고 싶다.

팀을 이끌어야 하는 입장에 서면 일단 목표가 무엇인지 분명히 한 후 피해야 할 행동에 초점을 맞춰야 한다. 융통성 없거나 부담스럽게 굴지 말아야 한다. 목적을 달성하기 위해 힘을 쓰거나 위협을 가할 생각을 버려야 한다. 당신과 당신이 필요한 것, 바라는 것, 원하는 것이 중요하다는 생각을 잊어라. 그 대신에 모두를 아우르는 더 큰 그림을 빠르게 파악해야 한다. 사람들을 한데 모아 합심할 수 있는 최고의 방법을 찾아야 한다. 또한 그렇게 이끈다고 해서 꼭 인정을 받는 게 아니라는 것도 염두에 두어야 한다. 최선의 결과를 만들어 낸 사람으로서 분명히 인식되거나 기억되지 않을 수도 있다. 최고의 리더는 자존심을 잠시 버려 둔다. 야생 사자들이 오랫동안 우두머리를 하는 이유는 자존심을 주의하기 때문이다. 우두머리가 된다고 훈장을 바라선 안 된다. 일이 끝나고 당신이 얻는 결과는 모두가 합심해 힘을 모아 이룬 것이다.

다른 동물 유형과 마찬가지로 해야 할 일과 피해야 할 일을 잘 기억할 수 있도록 연상기호 하나를 준비했다. 사자의 경우 연상기호는 ROAR이다. 사자의 마음가짐을 갖는다면 다음 사항을 질문해 보라.

1. **융통성이 없는가**Rigid, **아니면 상호 보완적인가**Reciprocal? 나는 융통성 없게 구는 데다가 혼자 모든 것을 다하고 일의 모든 부분에 손을 대려고 하는가(나쁜 사자), 아니면 각 팀원이 팀에 개별적으로 공헌할 수 있을 만한 부분을 고민하는가(좋은 사자)?

2. **오로지 나**Only me, **아니면 다른 사람**Others? 나는 나의 필요와 내가 원하는 것만 생각하는가(나쁜 사자), 아니면 나의 필요뿐 아니라 다른 사람의 필요까지 고려해서 문제를 폭넓게 아우르는 해결책을 찾고자 하는가(좋은 사자)?

3. **불안**Anxiety, **아니면 성취**Achievement? 나는 불안이나 공포나 위협을 조장해서 통제권을 쥐려고 하는가(나쁜 사자), 아니면 개개인을 위해 성취감, 자율성, 권한 부여에 더 초점을 맞추려고 하는가(좋은 사자)?

4. 분개 Resentment, **아니면 회복력**Resilence? 행사가 끝난 후 나는 (내가 목표 달성을 좌절시키거나 상의 없이 결정을 몰아붙였기 때문에) 스스로에게 분개하는가(나쁜 사자), 아니면 회복력과 단체 내의 유대관계를 키우는가(좋은 사자)?

보다시피, 이 모두는 자존심을 챙기는 것, 그리고 한 사람의 필요 만(당연히 리드하는 사자만) 챙기지 않는 것과 관련 있다. 사자 유형의 리더는 집단 전체를 챙기고 모두가 합심하도록 돕는다. 즉, 소피아의 경우 목표는 계약을 따내는 것일 텐데, 그녀는 체스터가 발표를 걱정하고 트리시와 루이스 역시 이 일이 잘 진행되길 바랄 것이라는 사실을 고려해야 한다. 소피아는 그들을 어떻게 격려해서 힘을 모았을까?

소피아	좋아요, 여러분, 모두 숨 좀 돌리시고. 40분쯤 후에 사람들이 와요. 우리가 여기서 힘을 모아서 좋은 결과를 냈으면 좋겠어요. 트리시, 루이스, 두 사람은 내가 조금 이따 의견을 물어볼게요. 체스터, 당신이 이 프로모션 때문에 압박을 받는다는 건 알고 있어요. … 당신 생각은 어때요?
체스터	말씀드렸듯이 저는 정말로 몹시 긴장돼요. 일을 망칠까 봐 두렵고, 이 회사의 신입으로서 누구도 실망시키고 싶지 않아요.
트리시	소피아, 저 아니면 루이스가 일을 거들길 원하시나요?
소피아	잠깐만요, 지금은 체스터한테 집중합시다. 체스터는 훌륭

한 슬라이드 자료를 준비했어요. 세부 내용은 체스터가 능숙하게 발표할 수 있을 것 같은데, 나는 그보다 더 잘할 수 없을 거예요. 그러니 한 가지 방법은, 우리 모두 서로에게 도움을 줄 수 있는 요소를 갖고 있을 테니 트리시와 루이스가 백업으로 나서는 거예요. 그런데 그러다 서로 뒤엉켜 버릴까 봐, 그리고 시간이 촉박해서 걱정이에요. 게다가 트리시나 루이스도 아직 보지 못한 꽤 복잡한 슬라이드가 최소 다섯 장은 있는 것 같아요. 그런 상황에서 둘 중 한 사람이 즉흥적으로 발표를 해 주길 바라는 건 옳지 않죠. 체스터, 당신의 우려를 구체적으로 더 말해 봐요. 사람들 앞에서 이야기하는 게 그냥 불안한 거예요, 아니면 슬라이드의 내용과 의미가 실제로 걱정되는 거예요?

체스터 아뇨, 그렇지 않아요. 슬라이드들의 내용은 정확히 알아요. 그 슬라이드들이 정확한 데다가 우리 회사가 지금까지 성취한 내용을 잘 보여 주는 것도 알고 있어요. 다만… 제가 여러 사람 앞에서 말해 본 경험이 많지 않거든요.

소피아 좋아요, 이해했어요. 그럼 지금 우리한테 그걸 쭉 말해 보는 게 도움이 될까요? 미안해요, 실제 프로모션 전에 내가 이렇게 했어야 하는데. 그래도 당신이 지금 슬라이드를 설명해 주면―아직 35분 정도 시간이 있으니까―나랑 트리시가 이걸 맡을지 말지 결정하는 데 도움이 될 거예요. 아니면 당신이 발표를 해 보면 다소 편안함을 느낄 수도 있고요.

체스터 음… 물론이죠, 바로 해 볼게요. 그러니까 뭐랄까, 모의 발표처럼 할까요, 아니면 그냥 형식에 상관없이 슬라이드를 쭉 보면서 의미 파악을 할 수 있게끔 할까요?

소피아 뭐가 제일 편해요?

체스터 섞어서 하는 방식이 좋을 것 같아요. 발표처럼 하긴 하지만 형식에 얽매이진 않는 거죠.

소피아 좋아요. 해 보세요.

(그러자 체스터는 슬라이드 자료를 쭉 훑어 나간다. 체스터가 꽤 망설이는 모습을 보이면서도 설명을 다 마치자, 소피아는 그가 자신이 맡은 내용을 잘 파악하고 있음을 인지한다. 그와 동시에 체스터 본인도 각 슬라이드의 내용을 더 잘 이해하게 된다.)

소피아 체스터, 잘했어요. 물론 긴장하는 모습이 보였지만 괜찮아요. 당신의 말뜻을 이해했고 결과물이 우리 성과를 잘 보여 줬냐고요? 그럼요! 트리시, 루이스, 두 사람은 어땠어요?

루이스 정말 잘한 것 같아요. 진짜 깔끔했어요. 개인적으로 내용에 대한 질문은 받고 싶진 않겠지만, 설명은 다 이해했어요.

트리시 저도요. 도움이 된다면 제가 발표를 할 수도 있을 것 같고요.

소피아 고마워요, 트리시. 좋습니다. 자, 우린 한 팀으로서 모두 참여해야겠죠. 체스터, 지금은 어때요?

체스터   아, 네, 다시 할 수 있을 것 같습니다. 저를 대신해 도와줄 사람이 있다는 걸 알고나니 마음이 편하네요.

소피아   그래요, 좋습니다. 당신이 여기서 발표한 것처럼 그렇게 하는 걸로 합시다. 트리시, 루이스, 우리랑 같이 할 수 있으면 다 같이 현장에 있다가 체스터한테 문제가 생기거든 우리 가운데 한 사람이 나서기로 해요.

소피아는 '나'가 아닌 '우리'라는 단어를 쓴다. 그녀는 팀이 중요하고 자신의 결정이 모두를 돕기 위한 것이라는 신호를 보낸다. 모두의 의견을 구하면서도 다들 합심할 수 있도록 입장을 확고히 한다. 보다시피 팀에 주어진 의제는 융통성이 없다거나 고정되어 있지 않다. 소피아는 모두의 참여를 분명히 하면서 해결책과 피드백을 주고받는다. 소피아는 협의를 통해 해결책을 도출하고 각 팀원이 기여할 수 있는 방법을 확실히 정한다. 또한 자신의 필요('난 이 프로모션을 진행시켜야 해요')를 강요하지 않고, 자신이 원하는 바를 이루기 위해 위협에 기대거나 불안을 만들어 내지도 않는다('그리고 당신은 발표를 하고 자기 역할을 할 필요가 있어요. 안 그러면 우리 이 계약 못 따요'). 실제로 이 두 가지 방법 모두 불안감을 높이고 분열을 초래할 우려가 있다.

소피아는 자신이 하는 일에 대한 인정을 찾지도 바라지도 않는다. 자신의 에너지를 팀 안에 불어넣을 뿐이다. 팀을 이끄는 일은 이타적인 행위이지만, 이를 통해 그녀는 충성심과 협동심이 강한 팀이라는 보상을 받는다.

요컨대 사자는 자기희생과 이타적 사고, 궁극적으로는 자기확신

을 바탕으로 지시를 내린다. 이를 통해 성취할 수 있는 분위기와 극
복할 수 있는 느낌을 끊임없이 팀 안에 불어넣는다.

8장

원숭이,
멀리 가고 싶으면 함께 가라

빨리 가고 싶으면 혼자 가라.
멀리 가고 싶으면 함께 가라.

― 아프리카 속담

앞서 여러 장에 걸쳐 우리는 라포르가 그저 상냥하게 구는 것 이상임을 자세히 알아보았다. 라포르에는 티라노사우루스의 정직함과 솔직함, 쥐의 겸손과 인내, 사자의 리더십이 필요하다. 하지만 라포르 형성에 필요한 레퍼토리 중에서 아직 '상냥함'이 남아 있다. 원숭이 의사소통 방식의 핵심은 상냥한 태도다.

원숭이는 협력을 상징한다. 원숭이는 동일한 목표를 가진 그룹이나 팀을 위해 자신을 희생하고 팀워크를 다지는 데 앞장선다. 사적인 영역에서 원숭이는 상대에게 관심을 보이고, 도우며, 힘을 모으고, 무슨 일이 일어나더라도 우리가 함께임을 강조한다.

원숭이의 역학은 연인 또는 배우자 관계에서 이상적이다. 원숭이의 이런 태도를 우리는 흔히 사랑이라고 부른다. 사랑을 통해 우리는 신체적·정서적·정신적으로 서로 깊이 연결되며 위안을 주는 굳건한 유대관계를 맺는다.

좋은 원숭이 행동은 강한 유대관계를 낳는다. 그래서 혼자 할 수 없는 일을 해내며, 장기적인 행복과 성공의 발판을 마련하도록 한다.

팀워크의 화신, 원숭이

세계 최고의 프리 클라이밍 선수라고 할 수 있는 토미 콜드웰 Tommy Caldwell은 초기 등반 일부를 아내 베스 로든Beth Rodden과 함께했다. 그들은 서로 협조하고 애정을 나누는 한 팀이었다. 두 사람은 10대 시절에 만났는데 예전 사진을 보면 구릿빛 피부를 한 두 사람의 앳된 얼굴에 삶에 대한 열의가 엿보인다.

20대 초반에 키르기스스탄의 카라수밸리에서 등반 여행을 하다가 그들은 정말로 충격적인 사건에 휘말린다. 우즈베키스탄의 이슬람 운동 조직 소속 반군에게 인질로 잡힌 것이다. 두 사람은 극심한 위협과 굶주림을 서로 의지하며 견디다가 간신히 구출되어 미국으로 돌아갔다. 그리고 몇 달 후 DIY 작업 중에 어처구니없는 사고가 일어나 토미의 왼손 검지가 회전톱에 절단되고 말았다. 의사는 그에게 이제 프로 클라이머로서의 경력을 포기하라고 말했다. 하지만 베스의 도움을 받으며 토미는 클라이밍 체육관으로 돌아가 요세미티의 엘캐피턴산을 오르기 위해 여섯 달 동안 하루 열네 시간씩 훈련을 했다. 토미와 베스는 투지와 동료애로 어수선한 시기를 극복하면서 지구상에서 가장 어려운 프리 클라이밍을 완수했다. 그런 등반을 완수할 수 있는 사람은 전 세계에서도 한 손으로 셀 수 있을 정도다. 어려운 시절을 헤쳐 나가는 방법으로서 이들의 등반은 진정한 협조의—이 경우에는 애정 어린 유대관계의—힘을 보여 준다. 이게 이야기의 전부라고 생각할지 모르겠다. 하지만 두 사람의 부부 관계는 이후 나빠졌고, 결국 둘은 이혼을 하게 된다.

토미는 중요한 유대관계를 갑작스럽게 잃고 난 후 가장 암울한 시기를 맞았다. 인질로 잡혀서 죽음 직전까지 몰린 경험이나, 손가락을 잃으면서 클라이밍 경력이 끝날 수도 있었던 때도 이만큼 힘들지 않았다. 그를 절망 직전까지 몰고 간 것은 혼자라는 고립감이었다. 그럼에도 불구하고 그는 엘캐피턴산의 돈월이라고 알려진 거대하고 수직에 가까운 암벽을 오르기로 결정했다.

돈월의 등반 경로는 극강의 난이도로 타기가 불가능하다고 여겨졌다. 그런데 프로들은 불가능에 매력을 느낀다. 이 경로는 900여 미터 높이에 지표까지 매끈하기 때문에, 프리 클라이밍을 하려면 로프가 필요하다. 즉, 앞서 베스와 함께 산을 탔던 것처럼 그에게는 등반 파트너가 필요했다. 그래서 찾은 사람이 케빈 조거슨Kevin Jorgeson이었다.

보통 사람이라면 돈월은 생각조차 하지 않을 것이다. 잡을 수 있는 곳이 모기 물린 크기에 지나지 않거나 뼈에서 살을 도려낼 만큼 극도로 날카롭기 때문이다. 하지만 가능한 모든 등반 경로를 시험하고 여러 해 동안 훈련을 한 후 두 사람은 함께 등반을 시작했다. 그리고 6일 후에 첫 번째 열네 개 피치를 간단히 해치웠다(피치는 벽 표면 위로 난 다양한 구획을 가리킨다). 하지만 15피치가 잔인했다. 팔다리를 십자 형태로 펴서 얇은 암석 조각을 건너야 했다. 조금이라도 미끄러지면 떨어져서 다시 시작해야 했다. 마침내 토미는 수차례 실패한 끝에 그 구획을 건넜다. 15피치를 지난 그는 이제 케빈을 기다렸다.

하지만 케빈은 해낼 수 없었다. 때로는 돈월에 매달린 작은 캔버스 텐트에서 거의 출발하자마자 미끄러졌다. 그게 아니면 50에서 70퍼센트까지 왔다가 손가락이 미끄러져 떨어졌다. 몸이 암벽에 부딪혔고, 다시 시작해야 했다. 모든 시도가 극도로 힘겨웠다. 케빈은 등반을 완수해 내지 못할지라도 포기하지 않을 터였다. 그는 암벽에서 트윗을 날렸다. "이 상황이 실망스러운 만큼 나는 끈기, 인내, 열망을 새로운 수준으로 배우고 있다. 난 포기하지 않는다. 난 다시 도전할 것이다. 난 성공할 것이다."

한편 토미는 마지막이자 가장 까다로운 극한의 피치를 막 완수하고는 엘캐피턴산의 작은 피난처에서 쓰러질 뻔했다. 조금만 더 올라가면 정상이었다. 나중에 토미는 그 당시를 회상하며 이렇게 말했다. "케빈 없이 정상에 오르는 건 비참할 거라는 생각이 그날 밤 번뜩 들었어요." 토미는 신이 난 게 아니라 의기소침해졌다. 정상에서 느끼는 외로움을 견딜 수 없었다. 그래서 등반 전체에서 가장 영광스러운 순간에 토미는 정상에 오르는 대신 케빈에게 내려갔다. "난 그때 우리가 함께 정상에 올라갈 거라는 결심을 했어요."

작은 텐트로 기어 내려온 토미는 만신창이가 된 케빈을 만났다. 그 작은 텐트 안의 어둠 속에서 두 사람을 위한 음료를 따뜻하게 데운 토미는 여자아이한테 무도회에 같이 가자고 말하는 예민한 10대처럼 망설이며 서투른 문장을 내뱉었다. "난 이걸 당신과 같이 하고 싶어요." 그는 잠시 멈추고는 미소를 지었다. "어…그리고 그러길 정말 바라는데…어, 아, 음, 그러니까…그게…그게 좋긴 한데, 어, 무슨 뜻이냐면, 무슨 뜻이냐면…." 그리고 (헛기침을 하고는) 말을 잇는다. "그러니까 당신이 나랑 같이 올라가면 정말 좋겠는데…." 토미는 케빈을 압박하지 않았다. 케빈이 마음의 준비를 하면 두 사람은 다시 절벽을 오를 터였다. 토미는 기다리는 시간이 오히려 행복했다. 우정과 희생이 함께하는 순간이었다. 토미는 영광에 목을 매지 않았다. 그는 함께 힘을 모으는 일을 하길 바랐다. 놀랍게도 다음 시도에서 케빈은 15피치에 성공했다. 두 사람은 함께 정상에 섰다. 토미의 도덕률은 '어떻게든 임무를 완수하라'가 아니라 '낙오자가 없도록 하라'였다.

끌리는 사람의 3단계 대화법

노스캐롤라이나대학교 채플힐의 긍정적 감정·정신생리학 연구소 소속 책임 연구자인 바버라 프레드릭슨Barbara Fredrickson과 동료들이 진행한 연구에 따르면, 긍정적인 감정은 우리에게서 최고의 결과를 끌어낸다. 긍정적인 감정은 상대적으로 더 창의적이고, 개방적이며, 회복력이 뛰어나고, 타인과 유대관계를 더 잘 맺게 한다. 긍정적인 사람들은 평균적으로 더 건강하고, 신체적으로 더 활동적이며, 더 큰 성공을 누리고, 더 생산적이며, 더 관대했다. 그리고 더 만족스러운 배우자/연인 관계를 갖고, 더 의미 있는 대화를 하며, 더 괜찮은 친구를 갖는다.[1] 일부 연구에서 밝히듯이, 긍정적인 사람들이 심지어 더 오래 살았다.[2]

원숭이 접근법은 긍정적인 감정과 유사하다. 이는 상대와 상호작용을 하는 가장 사교적이고 다정하며 즐거운 방식이다. 그 보답으로 같은 방식의 온정과 지지를 얻게 된다.

간혹 원숭이는 취하기에 가장 쉽고 가장 간단한 전략인 것처럼 보인다. 미소를 보내고, 친근한 모습을 보이고, 허물없이 대하면 상대도 똑같이 반응할 것 같다. 하지만 원숭이는 사실 이보다 더 전략적이다. 대화가 당신을 식은땀 흘리게 한다면? 그러면 어떻게 할까?

대화는 종종 대인관계에서 수완과 기량이 필요한 기술로 여겨진다. 어떤 사람에게는 좋은 대화를 하는 일이 DNA의 일부인 것만 같다. 하지만 당신이 본래 그런 능력을 갖고 있지 않다면 어떨까? 친근하고, 다정하며, 사교적인 태도를 갖는 게 개인적으로 오르기 힘든 큰 산과 같다면?

중요한 건 대화의 기술이 올바른 말을 하는 게 아니라는 것이다. 좋은 대화는 듣는 게 더 중요하다. 상대방과의 소통에 원숭이 요소를 추가하고 싶다면, 상대가 당신보다 더 많이 말하도록 해야 한다. 상대방의 배경, 행동의 동기, 중요하게 여기는 것을 이해하려고 노력하는 게 목표가 되어야 한다. 이 이야기가 아주 벅차게 들릴 수 있다.

본래 내성적이고 과묵한 사람에게는 특히 더 그럴 것이다. '날씨에 대한 대화도 하기 어려운데 상대가 의미를 두는 가치와 신념을 찾아야 한다니 말도 안 돼!' 당신에게 너무 큰 걸 바란다고 느낀다면, 다음의 구체적인 단계를 연습해서 원숭이 대화 방식을 개선해 보라.

1단계, 귀 기울이라

상대가 자신의 관심사나 가치에 대한 단서로 어떤 이야기를 하는지 자세히 들어 보라. 좋은 대화는 이야기를 듣고 골라내는 것이다. 이때 복기 기술을 활용하라. 상대방에게서 어떤 정보를 한번 얻으면 확실한 그림이 그려질 때까지 그 실마리를 늘리고 발전시킬 수 있다. 이렇게 하면 대화는 정말 수월해진다. 상대가 하는 무슨 말이건 더 발전시키고 격려하기만 하면 되기 때문이다. 물론 내키지 않으면 당신 이야기는 할 필요가 없다.

2단계, 공유하라

공통된 경험을 찾아서 유대관계를 도모하고 비슷한 점을 찾도록 하라. 공통된 경험은 자신과 상대 사이에 곧바로 공통분모를 만들기 때문에 대화를 시작하기에 좋은 도구가 된다. 연구에 따르면, 우리는 자신과 닮았다고 느끼는 상대를 계속 더 긍정적으로 보게 된다. 연착한 열차를 안타까워하는 통근자들, 어려운 과제를 안타까워하는 학생들, 수면 부족을 안타까워하는 어린 자녀의 부모들 모두 공통된 경험 때문에 서로에게 자연스러운 유대관계를 느낀다.

상대가 어떤 경험이 있을지 잘 모르겠다면 휴가, 직장, 가족처럼 우리 모두에게 공통될 확률이 높은 경험을 고르라. 대화의 열쇠는 상대가 먼저 이야기하게 만드는 것이다. 상대가 한번 말을 하면, 당신은 작업할 소재를 얻는 셈이다. 사교적으로 상술에 능한 미용사나 택시기사로부터 그런 전략의 대상이 된 경험은 다들 있을 것이다. 이때를 떠올려 보자.

3단계, 탐색하라

심리학자들은 자신에 대해선 거의 드러내지 않으면서 상대방에게서 정보를 얻어내는 데 선수다. 그들의 방법은 의외로 간단하다. 사람들은 본능적으로 자신에 대해 이야기하기를 즐긴다. 열린 질문을 몇 개 던지고 그들이 관심을 보이는 주제로 이끌면 그들은 알아서 자신을 드러낸다. 그렇다고 중간에 끼어들어서 자신의 이야기와 경험을 이야기해선 안 된다는 뜻은 아니다. 하지만 그렇게 할 때는 상대와 자신이 말하는 비율을 각각 2 대 1로, 더 좋게는 3 대 1로 유지하도록 하라. 좋은 원숭이는 대화의 기회를 자신보다 상대에게 더 많이 준다.

 최근에 열차에서 내가 경험한 다음의 대화를 생각해 보자.

나 실례지만, 여기 자리 비었나요?

승객 네, 제 가방을 놨었는데 치울게요.

나 죄송합니다. 보통 때는 안 그런데, 열차에 사람이 너무 많아서요. 앞선 열차가 분명히 연착된 것 같아요.

승객 아, 알아요. 제가 이미 여기에 세 시간이나 타고 있었거든요.

나 와! 말도 안 돼! 더 가야 하는 거예요?

승객 네, 스완지에 가고 있는데, 가는 게 참 골치 아프네요.

나 아, 거기 가는 건 끔찍하죠. 몇 시간 걸리잖아요. 웨일스 해안까지 가는 시간에 야자수 있는 열대의 어딘가에 있을 수도 있겠네요.

승객 네, 그리고 스완지는 열대 지방도 전혀 아니고…. (예의상 웃는다.)

나 햇빛이 그렇게 쨍쨍한 곳에서 휴가를 보내기를 좋아하나요?

승객 아뇨, 별로 좋아하지 않아요. 차라리 저런 걸 더 좋아하죠. (창밖의 운하용 보트를 가리킨다.)

나 운하 보트 타기! 그건 어떤데요?

승객 아주 좋아요. 꽤 평화롭고, 떠다니면서 맥주집에서 맥주집으로 이동하는 거죠. 자연 친화적이에요.

나 자연 친화적이고 평화롭다니… 매력적일 것 같네요, 스트레스도 없고. 그러면 운하 보트 타기를 하실 때 가장 즐겨 찾는 장소는 어딘가요?

승객 노포크 호소湖沼 지역이요. 길이 이렇게 하나 있는데, 외딴 곳에 있는 작은 맥주집에서 끝나거든요. 거기는 전기도 안 들어와요. 바에서는 촛불을 켜고, 모든 전기는 낡아 빠진 오래된 발전기로 쓰죠.

나	촛불이라니! 사람들이 별로 없는 곳에서 휴가 보내기를 좋아하시는 것 같네요.
승객	그렇죠, 단순한 게 더 좋아요. 와이파이 없고, 이메일 없고, 사람들 없고. 그저 물소리 나고, 공기 좋고, 손에 맥주잔 하나 들고 있으면 딱 좋죠.

특별히 관심을 끌 만한 대화는 아닐지 모르겠지만 아주 즐거운 대화였다. 그 승객이 아주 잠깐 자신의 관심사와 핵심 가치와 신념을 밝힌 내용을 다시 한번 살펴보자. 분명히 그는 단순하고 자연스러운 걸 선호하고 자연에서 쉬기를 좋아한다. 그리고 가볍게 맥주 한잔을 즐기기도 한다. 이러한 정보는 그의 앞선 대답에 이은 몇 가지 간단한 탐색 질문에서 비롯했고, 그렇게 그와 그의 관심사에 관한 이야기가 나타나기 시작한다. 우린 운하로 함께 휴가를 가진 않을 것이다. 하지만 그는 그 대화를 상당히 즐겨서, 열차에서 내리기 전에는 내 아픈 목에 도움이 된다고 와인 껌 한 통을 주려고 기를 쓰기도 했다. 그 경험 전체가 따뜻하고 정감 있게 느껴졌다. 그가 내가 앉을 수 있게 자기 가방을 치워야 한다고 속으로 분을 삭이며 입을 닫고 있는 것보다는 훨씬 더 나았다.

그러면 이제 대화 도중에 내가 한 이야기를 살펴보자. 내가 나에 대해 드러낸 건 무엇일까? 별로 없다. 난 스완지에 가 본 적이 있고, 열차를 타고 거기까지 가는 게 정말 고통스럽다는 데 동의한다. 정말 그게 전부다.

당신이 상대의 이야기로부터 무언가를 골라 복기하면 할수록, 상대는 자신에 대해 더 많이 이야기를 꺼낸다. 이때 상대방이 이야기한 세부 내용이 아니라 그 사람이 드러낸 심층적 가치를 복기하는 게 상대를 이해하는 데 더 유용하다.

직장 안의 원숭이

원숭이 접근법을 취해 팀을 이끄는 리더들은 종종 높은 수준의 헌신과 충성심을 끌어낸다. 업무가 무엇이건 원숭이 리더는 힘을 모아 도울 준비가 되어 있기 때문에, 직원들은 존경심을 깊이 느낀다. 직원이 부족한 탓에 더 늦게까지 있거나 야근을 하라는 요청을 받으면, 그들은 결과에 대한 두려움(티라노사우루스 리더)이나 의무감(사자 리더)을 갖기보다는 기꺼이 그렇게 하겠다고 말하고는 돕는다. 원숭이 방식의 리더십은 팀의 역량에 아주 중요한 요소, 즉 호의를 만들어 낸다.

하지만 이러한 친절이 지나친 친분, 아부, 절박함으로 이어질 때 나쁜 원숭이가 나타난다. 이는 직장 환경에서는 경계를 무시하고 정보를 과하게 공유하는 형태로 자주 드러나기도 한다. 당신이 대화의 경계를 너무 낮춘 나머지, 가령 자신이 월요일에 숙취에 얼마나 시달렸는지, 혹은 선배 임원 하나가 얼마나 짜증 나는지를 어떤 팀원과 공유했다고 하자. 그러면 그 팀원이 직무 경계를 흐리는 걸 당신은 무심코 허락한 것이 된다. 그는 동료에 대한 잡담을 하거나, 자신이 싫어하는 책임자를 욕하거나, 힘든 주말을 보낸 후 일을 '대충' 하는 걸 괜찮다고 여길지도 모른다. 또한 지각하거나 마감기한을 놓쳐도 당연히 당신이 좋은 '친구'이기 때문에 눈감아 줄 거라고 여길지 모른다. 원숭이 리더 전략이 통하려면 직무상의 팀워크와 사적인 친교 사이의 분명한 경계를 이해하는 팀원과 함께해야 한다. 물론 당신도 그것을 이해할 필요가 있다.

팀원과 친구 사이의 경계를 모호하지 않게 하는 건 아주 힘든 일일 수 있다. 특정 팀원에게 자연스럽게 끌려 가까워졌을 때는 특히 그렇다. 당신이 누군가를 친구로서 정말 좋아한다면 그 사람의 잘못이나 실수를 눈감아 주는 경우가 많고, 어떤 문제에 대해 실질적으로 그 사람과 맞서는 것이 어려울지도 모른다(앞에서 논의한 좋은 티라노사우루스 전략을 사용한 예처럼 말이다).

자신이 균형을 잃었는지 알아보는 좋은 방법은 자신이 이루고자 하는 목표를 점검해 보는 것이다. 자신이 프로젝트/팀/조직의 전체적인 '목표'에 방해가 되는 행동을 그냥 내버려 두거나 간과하고 있다면, 객관성을 잃고 나쁜 원숭이 행동으로 빠졌을 가능성이 높다. 동료와 아주 긴밀하고 심지어 평생 가는 우정을 쌓는 건 가능한 일이지만, 그것이 목표에 영향을 주어서는 안 된다. 문제를 확인했다고 해도 한번 무너졌던 경계를 다시 분명히 하기란 상당히 어려울 수 있다.

이건 '결과론적인' 시나리오이기 때문에, 앞에서 살펴본 어린이/티셔츠 전략을 다시 써 보겠다. 그런데 이번에는 상대방이 아닌 자신의 감정을 솔직하고 가감 없이 인식하는 것을 목표로 한다.

난 우리의 친분과 우리가 서로 터놓고 이야기 나눌 수 있다는 걸 정말 가치 있게 생각해. 하지만 조금 불편한 이야기를 해야 할 것 같아. 난 네가 일과 중에 소셜 미디어랑 온라인 쇼핑을 상당히 많이 한다는 걸 아는데, 그걸 그만하라고 요구해야 할 것 같아. 휴식 시간이나 점심시간에만 하도록 해. 모든 직원한테 그렇게 요청할 건데, 우리가 친구라서 그걸 그냥 내버려 둘 수는 없어.

분명히 불편한 대화다. 애초에 경계가 모호해지게 놔두지 말았어야 했다. 하지만 만약 상대방이 부정적으로 반응하거나 방어적인 자세를 보이면, 당신은 그 사람과의 친분을 어쨌든 다시 가늠하고 싶을 것이다. 진정한 친구라면 당신의 위치를 이용하는 게 아니라 이해하고 존중할 것이다.

원숭이 부모

원숭이 방식의 부모가 되려면 사랑스러운 자질을 몇 가지 갖춰야 한다. 자녀와 경험을 공유하고, 서로의 이야기에 귀 기울이며, 사랑과 애정을 표현할 수 있어야 한다. 원숭이 방식의 부모는 자녀를 동반자이자 친구로서 아끼고, 임무나 의무라고 느껴서가 아니라 자신이 원하기 때문에 자녀와 시간을 함께 보낸다. 다정하고, 협조적이며, 친절하다. 자녀에게 이런 행동을 보이면 자녀도 당신에게 똑같이 행동할 수 있다.

이것이 얼마나 중요한지는 자녀가 10대가 됐을 때, 호르몬이 널을 뛰고 독립을 주장하면서 생기는 갈등 상황에서 당신이 긍정적인 관계를 필사적으로 고수하려는 자신의 모습을 갑작스럽게 발견할 때 정확히 깨닫게 된다. 그러니까 이런 뜻이다. 당신이 침실 바닥에 쌓인 빨랫감을 아래층으로 갖고 오라고 자녀에게 요청했을 때, 자녀가 그 말을 따른다면 이는 당신을 돕고 싶고 그렇게 행동하는 게 맞는다는 걸 알기 때문이다. 하지만 그렇게 하지 않는다면 그게 규칙이기 때문이거나(사자 양육 방식) 자신이 그렇게 하지 않았을 때 당신이 휴대폰을 뺏어 갈까 봐 두렵기 때문이다(티라노사우루스 양육 방식).

상호 존중과 사랑에 기반한 순응은 성인 시기의 인간관계에 영향을 미치는 만큼 자녀에게 중요한 교훈이 된다. 누가 자신을 지켜보는지, 다들 그렇게 하고 있는지, 상대가 더 크고 강한 사람인지에 관계없이 어떤 상황에서든 '옳은 일'을 하도록 이끄는 도덕적 기준이 되는 것이다. 원숭이 양육 방식은 자녀의 성장에 필요한 지도와 관심 못지않게 자녀가 자신의 입장을 이해할 수 있는 여유와 도덕적 기준, 강인함을 키울 수 있도록 도와준다.

자녀와 좋은 원숭이 유형의 관계를 확실히 다지는 일은 우리가 규율의 영역으로 돌입했을 때 문제가 될 수 있다. 우리가 사무실 예시에서 언급한 것처럼, 권위가 부족하거나 자녀를 지도나 경계가 필요한 대상이 아닌 '친구'로 보기 시작할 때, 원숭이는 때로 쥐가 될 수 있다. 모든 양육에는 심지어 좋은 원숭이라도 균형을 유지할 수 있는 사자가 어느 정도 필요하다. 부모는 아이가 아니라 리더다. 리더의 위치를 자녀에게 넘길 때, 우리는 성인으로서 갖는 책임에서 한 발짝 물러나는 셈이 된다.

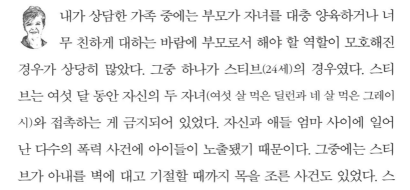내가 상담한 가족 중에는 부모가 자녀를 대충 양육하거나 너무 친하게 대하는 바람에 부모로서 해야 할 역할이 모호해진 경우가 상당히 많았다. 그중 하나가 스티브(24세)의 경우였다. 스티브는 여섯 달 동안 자신의 두 자녀(여섯 살 먹은 딜런과 네 살 먹은 그레이시)와 접촉하는 게 금지되어 있었다. 자신과 애들 엄마 사이에 일어난 다수의 폭력 사건에 아이들이 노출됐기 때문이다. 그중에는 스티브가 아내를 벽에 대고 기절할 때까지 목을 조른 사건도 있었다. 스티브는 폭력적인 성향이 있었고 성인이었지만 외모나 행동은 여전히 10대 같았다. 마르고 호리호리한 체격에 입은 항상 살짝 벌어져 있었고, 상대방이 말 한마디 하지 않았어도 자신을 욕한 것처럼 무례한 표현을 일삼았다.

내가 스티브를 상담하면서 아주 중요하게 여긴 측면 중 하나는, 아이 엄마를 대상으로 자행된 그런 끔찍한 폭력에 아이들이 노출되면서 정서 발달과 행동 발달에 부정적인 영향을 받을 가능성이 높다는 점이었다. 그래서 그레이시가 유치원에서 자주 나타낸 울화, 딜런이 집에서 여동생에게, 그리고 학교에서 보인 공격적인 행동도 논의 대상이 됐다. 스티브는 아이들이 너무 어려서 영향을 받을 수 없다고, 이런 문제는 아이들이 으레 하는 일인 데다가 자신과는 당연히 아무 상관없다고 주장했다.

스티브가 어른과 아이 사이의 적절한 경계를 인식하지 못하는 것도 문제였다. 어른이 자기 자녀에 대해 '어른에게나 쓸' 표현을 사용한다면 적절한 경계를 넘어선 것이다. 스티브는 어떤 망설임도 없이 그레이시를 "쪼그만 개년처럼 굴고" 있다고, 딜런을 "뚜쟁이"라고 표현했다. 기억하라. 그레이시는 네 살이고, 딜런은 여섯 살이다.

스티브는 딜런이 '그랜드 테프트 오토Grand Theft Auto'(절도, 강도, 살해 등 범죄를 마음껏 저지를 수 있도록 설계되어 논쟁을 불러일으킨 세계 유명 컴퓨터 게임 시리즈 – 옮긴이) 게임을 하도록 허락하는 것을 두고 이렇게 반응했다. "음, 걔는 내가 게임하는 걸 구경하기를 좋아해요. 그래서 나도 걔가 하게 하고요. 정말 잘해요. 스트립 바에 들어가는 방법이나 그런 건 내가 이야기 안 해 주죠. 그래도 아시다시피 게임 그래픽이 정말 끝내주잖아요. 그러니까… 큰 문제는 없다고 봐요."

딜런이 핼러윈에 어쩌다 영화 〈쏘우Saw〉의 직소처럼 분장을 하고 싶어 하게 됐는지 묻자, 스티브는 있는 그대로 말했다. "아, 걔가 내 넷플릭스 계정에 들어가 있었고, 내 목록에 영화들이 있었거든요. 하지만 걔가 악몽을 꾸거나 그러진 않았어요. 단순히 직소 캐릭터를 정말 좋아했죠! 무서워하지 않았어요. 아시다시피 그게 진짜로 존재하는 건 아니잖아요!"

스티브는 가정법원에서 딜런과 그레이시와 만날 기회를 얻었다 (스티브의 아버지가 감시자 역할을 맡았다). 사회복지사와 우리에게는 상당히 실망스러운 결과였다. 그리고 아이들이 아버지와 처음으로 보낸 밤은 경찰 신고로 이어졌다. 새벽 2시에 스티브의 아버지가 사는 주택의 계단통을 딜런과 그레이시가 정신없이 오르내리는 모습이 목격된 것이다. 경찰관들의 연락을 받은 스티브는 "뭐가 문젠데요? 평일 밤도 아니잖아요!" 하고 반응했다.

스티브는 아이들이 자신과 함께 어울려 시간을 보내고 자신의 관심사를 공유할 수 있는 '작은 어른'이 아니라는 걸, 그리고 자신에게 적절한 것이 자녀의 나이와 도덕적·인지적 발달 단계에 전혀 적절하지 않다는 걸 인정하지 않았다. 스티브의 형편없는 양육 행동은 아주 긍정적으로 보자면 높은 친밀감으로 표현할 수 있지만 어른으로서 양육할 능력이 거의 없었다는 걸 보여주기도 한다. 스티브는 그저 자녀들이 자신과 같은 나이이거나 최악의 상황에서는 자신이 자녀들과 또래인 것처럼 행동한다. 그가 자녀와 맺은 관계를 앞에서 살펴본 대인 서클에 그려 본다면, 그들이 친구일 때는 나쁜 원숭이고, 다툴 때는 나쁜 티라노사우루스일 것이다. 부모가 맺는 관계에서 이보다 나쁜 위치는 거의 없다.

자녀의 관심을 빠르게 끌어서 당신이 즐기는 무언가를 함께 공유하고 싶은 건 아주 솔깃한 일일 수 있다. 무언가를 함께 하거나 볼 수 있고, 모두가 그 경험을 즐기며 모두를 아우르는 공통된 관심사를 갖는 건 모든 부모의 로망이다. 디즈니 TV 드라마가 연이어 방영되는 자리를 끝까지 지키거나 〈마이 리틀 포니My Little Pony〉나 〈뚝딱뚝딱 밥아저씨Bob the Builder〉를 몇 시간 동안 틀어 주는 부모라면, 자녀들과 성인이 무언가를 더 많이 함께 즐길 수 있는 단계에 이르길 바라는 마음에 공감할 것이다.

하지만 우리가 부모로서 갖는 책무 가운데 하나는 자녀의 어린 시절을 지키고 소중히 다루는 것이다. 그들이 아이답게 클 수 있게 보호해야 한다. 어린 시절은 그들의 인생에서 짧지만 중요한 시기고, 우리는 '애들이 나이에 비해 아주 성숙하다'거나 '애들이 내가 좋아하는 걸 보거나 하기를 좋아한다'는 근거로 자녀를 성급하게 대하지 않도록 주의할 필요가 있다. 이러한 결정은 객관적이어야 하고, 당신이 원하는 게 아니라 자녀에게 필요한 것이어야 한다.

앞서 우리가 이야기한 것처럼, 좋은 양육은 부모가 자녀에 대해 어느 정도 사자와 같은 행동을 취할 것을 요구한다. 우리는 부모로서 자녀에게 체계와 경계를 만들어 주면서 아이의 발달을 지도하고 지원할 책임이 있다. 자신이 자녀와 전반적으로 협조적이고 친근한 관계를 유지한다고 해도, 사자의 위치를 취하고 지시를 내려 무엇이 괜찮고 무엇이 안 괜찮은지에 대한 지침을 세워 줘야 할 때가 있다.

물론 항상 규칙을 강요하고 제한하라는 뜻은 아니다. 부모가 자녀에 대해 수용 가능한 경계를 찾을 수 있는 경우는 아주 다양하다. 어떤 부모는 수면 습관에 엄격하거나 인공 착색료 혹은 당류를 철저히 금지할 수도 있다. 어떤 부모는 실내에서 물총 싸움을 하는 것과 자기 전에 사탕을 마음껏 먹는 것을 문제 삼지 않을 수도 있다. 그런 것이 객관적으로 자녀에게 해를 끼치지 않는다면, 부모로서 자신만의 규칙과 가치를 지키는 것은 괜찮다(치과의사가 반대하더라도 말이다!). 흔히들 말하듯이, 아이를 기르는 데는 매뉴얼이 없다.

다만 자녀에게 당신의 지원이나 지도 없이 자신만의 규칙과 가치를 세우길 바라는 태도는 피해야 한다. 마음 내키면 원하는 만큼 밖에 나가 있고, 술 마시고, 담배 피우고, 야동 보고, 학교를 땡땡이칠 수 있는 건 열네 살짜리에게는 축복처럼 들릴 것이다. 하지만 궁극적으로 그런 아이는 혼란스럽고, 자신이 방치되어 있으며, 사랑받지 못한다는 느낌을 받게 된다. 아이들은 안정된 체계를 갈구한다. 그것이 그들에게 우리가 성인으로서 갖는 것보다 훨씬 높은 수준의 안정감, 익숙함, 안도감을 준다. 체계와 경계는 아이들이 자신의 욕구, 감정,

충동, 행동을 통제하는 힘을 부여한다. 이는 성년이 되었을 때 꼭 필요한 기술이다.

양육의 기반은 보통 자녀가 원하는 게 아니라 자녀에게 필요한 것을 제공하는 데 있다. 때로 이는 우리를 대단히 어려운 위치로 내몬다. 자녀가 우리의 결정을 거부하거나 이해하지 못하면 속이 상할 수도 있는데 때로 원숭이는 아이들을 지원하고 안전하게 지키기 위해 사자가 되어야 한다.

친밀과 집착을 구별하라

연인/부부 관계나 친구 사이에서 나쁜 원숭이 유형 역시 경계를 모호하게 만든다. 관계에 아주 성급하게 달려드는 것이 명백한 징후일 수 있다. 파트너가 주말마다 함께 있어 줄 거라는, 혹은 하루 자고 가는 게 더는 논의 대상이 아니라 당연한 내 권리라는 생각이 든다면 의심을 해봐야 한다. 만약 상대가 친밀함을 불편하고 어색하게 느낀다면, 상황이 나쁜 원숭이 쪽으로 너무 빨리 치달아 버린 것일 수 있다.

나쁜 원숭이는 애착을 그만 느낄 때까지 애착을 확인하고 싶어 한다. 계속 상대방을 만나야 한다는 의무감을 주기 시작하는 사치스러운 선물이나 과도한 데이트는 상대를 관계에 묶어 두려는 하나의 전술일 수 있다. 나쁜 원숭이는 허락을 구하는 게 아니라 추정한다. 만약 상대방이 어떤 결정을 내릴 때 당신의 공간, 시간, 생각을 침해한다고 느껴진다면 상대는 나쁜 원숭이 단계에 들어선 것일 수 있다.

어떤 면에서 나쁜 원숭이는 나쁜 티라노사우루스나 나쁜 사자에 비해 더 천천히 그러나 더 강력한 영향을 미친다. 누군가가 소리를 지르거나 요구를 할 때, 그 사람이 우리를 통제하려는 시도는 명시적이고 분명하다. 그러나 누군가가 감정을 내세워 우리를 통제하려고 할 때("거절할 수 없었어. 나한테 정말 친절했거든."), 그러한 통제와 영향은 인간관계에 조용히 스며든다. 이 사람이 나와 나의 자율을 존중하고 있는지 항상 따져 보라. 인간관계가 HEAR 대화 원칙에 잘 맞는지 확인하라. 그렇지 않다면, 겉으로는 호의가 넘치더라도 소통이 나쁘게 흘러가고 있다는 신호다.

반면 좋은 원숭이는 결속력이 높고 격려하는 태도로 타인과 소통한다. 도움을 주고 단정 짓지 않는 태도를 보이면서 남들이 자신의 관점과 가치를 공유하도록 격려한다. 달리 말하면 상대방이 무언가에 열정을 보이는데, 당신이 굳이 그 열정을 공유할 필요가 없을지라도 거기에 관심을 갖는 것이다.

에밀리가 상담한 수많은 부모는 10대 자녀와의 관계가 대체로 엉망이었는데, 이는 의사소통을 하거나 자녀를 '아는 데' 실패했기 때문이다. 에밀리가 "아이가 무엇을 즐기나요? 아이가 무엇에 관심이 있죠?" 하고 물으면, 그 부모들은 보통 '모른다'고 하거나 애매한 기억만 갖고 있었다. '비디오 게임, 유튜브로 이상한 거 보기, 친구들이랑 어울리기, 집에 있는 모든 걸 먹어 치우기!' 그러한 관계를 고쳐서 회복시키기 위한 첫 단계는 부모가 자녀와 자주 대화하는 것이다. 단, 그 대화는 지시를 배제하고, 업무 평가처럼 들리지 않아야 하고,

자녀가 무엇으로부터 힘을 얻는지, 혹은 무엇을 즐기는지에 대한 것이어야 한다.

자녀를 사려 깊게 대하는 것은 약하다는 의미가 아니다. 그것은 자녀에게 힘이 되며, 자녀를 더 강하고 스스로를 더 잘 돌볼 수 있게 만드는 멋진 선물이다. 네바다대학교 교수이자 수용전념치료 Acceptance and Commitment Therapy, ACT를 만든 스티븐 C. 헤이스Steven C. Hayes는 "사랑은 전부가 아니라 유일한 것"이라고 말했다.[3] 그는 사랑이 가정에서는 물론이고 동료 사이, 공동체 내부 등 우리의 모든 인간관계에서 중심이 되어야 한다고 설명한다. 세상이 요구하는 것은 우리가 자율과 애정을 전하면서 타인과 함께하는 방법을 배우는 것이라고 그는 조언한다. 우리는 친절을 받을 만한 가치가 있고 거기에 가장 알맞은 상대에게만 아껴 쓰려고 해서는 안 된다. 우리가 최대한 많은 사람과 수많은 맥락에서 친절의 씨앗을 널리 심을 때, 비로소 그것은 자라서 우리 사회의 기반으로 자리할 수 있다.

하버드의 '배려를 일상으로 만들기' 프로젝트는 '친절한' 아이를 기를 가능성을 높이는 양육 요인으로 다섯 가지를 제시했다.[4] 거기엔 배우자, 직장 동료, 가족 구성원, 친구 등 다른 중요한 관계에도 적용할 수 있는 교훈이 있다. 친밀하고 따뜻한 태도라는 측면에서 개선하고 싶은 관계를 떠올려 보고, 다음을 최대한 적용해 보라.

1. **친절의 본보기를 만들라.** 롤 모델이 되라. 상대에 대한 친절, 공감, 전반적인 관심을 본보기로 만들라. 자신이 틀렸다면 겸손한 태도로 실수를 인정하라.

2. **공감을 연습하라.** 상대방의 생각과 감정을 고려하라. 자신이 동의하거나 좋아하지 않는 것이라도 말이다. 자신의 관점만이 아니라 주장의 다른 면도 이해하도록 노력하라.

3. **감정을 소중히 여기라.** 상대방이 가치를 인정받고 존중을 받는다는 느낌을 갖게 만들라. 상대방에게 특별한 관심을 보이고, 그 사람이 마음을 쓰는 것에 대해 질문을 하거나 관심을 보이라. 애정을 드러내고 그 사람의 노력과 성취를 지지하라.

4. **'영웅적' 행동을 강화하라.** 누군가가 자신의 필요보다 타인의 필요를 우선시하거나 타인에게 주어지는 불의, 불공평, 고통, 피해에 맞서려고 노력할 준비가 되어 있다면, 이러한 도덕적 메시지를 강조하고 강화하라.

5. **'중립적인' 생각을 권장하라.** 도덕적인 복잡함을 피하지 말고, 좋거나 나쁘다는 식의 호불호가 극명한 표현으로 상황을 설명하지 않도록 하라. 그 대신에 상황과 타인에 대한 철저한 이해를 권장하라.

좋은 원숭이는 협력을 유지하기 위해 관계를 권장하고 지속해 나간다. 따라서 무언가가 좋다고 생각하면 그렇다고 말하라! 이런 생각을 연하장이나 특별한 이벤트를 위해 아껴 두지 말라. 자신이 관심이 있는 사람을—그 사람의 약점은 물론이고 강점까지—정말로 알 수 있도록 충분한 시간을 갖고, 그 사람이 성공과 행복으로 가는 자신만의 길을 만들 수 있도록 권장하라. 당신이라면 선택하지 않을 길이라도 말이다.

1. **원숭이의 핵심은 팀워크와 협력이다.** 이는 당신이 지휘권을 가진 위치(관리자, 부모, 코치)에 있다고 해도 탄탄한 유대관계를 만든다는 의미다. 우리는 한 팀이고, 우리는 하나의 목표를 향해 노력한다는 것, '우리 모두 여기에 함께 있다'는 메시지다.

2. **좋게 대하는 것이 좋은 것이다.** 친절은 다른 사람으로부터 친절을 끌어낸다. 또한 친절을 보인 사람은 더 건강하고 행복하며, 더 큰 만족감을 느낀다. 상냥하게 대하는 것은 약하다는 표시가 아니다. 우리가 무관심, 분노, 요구에 직면해도 자신뿐 아니라 더 많은 사람의 이익을 위해 그것을 넘어설 수 있는 강인함에 대한 표시다.

3. **원숭이의 양육/관리/파트너십은 여유와 지침을 제공함으로써 독립적인 성장과 결정을 격려한다.** 이는 상대방이 자신의 도덕 기준을 개선하고 시험할 수 있도록, 그리고 인생에서 닥치는 일들에 대처하기 위한 독립적인 회복력과 배짱을 갖추도록 한다.

4. **과도한 친밀함을 조심하라.** 자녀와의, 혹은 직장에서의 모호한 경계는 한번 넘어서면 다시 정리하기가 힘들다. 램프에서 지니를 한번 나오게 하면 되돌려 보내기 힘든 것처럼 말이다. 당신과 자녀가 서로를 친구로 생각한다고 해도, 당신은 자녀의 친구가 아니다. 당신과 당신의 고용인이 친구처럼 지내는 게 더 편하다고 해도, 당신은 그 고용인의 친구가 아니다. 당신의 역할에 리더십과 권위가 필요하다면, 그것을 주장할 수 있어야 한다. 그러니 나쁜 원숭이의 모호한 경계를 조심하라.

5. __대화의 기술을 익히라.__ 더 다정하고 사교적인 태도를 갖는 게 쉽지 않다면 다음과 같은 3단계 원칙이 도움이 될 것이다.

- __귀 기울이라.__ 더 듣고 덜 말하라. 상대가 관심을 갖고 흥미를 보이는 것이 무엇인지 들으면서 대화의 구성 요소를 이해하라.
- __공유하라.__ 서로 유대관계를 맺기 위해 공통된 경험을 찾으라. 그런 경험이 없다면, 우리 모두가 공유할 가능성이 높은 경험을 바탕으로 대화를 이끌고 상대방을 파악하라.
- __탐색하라.__ 상대방이 당신에게서 얻는 것보다 당신이 상대방에게서 더 많은 정보를 얻어 내라. 말할 기회는 자신보다 상대방에게 최소한 두 배는 주도록 노력하라. 사람들은 상대방의 이야기를 듣는 것보다 상대방이 내 말을 듣는다고 느끼는 걸 더 선호한다. 그러니 재치 있고 재미난 일화를 많이 이야기해야 한다는 부담을 느끼지 말고 상대방이 말을 더 많이 하도록 하는 데 신경을 쓰라.

원숭이는 협력의 상징이다. 원숭이 소통 방식은 친구나 동료와 다정하면서도 발전적인 관계를 맺을 때 힘을 발휘한다. 이는 단체 행동이 필요한 스포츠를 비롯한 각종 활동에서 팀원과 호흡을 맞추는 데 유용하다. 오래 지속되는 깊고 애정 어린 연인/부부의 특성이기도 하다.

원숭이 소통 방식에 숙달하면 사회적 고립이 낳는 심각한 심리적·신체적 악영향을 피할 수 있다. 이 소통 방식은 상대방을 더 자세히 알고·그 사람의 생각, 감정, 가치, 신념을 어느 정도 인식했을 때 잘 통한다. 새로운 누군가를 처음 만났을 때 원숭이 유형으로 바로 건너뛰면 약간 고압적일 수 있고, 얼떨결에 (과하게 친하고 약간 필사적으로 구는) 나쁜 원숭이 방식으로 빠질 수 있다. 이 점을 명심하고 7장의 '한발 더 들어가기'에서 소개한 미카가 이제 뮤지컬팀에서 자신의 직업적·개인적 인간관계를 어떻게 풀어가는지 확인해 보자. 미카의 경우 이제 총 리허설 4주 차에 접어들었고, 동료 출연진에 대해 훨씬 더 많이 알게 됐다. 그들이 자신들의 작업을 위태롭게 할 수 있는 몇 가지 문제를 극복하려고 할 때 그들은 팀으로써 함께할 것이다.

마음가짐

다른 모든 방식과 마찬가지로 연상기호를 확인해 보자. 이 연상
기호는 당신이 알맞은 마음가짐을 갖고 원숭이의 소통 방식을 어떻
게 적용할지 고민하는 데 도움이 될 것이다. 원숭이의 연상기호는
TEAM이다.

1. **떠오른 생각을 말하라**Think it, say it. 마음속에 상대에 대한 긍정
   적인 감정, 생각, 칭찬 거리가 있다면 바로 말하라. 단 타이밍이
   맞지 않으면 어색할 수 있다.

2. **쉽고 편하게**Easy and relaxed. 선천적으로 원숭이 유형인 사람들
   이 주변에 있으면 마음이 편하다. 왜? 그 사람들 마음이 편하니
   까! 그들의 여유있고 편한 분위기는 주변 사람들에게 전염된다.
   이와 마찬가지로 불안하고 전전긍긍하는 태도도 주변 사람에
   게 전염된다. 따라서 나부터 편안한 마음을 가질 필요가 있다.
   사람마다 이를 실천하는 방법이 다른데, 여기서는 간단한 방법
   두 가지를 소개한다.

   첫 번째이자 흔히 가장 성공적인 방법은 호흡이다. 단순히 세
   번 호흡하는 것으로 마음에 여유를 얻을 수 있다. 걱정은 보통
   빠르고 얕은 호흡을 동반하기 때문에, 처음에 길게 숨을 내쉬어
   허파에서 공기를 빼냄으로써 그 주기를 깰 필요가 있다. 그 상
   태로 멈추고는 숨을 깊게 들이마셔야 한다. 이제 다음 숨은 더
   길게 늘려 보라. 조심스럽지만 처음보다 더 길게 숨을 내쉬라.
   그리고는 숨을 크게 들이마시고, 가능하면 마지막에 조금 더 길

게 들이마시라. 마지막 날숨은 들숨보다 두 배 정도 더 길게 해 본다. 이와 같은 '3포인트' 호흡은 불안한 마음상태를 지속하는 얕고 빠른 호흡을 흐트러뜨리는 데 도움을 준다. 이것은 소통을 시작하기 전에 할 수 있지만, 습관을 들이면 상대방에게 이상하게 보이거나 대화 중 요가 수업에 빠진 것처럼 보이는 일 없이 소통 중에도 더 자연스럽게 할 수 있다. 걱정을 잊고 차분해지기 위해 할 수 있는 또 다른 방법은 주문이나 차분한 말을 되뇌는 것이다. 이마와 턱은 자주 긴장하는 부위인데, 이 두 곳의 긴장을 푸는 것도 병행할 수 있다.

3. **활기차게**Animated. 원숭이 유형은 가만히 느긋하게 있지 못한다. 놀기를 좋아한다. 무언가에 신이 나고, 조용하기보다는 활기차다. 기회가 있을 때마다 웃고, 행복한 생각을 하며, 긍정적이고 활기찬 에너지를 뿜어낼 필요가 있다.

활기차고 쾌활한 마음가짐을 가지려면 내가 사랑하는 물건, 장소, 이벤트, 사람 등을 시각화해보라. 그것은 자녀가 밝게 활짝 웃고 있는 사진일 수도 있고, 스노보드 타기, 카약 타기, 풍경화 그리기, 골 넣기, 아니면 당신이 정말 좋아하는 특정한 장소에 대한 생각, 아니면 당신을 웃게 만드는 우스갯소리일 수도 있다. 심지어 누군가의 웃음소리를 떠올리는 것일 수도 있다. 이미지가 구체적이고 분명할수록 행복한 생각을 빠르게 떠올리는 데 도움이 된다. 행복한 마음가짐은 외적인 모습도 나아지게 하는 효과가 있다. 결정적으로 그러한 마음가짐은 기회를 긍정적으로 여길 뿐 아니라 바로 가까이 있는 사람들을 더 긍정적으로 느끼게 한다.

4. **반영하기**Mirroring. 원숭이 영역에 들어서는 데 도움이 될 마지막 조언은 다른 원숭이들을 보고 이를 따라하는 것이다. 주의하라. 주변 사람들의 부정적인 행동은 아무것도 반영하지 말고, 같은 공간 안에서 자신의 기분을 좋게 해 주는 다른 원숭이들과 어울려라. 예컨대 보통 그런 이들이 아주 활기차고, 무언가에 대해 열심히 파고들거나 열변을 토하기 때문이다. 원숭이들은 반영하고 반영되기를 좋아한다. 따라서 자신이 확인한 것이 즐겁다면 함께하라. 한 팀이라면 함께 일하고 행동이 동시에 나타나게 하라.

미카, 에이샤, 브렛, 캐런의 사례로 돌아가 보자. 그들에게 해결해야 할 문제가 있다고 가정해 보자. 캐런은 임신 중이고 메스꺼움이 극심해 기진맥진한 상태다. 그녀는 임신 3주 차고, 뮤지컬은 4주 후에 막을 올린다. 원래 그녀는 공연에 간절히 참여하고 싶어 했지만, 이제는 몸 상태 때문에 확신할 수 없다. 그들이 쓸 수 있는 현실적인 대안 한 가지는 지나를 투입하는 것이다.

기억하겠지만, 지나는 그들과 공연을 치른 경험이 있다. 그녀는 캐런의 역할을 잘 알고, 그녀의 능력은 모두에게 검증된 바 있다. 하지만 그들은 그런 제안을 선뜻 하지 못한다. 지나는 브렛과 캐런 사이에서 많은 문제를 일으킨 적이 있기 때문이다. 특히 브렛이 이 제안에 동의하지 않는 듯한데, 다음 대화에서 이 모든 상황을 어떻게 풀어가는지 확인해 보자.

미카   굳이 말하자면, 지나를 고려해야 하지 않을까?

브렛   아, 안 돼… 절대 안 돼….

미카   그 사람이 역할을 잘 알잖아. … 너희가 그 사람을 고통이라고 말한 건 알지만….

브렛   (말을 가로막으며) 안 돼, 안 돼, 안 돼… 어쨌든… 안 돼. 미안하지만 걔는 정말 악몽이야. 역할을 잘 알거나 잘 연기한다고 다가 아니잖아…. 나머지 출연진과 잘 지내야 해. 그러지 못하면 서로 통할 수가 없어. (말을 멈춘다.) 그리고 그 빌어먹을 여자는 우리를 거의 망가뜨렸었다고.

미카   알겠어, 그러니까 그 사람이 같이 일하긴 힘들어도 잘한다는 말이잖아. 내 얘기는, 그 사람이 이걸 할 수 있는 거지?

캐런   맙소사, 그래! 걔가 잘하긴 하지. … 난 걔가 원래 내 역할을 했어야 한다고 생각했어. 문제는 걔의 능력이 아니라 성격이지….

브렛   미카, 의도가 좋은 건 알겠는데, 넌 걔를 모르잖아. 그리고 음, 걔랑 나랑 캐런 사이의 일…. 상상할 수 있겠어? 캐런 기분이 정말 엉망이긴 하지만 말이야.

캐런   브렛, 내가 이거 할 수 없다는 거 너도 알잖아. 할 수도 없는 건 물론이고 실제로 바라지도 않고 필요도 없다고….

에이샤   우리 참 절망적이구나…. (모두 말을 멈추고 생각에 잠긴다.)

미카   브렛, 그 사람이 문제라고 네가 말한 건 내가 충분히 알고 이해했어. … 그 사람이 너희한테 많은 상처를 줬기 때문에 두 사람 모두가 이걸 괜찮아 해야 해.

브렛   그럴 일은 없을 거야. 난 걔랑 일 못 해. 캐런이 없다고
      해도….

캐런   제발, 브렛, 프로답게 굴어. 나 때문에 걔랑 일 못 한다고
      하지는 말고.

미카   캐런, 넌 어떻게 생각하는데?

캐런   너희 말이 맞아. 브렛, 걔가 정말 별로일 수도 있지만 그
      때 이후로 달라졌겠지. 그리고 어쨌든 지금 너랑 나는 함
      께하는 사이니까. 걔가 바보가 아닌 이상 우리 사이에 간
      섭하진 않겠지. 그리고 더 중요한 건, 지금 그 역할을 걔
      는 할 수 있고 나는 할 수 없다는 거야. 그러니 네가 날 걱
      정해서 작업을 거부하지는 마.

미카   이런, 안 돼. 브렛, 넌 나가면 안 돼. … 브렛, 지나가 조금
      은 성숙해지지 않았을까? 그 사람이랑 마지막으로 작업
      한 게 언제야? 상황이 많이 바뀌었겠지. 걔가 지금 너희
      둘 사이에 끼어드는 걸 고민하면 정말 바보잖아. 지금은
      너희 둘한테 정말 행복한 시기야. 그 사람이 그걸 깰 수
      는 없어. 너도 알잖아. 그리고 그 사람이 선을 넘으면 나
      랑 에이샤가 태그 팀(프로레슬링에서 두 사람이 이루는 팀 – 옮
      긴이)으로 그 사람을 상대할게. 미카와 에이샤… WWE 스
      맥다운Smackdown(프로레슬링 중심의 엔터테인먼트 회사 WWE
      의 대표 브랜드 겸 프로그램 – 옮긴이)! (웃음을 터뜨린다.)

브렛   맙소사… (웃음을 참는다.)

에이샤　자, (침착하게) 서두를 거 없어. … 둘이 한번 생각해 봐.

미카　그래, 자세히 이야기 나눠. 너희가 그 어떤 결정을 내리건 우리가 응원할게. 나랑 에이샤는 나가서 뭐 좀 먹고 올게, 둘은 여기 남아서 어떻게 하고 싶은지 이야기해 봐. 우린 너희 결정을 존중할게. 여유 있게 해. 우린 너희가 중요하니까. 그리고 오늘 저녁에 모두 모이길 원하면, 전화해도 괜찮아. 너희가 먹을 거 우리가 사 올 수도 있어. 혹은 너희가 더 이야기를 나눠야 한다면 하루 더 생각하고 내일 결정해. 그것도 좋아. 어때?

이 사례의 소통 과정에서 미카는 모두에게 긍정적인 관심을 보인다. 브렛의 감정에 콧방귀를 뀌지 않고, 캐런에게 편해 보이는 더 긍정적이고 논리적인 해결책을 인정하기도 한다. 하지만 결정적으로 미카는 캐런이 옳다고 생각하지만, 그럼에도 브렛에게 그가 틀렸다는 느낌을 주거나 한쪽 편을 들지 않는다. 그들에게 선택을 위한 공간, 시간, 자율을 허용한다. 미카는 천성적으로 원숭이 유형으로 보이는 에이샤를 논의에 참여시키기도 한다. 브렛은 이 팀 안에서 가장 부정적인 캐릭터이지만, 미카와 에이샤 둘 다 이를 장애물로 여기지 않는다. 그 대신에 침착하고 다정하게, 좋은 기분으로 두 사람은 긍정적인 태도를 유지하려고 노력하고, 모두의 입장을 존중할 수 있는 현실적인 (하지만 강제성은 없는) 해결책을 제시하고자 한다. 따뜻하고 긍정적이며 이해심이 돋보이는 부분이다. 상대적으로 우선시되는 사람은 없고, 모두의 감정과 관련해서 모든 것이 논의 대상이다.

그들이 지나를 투입하기로 선택한다면, 지나는 다른 처신을 할 수도 있고 아닐 수도 있다. 하지만 심지어 거기에도 열린 자세의 낙관적인 가능성이 있다. "그녀가 변했을지도 모르잖아!"

요컨대 원숭이들은 침착함을 유지하면서도 놀기를 좋아한다. 무리에 유머와 온기를 가져온다. 편한 마음을 유지하고, 나쁜 상황에서도 좋은 면을 찾으며, 상황의 틀을 긍정적으로 잡고, 하나의 팀으로서 팀을 위해 일한다. 이를 통해 그들은 합동 작업이 가능하고 성취할 수 있게, 심지어 즐겁게 만든다. 그들은 모두를 고려한 해결책을 찾고 싶어 한다. 다른 사람에게 여유와 시간을 주고, 그 사람들을 행복하게 만들고 싶어 한다. 부정적인 측면을 강조하지 않으면서 긍정적인 분위기를 퍼뜨리려고 애쓴다. 어둡고 어려운 상황에서도 이처럼 상황을 늘 밝게 유지하고, 행복한 태도로 타인을 행복하게 만들고 싶어 하는 능력은 원숭이 소통 방식의 매력적이다. 당신이 이 방식을 선택해서 연습한다면 더 즐거운 시간, 더 유쾌한 관점, 더 즐거운 인간관계를 누릴 수 있을 것이다.

9장

애니멀 서클
활용하기

아이를 바람 받을 돛 하나에만 기댄 채
인생의 바다에 띄우는 일이 결코 없도록 하라.

— D. H. 로런스D. H. Lawrence

인간은 자신에게 가장 편한 행동 유형을 발전시키고, 그것을 대부분의 인간관계에서 적용하는 경향이 있다. 이는 본능적인 선택이다. 하지만 성숙해지려면 안전지대를 벗어나 의사소통의 다른 방식, 그러니까 자신이 꺼리거나 서툰 방식, 혹은 식은땀이 나는 방식이라도 시도해 볼 필요가 있다. '이게 내 방식이야. 상대방이 알아서 대처해야 할 거야.' 하고 마음먹어 버리면, 인간관계에서 최선의 결과를 끌어낼 수 있는 능력을 제한하는 셈이 된다.

기술을 더 확장할수록 이점도 더 많아진다. 대인 유연성은 정서지능과 공감력과도 관련이 있다. 연구 결과에 따르면, 의사소통에 능한 사람은 그렇지 않은 사람에 비해 융통성을 더 갖추고 있다.

이번 장에서는 티라노사우루스, 쥐, 사자, 원숭이의 소통 방식 네 가지를 적절히 교체하며 사용하는 방법을 소개한다. 자신에게 가장 불편한 방식까지 포함하여 네 가지 소통 방식을 전부 익히면 어떤 상황이든 대처할 수 있다.[1]

네 가지 동물 유형을 자유자재로 쓰려면

대인관계 연구에서는 라포르의 능력을 높이는 세 가지 요소를 다음과 같이 제시한다.

1. **유능성.** 자신의 레퍼토리에서 부적응적(나쁜 동물) 서클에 해당하는 특성을 모두 없애는 능력
2. **민감성.** 자신이 어떤 동물 유형을 대하고 있는지, 상대방의 의사소통 방식을 정확히 진단하는 능력
3. **융통성.** 필요한 대로 적응적(좋은 동물) 서클에 해당하는 행동은 무엇이든 활용할 수 있는 능력

유능성

대인 유능성이란 나쁜 행동에 '빠지는 것'을 피함으로써 대인관계를 관리하는 능력이다. 간단히 말해 좋은 서클에서 나쁜 서클로 미끄러지는 것을 방지하는 능력이다. 이는 상대방의 나쁜 행동을 나쁜 행

동으로 받아치려는 충동을 '의도적으로' 막는 것이기에 상당히 까다로울 수 있다. 가끔 미끄러지는 것은 괜찮지만 이것이 빈번해지면 자신의 레퍼토리에서 나쁜 습관을 없애기 위한 도움이 필요하다.

반응할 수 있는 시간이 한정되어 있거나 좋은 첫인상을 남겨야 하는 자리라면 나쁜 서클을 피하는 게 훨씬 더 까다롭다. 다음은 첫 데이트 때의 행동이 전형적인 예다. 이때 작은 반응 하나가 두 번째 데이트의 가능성을 높이거나 아니면 없앨 수 있다. 그렇기 때문에 부적응적 의사소통으로 우연히 잘못 접어들었다면, 나쁜 서클을 그만두거나 빠르게 대응할 필요가 있다.

마르타와 제이크는 대학에서 같은 수학 수업을 듣고 있다. 서로 몇 마디 나눈 게 전부로 이제 첫 데이트를 하고 있다. 둘 다 조금 긴장해 있지만 상황은 순조롭다. 두 사람 모두 다정하고 허물없는 태도를 보인다.

제이크 음, 너 여기 전에 와 봤어?

마르타 아니, 멋지다. 바 곳곳에 있는 조명이 너무 좋아.

제이크 응, 멋지지…. 오늘 험프리스 선생님 말도 안 되지 않아? 수업 도중에 뇌가 멈췄나 봐!

마르타 (웃는다.) 내 말이! 어떻게 공식 전체를 잊어버릴 수가 있어? 브래드가 돕기 시작할 때는 정말 황당하던데….

제이크 응, 진짜 민망했어! 브래드는 공붓벌레잖아. 걔가 가르치는 게 낫겠어! (둘 다 웃는다.)

지금까지는 좋다. 두 사람은 바의 첫인상으로 대화를 나누고(멋진 조명), 이전에 공유한 경험을 이야기한다(험프리 선생). 다정하고, 사교적이며, 허물없는 대화다. 이는 '좋은 원숭이'의 태도다.

마르타　나 오늘 밤에 뭐 입을지 정말 고민했어. 이 장소가 얼마나 격식을 차린 곳일지 감을 잡을 수 없었거든. 옷을 열두 번은 갈아입었을 거야! (확신이 없다.)

제이크　(잠시 멈춘다.) 음, 멋져 보여. 정말 예뻐. 종이 가방을 입어도 예쁠 걸.

마르타　오, 고마워, 제이크. 정말 기분 좋은 말이네. (얼굴이 빨개진다.)

마르타는 겸손함과 불확실한 태도를 약간 보였고(나쁜 쥐), 제이크는 그녀를 안심시키기 위해 힘이 되는 칭찬으로 반응했다(좋은 사자/원숭이).

제이크　실제로 우리 둘 다 종이 가방을 입었어야 했을 것 같아. 야밤에 찢기도 쉽고 재활용도 하고 말이야!

마르타　(어색하게 머뭇거린다.) 음, 그렇구나…. 그거 좀 이상하네….

제이크　아, 아니야! 그러니까 내가 찢는다고! 네가 찢는다는 뜻이야! 아니, 잠시만! 네가 내 걸 찢는다는 게 아니야! 네가 네 걸 찢고, 내가 내 걸 찢는다는 건데… 따로따로 말이야… 같이 그런다는 게 아니고. 아! 이런, 미안해…. 그런 의미가 아니야. 미안해… 그냥 신경 쓰지 마. 내 말 무시해, 내가 한 말 없었던 걸로 해 줘!

제이크는 유머를 조금 쓰려고 하다가 뜻하지 않게 어색한 상황을 만들고 말았다. 나쁜 원숭이(지나치게 친하다)로 빠지더니 해명에 열을 올리는 나쁜 쥐(망설인다/확신이 없다)가 되고 말았다. 그가 마르타와의 데이트를 계속 이어가려면 상황을 바로잡아야 할 필요가 있다. 하지만 어떻게? 제이크는 아무 일도 없었던 척하려고 애쓰지 말아야 한다(나쁜 쥐). 그렇게 하면 둘 사이에 생긴 문제는 그대로 남게 된다.

그러면 어떻게 할까? 자신이 나쁜 서클로 들어섰다면 어떻게 소통을 바로잡을 수 있을까? 회복을 위한 가장 빠른 묘책은 '나는 나쁜 서클의 어디에 위치하는가?'를 파악하고, 자신의 행동을 '좋은' 방식으로 즉시 바꿔 보는 것이다. 제이크의 경우, 그는 나쁜 쥐 위치에 있기 때문에 좋은 쥐(겸손하다/겸허하다/지도를 구한다)로 바뀔 필요가 있다. 제이크는 이런 식으로 말할 수 있다. "마르타, 정말 미안해. 내가 조금 긴장했어. 내가 긴장하면 본의 아니게 헛소리를 하는 끔찍한 버릇이 있거든. 용서해 줘."

마르타는 어떻게 반응할까? 계속 불쾌해 할 수는 있지만, 제이크가 진심 어리고 솔직한 사과를 한다면 그가 성희롱을 일삼는 사람이라고 생각하지는 않을 터이다.

그녀는 이런 식으로 말할 가능성이 훨씬 더 많다. "솔직히, 걱정 안 해도 돼. 나도 긴장했거든! 우리 한 잔 더 시키자."

사람을 능숙하게 대한다는 건 나쁜 동물 행동을 결코 하지 않는다는, 혹은 적어도 아주 드물게 한다는 의미다. 대인관계를 개선하기 위한 가장 중요한 측면은 의사소통 방식을 나쁜 쪽에 있는 건 무엇이든 좋은 쪽으로 바꾸려고 노력하는 데 있다.

단, 나쁜 서클에 있는 행동을 완전히 없애려고 스스로를 압박하지 말아야 한다. 우리 모두는 보통 일상적으로 여러 지점에서 나쁜 서클에 있게 된다. 우리 부부 또한 대인관계를 가르치면서도 여전히 나쁜 행동으로 자주 빠져든다. 하지만 그런 실수를 최소화하도록 의식적으로 노력하고, 가능한 한 고치려고 노력한다. 나쁜 쪽으로 빠지면 그것을 인지하고 고치라는 것, 이것이 주문이다.

민감성

'대인 민감성'이 높다는 뜻은 상대를 정확하게 인식하고, 그 결과 적절하고 호의적인 반응을 얻어 내는 행동을 취할 가능성이 높다는 의미를 담고 있다.[2] 연구 결과에 따르면 대인 민감성은 자의식과 사회적 적응과 비례한다. 대인 민감성이 높은 사람은 더 많이 공감하고, 더 높은 사회적 지능을 보이며, 타인을 대할 때 덜 엄격하다.

민감성은 상대가 활용하는 의사소통 방식에 대한 세심한 주의를 요구한다. 어떤 소통에서든 당신은 다양한 대인 신호를 마주할 텐데, 어떤 신호는 알아차리거나, 판단하거나, 해석하기가 어려울 수 있다. 자신이 어떤 사람을 대하는지 파악하려면 앞에서 소개한 두 가지 질문을 자문하면 된다. 더 위에 있나, 더 아래에 있나? 대립하는가, 포용하는가? 상대가 좇는 위치가 사자인지 쥐인지(통제인지 양보인지), 원숭이인지 티라노사우루스인지(갈등인지 협조인지)를 따져 보고 이를 통해 자신의 소통 방식을 단순화한다는 것은 비언어 신호와 언어 신호를 전부 고려할 필요가 없다는 뜻이다. 행동이 상대적으로 뚜렷하면 더 쉽게 파악할 수 있겠지만, 대부분의 소통에서 상대방이 원하는게 통제인지 추종인지, 논쟁인지 협조인지를 감지하는 것은 어렵지 않다.

그다음 순서로 상대방이 각 전형에서 나쁜 쪽인지 좋은 쪽인지를 파악해야 한다. 만약 앞에 있는 상대방이 사자라는 걸 파악했다면, 그 사람은 나쁜 사자인가 좋은 사자인가?

상대방이 나쁜 사자라면 그 사람을 좋은 서클로 이끌기 위한 노력과 시간이 조금 더 필요할 것이다. 이렇게 하려면 좋은 쥐의 인내가 필요하다. 쥐처럼 집요하게 버티다 보면 당신의 노력은 상대의 행동에 영향을 미치기 시작할 것이다.

상대방의 의사소통 방식을 관찰하고 분석하는 능력은 자신의 대인 민감성과 인식 기술을 발전시킨다. 상대방의 행동을 파악하는 연습을 하면 공감 능력과 이해력을 높이는 데 도움이 될 수 있다. 이것을 연습하기 위해 다음 이야기에 등장하는 아빠가 각각의 반응에서 어떤 동물 유형인지, 더 나아가서 좋은 유형인지 나쁜 유형인지 판단해 보라.

수요일 밤 10시 30분, 열다섯 살 난 딸아이 재스민은 아직 집에 돌아오지 않았다. 아빠 제롬은 퇴근 후 오후 6시 30분에 집에 왔고, 딸에게 여덟 번 정도 통화를 시도했다. 딸은 전화를 받지 않고 있는데…. 제롬은 공원, 마트 주차장 등 딸아이가 평소에 친구들과 함께 시간을 보내는 몇몇 장소를 차로 둘러보기도 했다. 하지만 어디에도 딸아이는 보이지 않는다.

딸아이 친구들의 부모들에게 전화를 돌렸다. 모든 부모에게 전화를 돌려야 하는 데다가 기본적으로 자기 자식이 어디 있는지 모른다는 걸 인정하는 꼴이 되니 난감하기 짝이 없었다.

결국 경찰에 전화하려는 찰나에 아이가 현관문으로 느긋하게 들어온다. 그녀는 자신의 휴대폰으로 통화를 하며 웃고 있고, 그 상태로 위층의 자기 방으로 걸어 올라간다.

"재스민, 여기로 내려와 줄래?" 제롬은 침착하려고 노력하면서 입을 연다. 하지만 반응이 없다. 여전히 그녀가 위층으로 올라가면서 휴대폰으로 수다를 떨고 있을 뿐이다.

상황 A. 제롬이 재스민의 방으로 불쑥 들어가 그녀의 휴대폰을 빼앗아 끈다. 그리고 말한다. "재스민, 도대체 무슨 생각으로 이러는 거니? 너 한 달간 외출 금지고 이건(휴대폰) 이제 압수야!" 제롬은 문을 쾅 닫고 아래층으로 내려간다.

분명히 이 반응은 나쁜 티라노사우루스/사자다. 초점이 통제와 처벌에 맞춰져 있다. 말투는 화가 나 있고 공격적이다. 아빠가 이런 식으로 느끼는 건 이해할 수 있지만 재스민에게는 어떤 영향을 미칠 수 있을까? 나쁜 티라노사우루스/사자가 되면 어떤 반응을 돌려받을까? 기억하라. 사자는 쥐의 마음을 부르고, 티라노사우루스는 티라노사우루스의 마음을 부른다. 결국 아빠는 나쁜 티라노사우루스/

쥐의 반응을 얻을 것이다.

나쁜 티라노사우루스는 자기주장이 강하고, 빈정대며, 까다롭다. 나쁜 쥐는 분해하고, 교활하며, 엉큼하다. 아빠는 실제로 재스민이 협조적이고 규칙에 따르길 바라지만, 그렇게 반응해서는 원하는 소기의 성과를 얻지 못할 것이다. 아빠는 또 다른 언쟁에 휘말리고 재스민은 몰래 다니는 데 능숙해질 가능성이 더 높다.

상황 B. 제롬은 재스민을 따라 위층으로 올라가 그녀의 침실 문을 두드린다.

"재스민, 얘기 좀 할 수 있을까?" 재스민은 제롬을 무시한다.

"재스민?" 제롬이 방 안으로 얼굴을 쑥 내민다.

"아빠! 나가! 옷 갈아입잖아! 말도 안 돼, 노크를 하라고! 어쨌든, 뭘 바라는데?!"

제롬은 다시 문을 닫는다. "미안!" 바보가 된 듯한 기분을 느끼며 소리친다.

제롬은 속을 끓이며 아래층으로 내려가지만, 오늘 밤만큼은 딸아이의 헛짓거리를 참을 수 없다고 생각한다. 하지만 딸아이를 야단치는 게 정말 쉽지가 않기에 무력감을 느끼며 맥주를 손에 쥐고는 거실에 앉는다.

이건 나쁜 쥐의 모습을 한 아빠다. 그는 문제를 꺼내려고 했지만, 재스민이 자기가 옷을 갈아입는데 들어왔다고 소리를 지르는 바람에 확신이 없고, 망설이며, 미안해하는 행동을 보이게 됐다. 힘의 위치가 완전히 흔들린 탓에 그는—갈등을 피하는—나쁜 쥐가 되고 나쁜 행동을 무시하기로 한다. 문제는 이로써 재스민이 사자가 되어 권력의 정상에 남는다는 점이다. 그녀는 자신이 집에 몇 시에 들어올지는 아빠가 아닌 자신이 결정한다는 입장을 견지한다. 경계가 확실하지 않았기 때문이다.

상황 C. 제롬은 재스민이 통화를 멈출 때까지 귀를 기울이며 기다린다. 흥분을 가라앉히기 위해 차를 한 잔 타고, 재스민 것도 한 잔 타기로 한다. 그리고 위층으로 올라가 문을 두드린다. 지금쯤이면 헤드폰을 끼고 있을 테니 세 번은 두들겨야 한다.

마침내 재스민이 말한다. "왜?"

제롬은 문을 열어 얼굴을 내민다. "재스민, 너 주려고 차 한 잔 타왔어."

"마시고 싶지 않은데." 그녀는 제롬의 말이 끝나기도 전에 대답한다.

그는 심호흡을 한 번 하고…. "그래, 한마디만 해도 될까? 말할 게있어. 중요한 거야."

재스민이 말한다. "왜? 뭔데?"

"얘기 좀 하게 지금 아래층으로 내려와 줄래?"

제롬은 문을 닫고 자신의 차를 들고 아래층으로 내려가 '소리 지르지 마, 소리 지르지 마, 소리 지르지 마'를 생각하며 심란한 마음을 달래려고 한다.

이건 좋은 사자/원숭이를 시도하는 아빠다. 그는 노크했을 때 재스민의 답을 기다리며 그녀의 개인 공간을 존중한다. 차를 타 주며 (그걸 딸아이가 거절한다고 해도) 협조를 이끌고, 그녀에게 문제를 놓고 대화하자고 요청한다. 문제는 재스민이 절대 아래층으로 내려오지 않을 때 생길 것이다. 회피는 나쁜 쥐의 행동이다. 따라서 아빠는 그 역할을 계속 책임지려면 자기 안에 좋은 사자를 키워야 할 것이다. 첫 번째 전술이 먹히지 않으면 다시 조정할 필요가 있다. 훈육은 원숭이 위치에서는 제대로 하기 어렵다. 상대가 원숭이 상태로 있지 않을 때에는 특히 그렇다.

상황 D. 제롬은 재스민을 따라 그녀의 방으로 간다. 그리고 딸아이가 통화를 끝낼 때까지 기다렸다가 노크를 하고 방에 얼굴을 내민다.

"재스민, 네가 집에 이 시간에 들어오는 건 용납할 수 없어. 내가 밤 시간 내내 얼마나 걱정했는지 몰라. 경찰에 신고하려던 참이었어. 전화하면 받지도 않지, 그렇다고 확인 전화를 하는 것도 아니지. 너의 독립성을 네가 존중하지 못하면, 그 대가를 반드시 치르게 될 거야. 앞으로 2주 동안 휴대폰 사용을 금하고, 이번 주에는 이번 주말 포함해서 매일 밤 7시까지 들어와 있어."

"아빠, 그건 불공평하잖아!" 재스민이 항의한다.

아빠는 말을 이어 나간다. "하룻밤이라도 제시간에 오지 않으면, 휴대폰 사용은 한 주 더 금지야. 잘 지키면, 다음 주말 통금 시간은 밤 8시로 돌아갈 수 있어. 이건 아침에 다시 얘기하자. 지금은 자도록 해."

제롬은 문을 닫는다.

이건 좋은 사자/티라노사우루스의 모습을 한 아빠다. 그는 분명하고, 직접적이며, 적극적이다. 그리고 사실을 말한다. 욕이나 비난은 하지 않는다. 그는 어떤 결과가 일어날지를 분명히 한다. 협상의 여지는 없다. 그는 확실히 의견을 밝히는 한편, 딸아이를 그저 처벌하기보다는 손해를 메꾸는 방법까지 제시한다.

이와 같은 사례는 서클을 현실 상황에 적용하기 위한 몸풀기에 불과하다. 비슷한 연습을 최대한 많이 해 보라. 연속극이나 리얼리티 TV 드라마에서, 아니면 카페의 낯선 사람들이나 심지어 직장 내 동료들 사이에서 벌어지는 상호작용을 보고 있을 때라도 상관없다. 기술을 활용해 더 많이 연습할수록, 자신과 상호작용을 하는 상대방을 더 자연스럽게 파악할 수 있다. 상대방을 파악할 수 있는 능력은 적응력으로 이어지는데, 이는 라포르 형성에서 전문성을 키우는 마지막 방법이다.

융통성

우리가 질문자들을 조사할 때 초보자와 숙련자를 나누는 기준이 바로 융통성이다.

융통성을 갖추기 위해서는 우선 긍정 서클에서 자신에게 힘든 영역을 파악해야 한다. 상대적으로 선택하기 어려운 방식, 다른 것보다 더 힘든 동물 유형이 있는가?

숙련된 사람은 모든 동물의 소통 방식을 잘 구사한다. 이는 효과적인 의사소통으로 이어진다. 좋은 원숭이처럼 긍정적인 방식이더라도 어떤 하나의 대인 방식에 '못 박혀 있을' 경우, 그 사람은 상대의 방식에 적응하지 못해 시간이 갈수록 어려움에 처하기 쉽다. 공격적이고, 덤벼들며, 빈정대는 사람에게 계속 친근하고, 다정하며, 사교적인 태도를 보이는 사람은 상대의 신경을 건드리고 거짓이라는 느낌을 낳기 시작해 결국 의사소통의 실패를 맛보게 된다.

사람을 대할 때 융통성이 있다는 것은 각기 다른 행동을 상황에 맞게 배치할 수 있다는 뜻이다. 예컨대 자신이 타고난 사자일지라도, 사자인 상대를 대할 때 적어도 얼마간은 쥐 역할을 취할 필요가 있다는 걸 아는 것이 무엇보다 중요하다.

맞추거나 비틀거나

이제 당신은 애니멀 서클이 어떻게 작동하고 어떤 반응을 암시하는지 알게 됐다. 그런 반응을 하는 데 자신이 없거나 불편한 상황에서도 자신의 강점을 발휘할 수도 있다. 상대가 원하는 위치에서 시작한 다음 서클에서 가장 편한 쪽으로 서서히 옮겨 갈 수도 있다. 우리는 이걸 자신을 위한 모델 '비틀기'라고 표현한다. 명심할 점은, 당신이 상대가 있길 바라는 서클상의 위치에서 그 사람이 멀리 떨어져 있을수록 그 사람을 거기까지 움직이는 시간은 더 오래 걸리고, 더 많은 인내가 필요하다는 점이다. 이것은 흥미로운 도전인 동시에, 애니멀 서클을 사용할 때 더 복잡한 고민을 남긴다.

　이 책 초반에서 서버 경찰관이 토머스와 나눈 상호작용을 떠올려 보자. 겁에 질린 학부생 한 사람을 제외하고는 아무런 지원 병력이 없는 150센티미터가량의 여자 경찰관이, 술에 취한 채 격분해 있는 180센티미터에 달하는 짐승 같은 남자를 대하고 있다. 메리 앤은 친근하고 협조적인 (원숭이) 소통 방식을 통해 토머스가 있길 원하는 서클상의 위치로 갔다. 그렇게 그를 협조하도록 부추겼고, 자신이 그의 이야기에 귀 기울이는 동시에 그의 공격적이고 적대적인 행동을 모두 묵인하고 있음을 확인시켰다. 그녀는 그러한 관계 역학을 만들어 그가 자신을 따를 때까지 끈기 있게 버텼다. 이 전략은 메리 앤의 강점에 따른 것이기에 흥미롭다. 그녀의 침착함, 친절함, 강인함 모두가 토머스를 협조(좋은 원숭이)로 이끌고 공격과 폭력(나쁜 티라노사우루스)에서 멀어지게 만들었다.

　이제부터 소개할 이야기는 에밀리와 악명 높은 살인자 사이의 에피소드다. 그 당시 에밀리는 자신의 대인 기술로 누군가를 길들이려고 시도하는 위험한 상황을 겪으리라고는 생각조차 하지 못했다.

　나는 초보자 시절에 어린 여자아이를 아주 끔찍하게 죽인 한 남자를 상대한 적이 있다. 그는 끔찍한 범죄를 저지른 지 24년이 지나 석방됐다. 그리고 그가 보내진 곳은 지역 사회 복귀를 위한 안전 사회 복귀 훈련 시설이었다. 그의 사회 복귀는 그의 악명 탓에 거의 불가능한 일이었기 때문에, 그는 사실상 가택 연금 상태나 다름없었다. 하지만 그가 갇힌 시설은 장기 구금을 하기엔 설비가 매우 열악한 곳이었다. 이 때문에 관리진은 그에게 부지 내에서 적절한 기회를 줄 수 있는 방안을 찾느라고 분주했다. 그 방법 중엔 그의 요리 재능을 살려 시설 요리사를 시키는 일도 포함됐다.

나는 그곳에서 사례관리자로 일하고 있었다. 어느 날, 그는 30센티미터짜리 푸주 칼을 들고 내 사무실로 들어왔다. 그 칼은 그가 그날 저녁 식사로 칠리 요리를 준비하면서 당근을 썰 때 쓴 칼이었다. 그는 경비실을 통해야 내 사무실로 들어올 수 있었는데, 그 거대한 칼을 계속 들고 있었다. 나중에 물어보니 안내 직원들은 그의 손에 칼이 있는 것을 보지 못했다고 했다.

그가 사무실 안으로 들어오자 나는 책상에서 일어섰다. 그 방에서 드나드는 문은 하나뿐이었다. 칼을 발견한 나는 머뭇거리며 말문을 열었다. "안녕하세요, 조지 씨. 무슨 문제라도 있나요?" 나는 살짝 목이 메었다. 그리고 크고 반짝이는 칼날이 눈에 들어오자, 내 심장은 화물열차처럼 질주했다.

"사실 맞아요, 많이 잘못됐어요." 그가 말했다. 우리가 전에 몇 번 만났을 때만 해도 조지는 늘 완벽하게 잘 차려입고 공손한 태도를 보였다. 그가 나를 향해 고래고래 고함을 지르기 시작하자, 젤로 정리한 그의 머리칼은 헝클어져 나부꼈고 광대뼈는 새빨개졌다.

그가 보이던 순응의 이면에 있던 분노를 나는 이때 처음 목격했다. 그는 자신이 다른 거주자들처럼 시설 밖에 나가는 게 절대 허용되지 않는다는 사실에 화가 나 있었다. 특별한 날이 아니면 쇼핑을 하거나, 산책을 하거나, 치과에 갈 수도 없었다.

그는 화가 나서 자신의 불만을 이것저것 늘어놓으면서 칼을 좌우로 흔들었고, 목소리는 점점 커져만 갔다. 언쟁을 바라는 게 분명했다. 확신컨대 그는 내게 칼을 확실히 보임으로써 나를 겁주고 싶어 했다.

"이리 와서 같이 앉아서 이야기해 볼까요?" 난 칼이 아닌 그의 눈을 보면서 말했다.

"앉기 싫어요." 그가 목소리를 높였다.

"알겠어요." 난 목소리가 다시 떨리지 않도록 애쓰면서 말했다. "난 앉을 건데, 괜찮아요. 당신은 앉지 않아도 돼요."

그는 계속 칼을 흔들면서 모든 게 불공평하다며 장황한 비난을 이어 나갔다. 난 눈을 마주치려고 애쓰면서도 칼을 계속 확인했다. 그 사이에 사무실에서 일어나는 일이 직원들의 귀에 들리길 바랐다. 하지만 직원들은 보이지 않았다. 한편으로는 누군가 와서 이 소동을 막아 주길 바랐다. 다른 한편으로는 그가 문으로 들어오는 누구라도 찌를까 봐 두려웠다. 어쨌든 찾아오는 사람은 없었다.

결국 그는 책상을 사이에 두고 내 맞은편에 앉았다. 그래서 내 기분이 더 나아졌는지 아닌지는 확신할 수 없었다. 그는 더는 칼을 들고 서성이지 않았지만, 또 한편으로는 나와 이제 더 가까워져서 나를 찌를 수 있는 거리에 있었다.

우리가 이야기를 나누는 동안, 나는 그의 불평을 하나씩 인정하면서 침착함을 유지했고 그의 말을 주의 깊게 들었다. "내가 듣기에도 정말 실망스럽네요, 조지. 당신이 나한테 한 이야기는 알겠어요. 그러니까 본인이 계속 교도소에 있는 것 같은 느낌이 들고, 다른 거주자들과 동일한 권리를 얻지 못해서 불공평하다는 느낌이 든다는 거네요."

"솔직히 교도소에 있는 게 더 나아요, 에밀리." 그가 말했다. "적어도 운동장에서 산책할 수 있고 제대로 된 부엌에서 일할 수 있잖아요. 여기는 그냥 끔찍해요." 이렇게 말하는 그의 목소리에는 이제 분노가 아닌 체념이 섞여 있었다.

결국 그는 칼을 더는 흔들어 대지 않고 무릎 위에 올려 두었다. 우리는 둘 다 서로의 행동을 인식하는 듯 동시에 눈을 마주쳤다. 그는 나를 겁주려고 했고, 난 겁먹지 않으려고 했다.

이때 난 말했다. "알겠어요. 당신의 이야기를 모두 들었어요. 정말 타당한 의견이라고 생각해요. 난 이걸 모두 정리해서 관리진한테 전달할 거예요. 당신도 가서 이걸 정식 불만 사항으로 적었으면 좋겠어요." (그는 불만 사항을 적는 것을 정말 좋아했다.) 난 그를 보고 잠시 멈추고는….

"가기 전에," 난 말했다. "그 칼을 내 책상 위에 놔주겠어요? 직원들에게 돌려주도록 할게요."

난 숨을 죽였다. 그리고…. 그는 칼을 내 책상 위에 두고 들어 줘서 고맙다고 말하고는 일어서서 걸어 나갔다.

그때 나는 의자에 털썩 주저앉아 양손을 사시나무 떨듯 떨면서 안도의 한숨을 아주 길게 내쉬었던 것으로 기억한다. 난 내 책임자에게 전화했고, 책임자의 연락을 받은 경찰관이 재빨리 도착해 그를 체포했다.

당시의 대화를 돌아보면, 나는 우리가 서로 빙빙 돌고 있었음을 알 수 있다. 조지는 방에 들어왔을 때 서클상에서 분명 나쁜 사자/티라노사우루스 위치에 있었다. 30센티미터짜리 푸주 칼을 손에 든 사람은 누구든 주도권을 갖게 된다(사자). 조지는 분명 화가 나 있었다. 목소리를 수차례 높이고, 욕을 하며, 칼을 마구 흔들었다. 누가 봐도 위협을 가하고 겁을 주는 행동이었다(나쁜 티라노사우루스).

나는 책상 밑으로 몸을 웅크리길 바랐지만 한편으로는(나쁜 쥐 - 갈등을 피한다) 그와 계속 소통해야 한다는 느낌을 받았다. 나는 존중과 참을성 있고 겸손한 태도를 보이기로 했다. 차분한 말투를 쓰고, 그의 이름을 수차례 부르며, 그와 눈을 마주치기로 했다(좋은 원숭이 쪽으로 움직이기 시작함).

난 위협을 당하는 상황에서도 그가 주도권을 갖게 하고 친근함을 유지하는 게 최고의 전략임을 깨달았다. 내가 결국 사무실에서 멀쩡하게 나갈 것임을 보장하는 최고의 기회가 바로 그것이라는 느낌이 들었다. 그리고 그게 나의 목표였다. 누가 주도권을 잡고 있는지를 그에게 보여 줄 필요가 없었다. 그저 상황이 악화되지 않게 할 필요가 있었다.

우리가 이야기를 나누는 동안, 나는 더 다정하고 협조적인 태도를 보이려고 노력했다(좋은 원숭이). 나는 내가 그를 따르는 게 아니라 그가 서클을 따라 나를 따라오게 하려고 노력했다. 그러고 나서 위치를 바꾸려고 시도해 봤다. "그 칼을 내 책상 위에 놔주겠어요?"(좋은 사자) 무언가를 하라는 직접적인 요청은 얼마나 예의 있게 전달되든 간에 본질적으로는 사자다.

그 순간 힘의 축이 기울어졌다. 그는 내 요청을 듣거나, 요청을 거부하고 자기 뜻을 지킬 수 있었다. 그날 그가 나를 조금이라도 해치는 데 100퍼센트 골몰했다면, 내가 무슨 말을 하건 효과가 없었을 가능성이 크다.* 하지만 내가 그 상황에서 벗어나는 최고의 기회는 침착함을 유지하고 귀 기울이는 것, 그리고 그의 공격성에 맞춰서 요구하는 것("그 칼 내려놔!", "나한테 소리 그만 질러!")이 아니라 그가 내 침착함에 맞추도록 하는 것임을 느꼈다.

이튿날 내 상관은 나와 그 사건을 논의했다. 그는 내 설명을 주의 깊게 듣더니 이렇게 말했다. "다친 사람이 없어서 참 다행이에요. 하지만 그 사람이 칼을 쥐고 있는 걸 목격했을 때 당신이 '조지! 그걸 들고 여기 들어오면 안 돼요. 지금 바로 가서 그걸 직원한테 주도록 해요' 하고 바로 말했어야 했어요." 물론 이것은 정직한 사자의 전략이다. 그리고 그게 효과가 있었을지도 모른다. 조지는 물러서서 우리에게 많은 골칫거리를 덜어 줬을 것이다. 만약 그가 더 쥐 같은 성격을 갖고 있었다면 이건 틀림없이 좋은 전략이었을 것이다. 만약 내가 내 상관처럼 더 사자 쪽이었다면, 나는 아마 그렇게 했을 것이다.

하지만 그는 쥐가 아니었다. 특히 여자한테 그렇지 않았고, 분명 그 상황에서도 아니었다. 한편으로는 그가 내 요청을 거절했다면 경찰이 도착할 때까지 대략 5분에서 8분 동안 나 그리고 30센티미터짜리 푸주 칼만 있었을 거라는 뜻이다. 나는 그 시나리오에서 내게 기

---

* 나중에 나는 편의점 계산대 뒤에 있던 열여덟 살 청년에게 총을 쏜 한 무장 강도를 만났다. 자신은 그 청년을 쏠 의도가 없었지만 그가 돌아서서 자기를 보고 미소를 지으며 "저기, 이럴 필요 없잖아." 하고 말하자 격분해서 그를 쐈다는 것이다. 이 사례를 친근함이 당신에게 심한 폭력을 가하려는 사람으로부터 당신을 항상 보호해 줄 수 있다는 식으로 해석하지 말라. 때로는 할 수 있는 게 아무것도 없을 때가 있다.

회가 있다고 믿지 않는다.

　게다가 내 상관은 190센티미터에 달하는 키에 건장한 체격의 남성이었고 20년 넘게 일한 베테랑이었다. 나는 161센티미터 정도의 키에 스물세 살 먹은 여성이었고, 일을 한 지 2주밖에 안 된 상태였다. 그보다 '더 사자'처럼 구는 건 내 선택지에 없었다.

　최근에 내가 교육 모임에서 이 이야기를 하는데, 어떤 학생이 내가 지금 동일한 상황에 처했다면 그때와 똑같이 반응했을지 궁금해했다. 20년 동안 경력을 쌓고 자신감도 더 생겼기 때문에 난 그때와는 다르게 대처했을 것이다. 소리 지르는 일은 없었을 테지만, 우리가 소통을 시작하기 전에 내가 그에게 칼을 돌려 달라고 침착하고 단호하게 요구했을 것이다. 지금의 나라면 그렇게 할 것이다.

　하지만 스물세 살의 나는 그렇게 해낼 수 없었을 것이고, 실패했을 때의 위험 부담이 너무 컸다. 그래서 난 쥐가 되어 일이 잘 풀리기만을 기다렸다.

　내가 내려야 했던 결정은 우리가 자주 말하는 '맞추거나 비틀거나'에 해당한다. 나는 상대가 원하는 반응에 맞추고 있는가? 그게 내 목표에 적합한가? 혹은 그 대신에 나는 상대를 움직이려고 하는가? 내 상관은 아마도 거기에 맞췄을 것이다. 그는 힘의 위치를 다시 가져오려고 시도하면서 단호하고 직접적으로 상대에게 맞섰을 것이다(티라노사우루스). 조지는 대결을 원했는데, 내 상관은 그렇게 해 주었을 것이다.

　하지만 나는 비트는 쪽을 선택했다. 쥐로 시작해 겸손하고 존중하는 태도를 보여서 그를 협조하는 쪽으로 이끌려고 했고, 이어서 원숭이로 옮겨 더 다정하고 지지하는 태도를 보여서 그저 사고 없이 그가 칼을 내려놓게 만들려고 했다. 결국 그는 협조적이고 침착한 태도로 사무실을 떠났고, 모두가 안전하게 집으로 돌아갔다. 내게 중요한 건 그것뿐이었다.

이 책에서 우리는 줄곧 당신이 기술을 발전시키고 대인 레퍼토리를 늘릴 것을 권했다. 하지만 당신은 여전히 당신이다. 자신의 강점을 발휘해 가장 편한 상태에서 상대방이 거기에 따르길 바랄 수도 있다. 자신이 지독하게 불편을 느끼거나 위험 부담이 너무 큰 상황에 있다면, 자신이 좋은 서클에서 가장 잘하는 영역으로 가는 게 나을지도 모른다. 당신은 상대방의 반응에 계속 관심을 갖고 즉각 대응할 필요가 있을 것이다. 의도한 결과를 얻지 못했다면, 방식을 바꾸되 좋은 서클에 머물 수 있도록 조절하고 그저 최선을 다해야 할 수도 있다.

역할극 연습

자신이 까다로운 상황에 놓였다는 사실을 깨닫기 전에 미리 준비를 해 두는 게 좋다. 우리 동료 한 사람이 즐겨 말하는 문구처럼 "댄스파티 10분 전은 춤을 배우기 좋은 타이밍이 아니다". 그래서 우리는 면담 진행자나 질문자에게 라포르에 기반한 기술을 가르칠 때 가장 엄격하고 까다로운 역할극 시나리오를 준다. 그 범위는 반응 방법을 속사포처럼 쏟아내야 하는 가장 기본적인 예시부터 용의자가 인터뷰 중에 내놓은 가장 어려운 진술까지 아우른다. 예를 들어 보자.

A. "사람들은 죽고, 애들은 굶주리고 있어요. 당신에게 봉급을 주는 정부는 살인자고요. 애들을 굶겨 죽이는 정부를 위해 일하는 기분이 어때요?"

B. "나는 내 결정에 만족하고 내 하느님과도 문제가 없어요. 당신도 똑같이 말할 수 있어요? 확신 없고 혼란스럽기만 한 것 같은데. 얼굴에 다 드러나요."

C. "이건 그냥 사내 하나가 보내는 휴가였어요. 당신이 세 명이 넘는 수염 단 아시아 남자들 무리를 봤다고 해서 우리가 테러리스트라는 뜻은 아니죠, 그죠? 그거 인종 프로파일링 아니에요? 당신 그렇게 하라는 허락은 받은 거에요?"

당신이라면 이 각각의 진술에 어떻게 반응하겠는가?

A. "당신은 분명히 전쟁 지역에 갇힌 사람들에게 관심이 지대해요. 이런 걸 어떻게 알게 됐는지 말해 줄래요?" (언급된 이야기의 이면에 깔린 정서를 반영하라/반박하지 말고 반대쪽으로 밀고 나가라.)

B. "결정이라니요?" (단순하지만 전략적인 복기)

C. "그러면 내 의견을 말하죠. 당신은 당신과 친구들이 그냥 휴가를 보낸 거라고 말하고 있어요. 하지만 가방에 전투복과 발라클라바 (얼굴을 덮는 방한모−역자 주) 같은 것이 있단 말이죠. 이유가 뭐죠?" (솔직함/불일치 부각/양면 복기)

라포르 형성을 위한 HEAR 대화 원칙인 솔직함, 공감, 자율성, 복기를 떠올려 보라. 라포르를 유지하려면 비판을 한다든지, 확신이 없거나 잘못한 부분을 노출한다든지, 언쟁을 불러일으킨다든지 해서는 안 된다. 그리고 우리가 앞에서 논의한 SONAR 기법을 하나 이상은 써야 한다. 또한 사람을 대할 때 유능성, 민감성, 융통성을 보여야한다. 그리고 자신이 찾는 것과 연관된 방향으로 대화를 건설적으로 이끌어 가야 한다. 당신이 이 연습을 해 보고 나면 우리 질문자들이 마주하는 문제를 인식하게 될 수 있다.

우리는 테러리스트 공격이나 재난을 대규모로 모의실험을 하는, 훨씬 더 복잡하고 실감 나는 실전 연습도 진행한다. 2017년 3월 22일 웨스트민스터 테러 전 주에 바로 그런 사건을 다뤘다. 당시 칼리드 마수드라는 테러리스트가 웨스트민스터 다리 위에서 행인들 쪽으로 차를 몰고 돌진해 네 명이 숨지고 쉰 명 이상이 다쳤다. 그러고 나서 그는 비무장 경찰관 한 사람을 칼로 처참하게 죽인 뒤 무장 경찰이 쏜 총에 맞아 사망했다. 이 끔찍한 사건에 관계된 많은 사람이 그 사건이 일어나기 일주일 전에 모의 훈련에 참여했었다. 그로부터 고작 일주일 후에 일어난 실제 테러리스트 공격이 일으킨 충격과 복잡함을 마주했을 때, 그들은 모의 훈련에 참여했던 게 '대결할 준비'를 갖춘 느낌이었다고 우리에게 피드백을 남겼다.

분명히 이런 상황은 경쟁자와 사업 거래를 협의하거나 크리스마스 저녁 식사 자리에서 여자 친구의 부모들과 라포르를 쌓으려고 하는 것보다 더 복잡하고 까다롭다! 하지만 역할 연기의 개념과, 상호작용에 대비해 대인 근력을 키우는 것은 서로 동일하다. 이런 기술을 스스로 연습하는 기회를 만들어 내야 할지도 모르는 것이 현실이다. 중요한 대화에 대한 역할 연기는 안전한 환경에서, 결정적으로 자신이 기술을 잘못 받아들였을 경우 크게 문제가 되지 않을 환경에서 자신의 기술을 발전시키고 밀고 나갈 수 있는 중요한 방법이다.

당신은 공을 가장 많이 들일 필요가 있는 영역을 이해함으로써 대인 근력을 키울 수 있다. 자신의 두 팔이 엄청나게 튼튼하다면 턱걸이에 시간을 쓸 필요가 없다. 이미 잘 발달된 영역이 아니라 발전이 필요한 영역에 공을 들이라. 우리는 훈련에 참여한 사람들에게 종종 이렇게 말한다. "우리랑 있을 때 이미 잘하고 있는 걸 우리에게 보여 주느라 시간을 보내지 마세요. 자신이 힘들어하고 있다는 걸 아는 영역을 발달시키는 데 시간을 보내세요. 그래야 개선이 가장 크게 될 겁니다."

노력과 시간을 들이는 걸 부담스럽게 생각해선 안 된다. 라포르 형성은 사람들과 상호작용을 하면서 자연스럽게 쓰고 발전시킬 수 있다. 모든 게 그렇듯이 노력을 하면 보통 거기에 비례한 결과를 얻을 수 있다. 자신의 속도를 유지하고 더 편하게 느낄 수 있는 흥미로운 도전으로서 새로운 기술을 시도해 보라. 스스로에게 압박을 심하게 주지 않으면서 말이다. 신체 운동을 하려면 의식적으로 노력을 기울여 거기에 들일 시간을 찾아내야 한다. 마찬가지로 당신은 라포르를 형성하기 위해 자신이 여러 사람과 온종일 대화하려고 들 것임을 확실히 알고 있다. 그러한 상호작용을 연습 방법으로 활용하라. 당신은 처음에 카페 직원, 택시 운전사 등과 함께 일상에서의 상호작용을 통해 연습하는 것을 '더 안전하게' 느낄 수 있다. 이러한 상호작용 속에서 당신이 평소라면 시도하지 않을 무언가를 시도해 보라. 예컨대 다음에 택시를 타면 앞에서 설명한 복기 기술을 시도해 보라.

이러한 상호작용은 새로운 것을 시도하고 그게 얼마나 효과가 있는지 확인할 수 있는 훌륭한 방법이다. 이러한 기술은 훨씬 더 중요하고 의미 있는 상호작용을 통해 연마할 수도 있다.

자신이 익히려고 하는 특정한 기술이 있다면, 구체적인 도전 과제를 만들어 이것을 뒷받침하라. 좋은 원숭이 역할을—협조하고 대화를 나누는 것을—더 잘하고 싶다면, 그날그날 상대와 다정하고 자신 있는 대화를 시작하라. 실패해도 자신을 용서하고, 위험을 감수하고 시도했다는 데 만족하라. 실패는 피드백을 낳는다. 시도하지 않는다는 것은 무력하고 정체되어 있음을 의미한다. 무엇보다 자신이 자연스럽게 하기 힘든 것을 시도하라.

최근에 난 바에서 술을 서빙하는 한 여성 종업원에게 의도적으로 정말 서투른 원숭이를 시도한 적이 있다. 내게 일반적이지 않고 대인 서클에서 강점으로 나타나지 않은 무언가를 했을 때 어떤 느낌이 드는지 경험하고 싶었기 때문이다. 난 바 쪽으로 가면서 날 정말 행복하게 만드는 무언가를 생각했고, 곧이어 술을 주문했다 (바다를 바라보며 내 카약에 앉았다고 상상하며). 이것은 바로 내가 알맞은 마음가짐을 갖고 미소 짓게 만들었다. 이로써 난 말과 상관없이 이미 원숭이를 얼굴로 드러내고 있었다. 그러고 나서 정말 어색하고 일부러 뻔하게 (영국치고 평소와 다르게 뜨거웠던 최근 날씨에 반응하며) 입을 열었다. "결국 여름이 이렇게 오네요."

첫 대사치고 정말 끔찍했던 것 같다. 하지만 이 말은 그녀의 반응을 빠르게 끌어냈다. "아, 저는 여름이 결국 와서 너무 기뻐요. 하지만 제 운을 아는데, 제가 쉬는 날에는 비가 퍼부을 거예요."

그러자 나는 이야기를 조금 재구성해 봤다. "그러니까 당신이 요 며칠 동안 이 열기 속에서 계속 일을 했다는 거네요?"

"그렇죠," 그녀가 말했다. "하지만 내일이 너무 기다려져요. 보트 타러 가거든요."

"좋겠네요," 난 다시 미소를 지으며 말했다. "보트는 어디서 타요?"

그 말에 그녀는 자신이 어디로 보트를 타러 가는지, 주말을 자신의 아홉 살 난 자녀와 어떻게 나가서 보내고 싶은지 등을 열심히 내게 이야기했다. 대화를 시작한 문장이 형편없고 뻔했음에도, 우리는 다정하고 사교적으로 서로 반응하게 됐다. 난 마음속으로 두 가지 목표를 세우고 있었다. 하나는 이것이 행복하고 다정하면서도 거슬리지 않는 상호작용으로 느껴지는 것, 다른 하나는 내가 보통 쓰지 않는 무언가를 시도하는 것이었다.

이미 맺고 있는 관계를 새로운 관계로 바꾸려고 할 때, 차질이 생기거나 예전 버릇이 다시 나타날지도 모른다. 그러나 실수한다고 포기하지 말라. 누구나 실수를 한다. 첫 시도는 거추장스럽게 느껴질 수 있다. 그러니 상대적으로 더 안전한 환경에서 먼저 시도하라. 행동을 바꾸는 데는 시간이 필요하다. 변화에 대한 현실적인 태도를 가져야 한다. 당신의 인간관계는 한 가지 경우에 한 가지 기술을 쓰는 한 번의 시도로는 개선되지 않을 것이다. 라포르 근육을 계속 단련하면, 노력에 대해 보상이 주어질 것이다.

라포르 혁명

지금 모든 건 완전히 망가지거나 멋지거나 둘 중 하나입니다. 중간이 없죠.
모두가 감정이 격해 있어요. 인터넷을 들여다보면 빌어먹을
무슨 비명 지르기 대회 같죠. 붉은 개미들 대 검은 개미들.
다들 급진적으로 변한 것 같습니다.

— 찰리 브루커Charlie Brooker 〈스크린와이프Screenwipe〉

우리는 갈등의 시대를 살고 있다. 사람들은 자신의 정치적 입장, 인종, 성별, 성적 취향에 따라 극도로 분열되어 있는, 마치 문화부족주의로부터 동기를 얻는 사회가 된 듯하다. 그 부족에 찬동하거나 아니면 반대한다. 적절히 중간을 지키는 지루한 능력이 들어설 자리는 없다.

우리에게 필요한 것은 라포르 혁명이다. 누군가의 핵심 신념이나 가치를 파악해 보면, 생각 외로 우리의 신념 및 가치와 비슷하다는 것을 종종 깨닫는다. 양쪽이 비슷하지 않다면 우리는 동의까지 할 필요는 없어도 이해하기 위해 노력해야 한다. 우리가 법심리학 전문가

로서 마주한 대다수 사람들은 어떤 측면에서는 타인과 효과적으로 의사소통하는 데 실패했다. 종종 그들은 자신이 원하는 바를 얻기 위해 상대방에게 완력, 위협, 폭력 등을 쓰려고 했다. 그렇게 했다가 타인과 관계를 맺거나 소통하는 데 거의 항상 실패했다.

이 책으로 우리는 모두에게 뭔가를 주었으면 한다. 당신이 새로운 관계를 맺으려고 하건 기존 관계를 더 깊이 하려고 하건, 이 책이 당신이 라포르를 형성하는 데 도움이 됐으면 한다. 이 책으로 우리는 대인 기술의 기준을 세우고, 우리 모두가 자신이 아끼는 사람에게 혹은—현실과 가상 모두의—공동체 안에서 이 원칙을 지키길 바란다.

행동을 바꾸는 것은 힘든 일이다. 누구나 일을 그르친다. 실수, 잘못, 심지어 큰 실패를 할 수도 있다. 자신에게 너무 큰 부담을 줘서 자신의 입 밖으로 나오는 모든 단어에 대해 계속 걱정하게 되어서는 안 된다. 하지만 우리가 실수하는 경우를 인식하고 최대한 그것을 고치려고 한다면, 우리에게 가장 중요한 인간관계에서 긍정적인 의사소통을 하려고 노력할 수 있다면, 그리고 자신이 동의하지 않는 상대라도 이해하려고 노력할 수 있다면, 정서적이고 실제적인 보상을 얻을 수 있다. 이익을 얻기 위해 매번—거의 항상—제대로 해야만 할 필요는 없다.

HEAR 대화 원칙—솔직함, 공감, 자율, 복기—은 상대방과의 긍정적인 의사소통과 인간관계에 탄탄한 기초를 제공한다. 자신의 상호작용에 대해 다음 네 가지 질문을 던져 보라.

1. 나는 상대방을 솔직하게 대하는가, 아니면 조종하려고 드는가?

2. 나는 상대방에게 공감하고 그 사람의 관점에서 상황을 바라보는가, 아니면 그저 나 자신의 입장에만 집중하는가?
3. 나는 상대방의 자율성과 선택의 권리를 존중하고 강화하는가, 아니면 상대방에게 내가 원하는 대로 하도록 강요하려고 드는가?
4. 나는 상대방의 이야기를 주의 깊게 듣고 복기해서 더 깊이 이해했음을 드러내고 친근감과 유대관계를 만들려고 하는가?

애니멀 서클을 이해하면 나쁜 행동을 피하고 상황에 따라 다양하게 쓸 수 있는 긍정적인 기술을 발전시켜 인생의 문제를 해결할 수 있다. 물론 가장 기본은 자신의 레퍼토리에서 나쁜 행동을 없애는 것이다. 갈등의 공격적이고 부정적인 형태를 없애는 것이 특히 그렇다. 이건 지나치게 파괴적인 특성이다.

다행히 서클에 관련한 가장 큰 이득은 새로운 것을 배우는 것 대신, 과거에 배운 나쁜 버릇을 없앰으로써 얻을 수 있다. 예컨대 자신이 갈등을 유발하는 나쁜 티라노사우루스 행동으로 반응하려고 생각할 때마다 스스로에게 '이럴 만한 가치가 있을까?'라고 물어보라. 티라노사우루스를 멸종시키는 습관을 들이면 다른 나쁜 동물 행동(나쁜 쥐, 나쁜 원숭이, 나쁜 사자)도 없애기 시작할 수 있다. 나쁜 짓을 멈추면 가족, 친구, 자신이 아끼는 사람과 성공적 관계를 이끌어 나가는 데 상당한 진전을 이룰 수 있을 것이다. 우리가 경찰관들을 대상으로 면담을 교육할 때 취하는 첫 번째 원칙은 '이 사람은 무엇을 배울 필요가 있는가?'가 아니라 '이 사람은 자신이 갖고 있던 무엇을 버려야 하는가?'를 고민해야 한다는 것이다.

'자기 동물 유형 찾기' 결과로 돌아가 보라. 서클에서 자신의 강점과 약점이 무엇인지 생각해 보라. 당신은 어떤 방식에 강한가? 그 이유는? 그 기술이 어떤 이유로 나타났나? 그 방식이 자기 성격에 맞아서 그쪽으로 항상 자연스럽게 이끌렸는가? 아니면 자신이 접해야 하는 상황에 기반해 그것을 발전시키는 방법을 배운 것인가?

자신이 잘하지 못하는 의사소통 방식을 생각해 보라. 이 부분의 사교 기술을 발전시키지 않은 이유는? 평소에도 이런 식의 상황을 피해 왔는가? 이런 식의 만남을 꺼리게 만든 아주 나쁜 경험을 한 적이 있는가? 아니면 그런 상황을 대할 때 꼭 성취감을 주지는 않는 다른 방법을 배웠는가?

변화는 도전을 통해 생긴다. 종종 그러한 도전은 인생의 어려운 상황이나 새로운 경험의 형태로 나타난다. 자신이 가장 많은 시간과 에너지를 들일 만한 가치가 있는 인간관계를—자신이 가장 관심을 갖는 사람을—선택하고, 그 관계를 개선하기 위한 작지만 긍정적인 목표를 세우라. 그리고 그것을 이루기 위해 계속 노력하라.

나쁜 습관을 무엇이든 일단 없앴다면, 새로운 행동을 더할 수 있다. 겸손부터 시작하라. 좋은 쥐는 상대의 이야기에 귀 기울이고 그 사람의 목표와 포부를 지지하는 데 집중하는 자세를 요구한다. 자신의 사적인 이득이나 주도권을 바로 찾는 게 아니다. 자신보다 남을 먼저 생각하려면 세상과 그 안에서 자신이 차지하는 위치에 대한 균형감을 갖도록 노력해야 한다. 자존심, 욕구, 타인을 통제하고 앞지르며 일을 서두르려는 욕심은 머리에서 지우라. '난 운이 좋아서 오늘 이 순간을 누릴 수 있다'는 마음가짐을 가지라. 감각으로 이어지는 작고 단순한 즐거움을 잊지 말라. 새가 노래하는 소리를 듣고, 반려동물의 털을 쓰다듬고, 아름다운 일출과 일몰을 바라보라. 자신이 할 필요가 있는 단순하고 즐거운 일은 무엇이든 하고, 그것을 권리가 아닌 감사한 것으로 여기라.

당신이 어느 정도 겸손을 유지하면 다른 행동을 배울 기회를 얻을 것이다. 그러면 원숭이를 익히는 데 필요한 사교적 온정, 사자의 특징인 자신감과 적극성, 심지어 좋은 티라노사우루스로서 대면에 필요한 내적인 침착함과 배짱 등의 측면에 더 집중할 수 있다.

물론 당신이 할 수 있는 중요한 한 가지는, 이번에 익힌 교훈을 확인하면서 자신의 기억을 되살리는 것이다. 또한 물론 당신이 가령 당신의 상관에게 자신이 절대 동의할 수 없는 무언가를 이야기하려고 하는 참이라면 특히 '티라노사우루스'를 목표로 삼고 싶을지 모른다. 당신이 사람들을 이끄는 역할을 하려는 참이라면 '사자' 부분만 따로 보고 싶을 수 있다. 당신이 무언가를 솔직히 전해야 한다는 것을 알 때, 이 책을 전략적인 수단으로 활용하라.

물론 우리는 모두 자신이 가장 신경 쓰는 사람에게 가장 많은 노력을 들이려고 한다. 우리가 모든 사람에게 동일한 노력을 기울일 거라는 생각은 어리석다. 라포르가 무한정인 사람은 없다. 하지만 매일 조금씩 시도하라. 자신의 삶에서 가장 중요한 단 한 사람과의 사소한 상호작용 하나에서라도 말이다. 10대 자녀가 계속 빈정거리고 과장된 연기를 하는 바람에 이를 악물고 참는 상황이라도, 어린 자녀가 거실을 다시 크레용으로 칠하는 상황을 보고는 소리 지르는 일 없이 반응할 수 있도록 흥분을 가라앉힐 때까지 잠시 물러서 있는 경우라도, 한밤중에 20초 동안 트위터 메시지를 날리는 것을 참는 경우라도 말이다. 할 말이 갑자기 머릿속에 떠올라도 그게 긍정적이기보다는 부정적인 상호작용으로 이어질 것임을 안다면 그것을 입 밖에 내지 말라.

이 모든 걸 항상, 그리고 상호작용을 하는 모든 경우에 기억할 수 있을까? 절대 아니다. 책을 읽은 이상 모든 것에 통달할 수 있어야 하는 걸까? 당연히 아니다! 바라건대 당신이 가장 먼저 얻었으면 하는 것은 (적당한) 실패는 괜찮다는 생각이다. 때로는 시도할 에너지조차 없더라도 괜찮다. 라포르를 형성하려고 노력을 기울이는 것 자체로 충분하다. 거기에는 노력이 필요하기 때문이다. 그러니 실패하더라도, 굳이 하고 싶은 마음이 들지 않더라도 자기 자신을 용서하라. 그 과정에서 차질이 생길 수도 있고, 예전 버릇이 다시 나타날 수도 있다. 그래도 포기하지 말라. 계속 노력하면 거기에 맞는 보상을 얻을 뿐만 아니라 실천도 더 쉬워지고 덜 수고스러울 것이다. 명심하라. 당신이 알고 있느냐가 아니라, 당신이 알고 있는 것과 함께 얼마나 멀리 갈 수 있느냐가 중요하다.

우리는 적어도 상황이 악화되지 않도록 노력해야 한다. 피곤할 때 전한 삐딱한 의견, 트위터·이메일·페이스북 등을 통해 무심코 전한 의견, 이 모두가 다른 사람의 하루를 망치는 사소하고 부정적인 의사소통이다. 부정적인 행동에는 전염성이 있다. 교차로에서 친절한 운전자가 당신에게 양보를 하면 당신도 같은 방식으로 다른 운전자에게 양보를 할 가능성이 커진다. 이와 마찬가지로 당신이 어떤 부주의

하고 하찮은 행동 하나를 경험하는 입장이 되면, 당신도 그와 비슷한 부주의한 행동을 다른 사람에게 하게 될 수 있다. 이처럼 작고 부주의한 행동은 타인을 무시하는 문화로 이어질 수 있다. 그 대신에 우리는 우리가 살고 싶은 문화를 만들기 위해 비록 지금은 우리 문화가 그렇지 않더라도 노력해야 한다. 끈기를 갖고, 숙고하며, 이해를 구하라. 언쟁하고 싶은 충동에 굴하지 말라. 부당함이나 증오에 맞서기를 외면하지 말고, 그것을 선동하지 말라.

상대방과의 라포르를 개선하는 것은 상대방에게만 좋은 일이 아니다. 자신의 행복, 건강, 만족으로 향하는 길이기도 하다. 라포르는 상대방과의 상호작용을 개선하고, 아끼는 사람과 더 가까워지며, 공동체에서 친분을 다지고, 우리가 속한 국제 사회에서 서로 더 이해하고 갈등을 줄일 수 있는 비결이다.

라포르는 당신의 인생을 더 낫게 할 뿐만 아니라, 이 세상도 더 살기 좋은 곳으로 만든다. 그건 분명 노력할 만한 가치가 있다.

후주

서론. 말은 하지만 대화하지 않는 사람들

1. Yeung, P. (16 June 2016). CIA releases guidelines on torture of post-9/11 detainees. *Independent*. https://www.independent.co.uk/news/world/americas/cia-torture-guidelines-post-september-11-detainees-guantanamo-bay-terrorism-a7085376.html, accessed 8 Nov. 2019.

2. US Senate Select Committee on Intelligence (9 Dec. 2014). Report of the Senate Select Committee on Intelligence Committee Study of the Central Intelligence Agency's Detention and Interrogation Program. https://www.intelligence.senate.gov/sites/default/files/publications/CRPT-113srpt288.pdf, accessed 8 Nov. 2019; American Psychological Association (no date). Report of the independent reviewer and related materials. https://www.apa.org/independent-review/, accessed 11 Nov. 2019.

3. Alison, L., Alison, E., Noone, G., Elntib, S. and Christiansen, P. (2013). Why tough tactics fail and rapport gets results: Observing Rapport-Based Interpersonal Techniques (ORBIT) to generate useful information from terrorists. *Psychology, Public Policy, and Law*, 19(4), pp. 411-31.

4. Holt-Lunstad, J. and Smith, T. (2012). Social relationships and mortality. *Social and Personality Psychology Compass*, 6(1), pp. 41-53.

1장. 간절할수록 신중하게, 궁금할수록 솔직하게

1. Alison, L. and Eyre, M. (2009). *Killer in the Shadows : The Monstrous Crimes of Robert Napper*. Pennant Books.

2. Gallup (2013). State of the global workplace. https://www.gallup.com/ services/178517/state-global-workplace.aspx, accessed 26 Sep. 2019.

2장. 상대를 무장해제하는 대화의 원칙

1. Mackey, C. and Miller, G. (2004). *The Interrogators*. Little, Brown.

2. Cialdini, R. (2007). Influence: *The Psychology of Persuasion*. Collins.

3. Strohmetz, D. B., Rind, B., Fisher, R. and Lynn, M., 2002. Sweetening the till: The use of candy to increase restaurant tipping. *Journal of Applied Social Psychology*, 32(2), pp.300-309.

4. Mitchell, J. (2016). *Enhanced Interrogation: Inside the Minds and Motives of the Islamic Terrorists Trying to Destroy America*. Random House.

5. Weaver, M. (20 Apr. 2009). CIA waterboarded al-Qaida suspects 266 times. *Guardian*.

6. Ofcom (2012). Communications market report 2012. https://www.ofcom.org. uk/__data/assets/pdf_file/0013/20218/cmr_uk_2012.pdf, accessed 8 Oct. 2019.

7. Newport, F. (10 Nov. 2014). The new era of communication among Americans. Gallup. https://news.gallup.com/poll/179288/new-era-communication-americans.aspx, accessed 8 Oct. 2019; Alton, L. (11 May 2017). Phone calls, texts or email? Here's how millennials prefer to communicate. Forbes. https:// www.forbes.com/sites/larryalton/2017/05/11/how-do-millennials-prefer-to-communicate/, accessed 8 Oct. 2019.

8. Batty, D. and Bengtsson, H. (5 Mar. 2017). Why the true scale of university harassment is so hard to uncover. *Guardian*. https://www.theguardian.com/ education/2017/mar/05/why-the-truescale-of-university-harassment-is-so-hard-to-uncover, accessed 4 Nov. 2019.

9. USA Today (19 Jun. 2004). Accused priests shuffled worldwide. https:// usatoday30.usatoday.com/news/religion/2004-06-19-church-abuse_x.htm, accessed 8 Nov. 2019.

10. Davidov, M., Zahn-Waxler, C., Roth-Hanania, R. and Knafo, A. (2013). Concern

339

for others in the first year of life: Theory, evidence, and avenues for research. *Child Development Perspectives*, 7(2), pp. 126–31.

11. Malti, T., Ongley, S., Peplak, J., Chaparro, M., Buchmann, M., Zuffiano, A. and Cui, L. (2016). Children's sympathy, guilt, and moral reasoning in helping, cooperation, and sharing: A 6-year longitudinal study. *Child Development*, 87(6), pp. 1783–95.

12. Kilpatrick, S., Bissonnette, V. and Rusbult, C. (2002). Empathic accuracy and accommodative behavior among newly married couples. *Personal Relationships*, 9(4), pp. 369–93.

13. Cohen, S., Schulz, M., Weiss, E. and Waldinger, R. (2012). Eye of the beholder: The individual and dyadic contributions of empathic accuracy and perceived empathic effort to relationship satisfaction. *Journal of Family Psychology*, 26(2), pp. 236–45.

14. Rogers, C. (1951). *Client-Centered Therapy*. Houghton Mifflin.

15. Lejtenyi, P. (2 Aug. 2017). He was a top officer in the military, and also a serial killer. Vice. https://www.vice.com/en_ca/article/wj5ekm/he-was-a-top-officer-in-the-military-and-also-a-serial-killer, accessed 8 Oct. 2019.

16. CBC News. https://www.cbc.ca/news/canada/col-russell-williamspleads-guilty-to-all-88-charges-1.872289

17. Bettinger, T., Wallis, J. and Carter, T. (1994). Spatial selection in captive adult female chimpanzees. *Zoo Biology*, 13(2), pp. 167–76.

18. Ross, S. (2006). Issues of choice and control in the behaviour of a pair of captive polar bears (Ursus maritimus). *Behavioural Processes*, 73(1), pp. 117–20.

19. Torrance, E. and Brehm, J. (1968). A theory of psychological reactance. *The American Journal of Psychology*, 81(1), p. 133.

20. Miller, W. and Rollnick, S. (1991). *Motivational Interviewing*. Guilford Press.

21. Foundations Recovery Network/Dual Diagnosis (no date). Motivational enhancement therapy: Description of counseling approach. https://www.dualdiagnosis.org/resource/approaches-to-drug-abuse-counseling/motivational-enhancement-therapy/, accessed 26 Sep. 2019.

22. Bamberg, E., Dettmers, J., Funck, H., Krahe, B. and Vahle-Hinz, T. (2012). Effects of on-call work on well-being: Results of a daily survey. *Applied Psychology: Health and Well-Being*, 4(3), pp. 299 - 320.

4장. 누구나 자신만의 상징이 있다

1. YouTube (24 Jul. 2012). Ramsay explodes at lying chef - Gordon Ramsay [video]. https://www.youtube.com/watch?v=EdxXZZ2x0dw, accessed 8 Oct. 2019.

2. Bing.com (2 Mar. 2011). Jamie's dream school: Jamie vs. nuggets [video]. https://www.bing.com/videos/search?q=-school+dinners+jamie+oliver+chicken+nuggests+video&view=detail&mid=89C20FBACECA26D9F2D389C20FBACECA26D9F-2D3&FORM=VIRE, accessed 8 Oct. 2019.

5장. 티라노사우루스, 나는 공격한다 고로 존재한다

1. Cobain, I. (5 Nov. 2010). Interrogation techniques at 'Britain's Abu Ghraib' revealed. *Guardian*. https://www.theguardian.com/uk/2010/nov/05/interrogation-techniques-iraq-inmates, accessed 8 Oct. 2019.

2. New Yorker Magazine. https://www.newyorker.com/magazine/2004/05/10/torture-at-abu-ghraib

3. Human Rights Watch (12 Jul. 2011). Getting away with torture: The Bush administration and mistreatment of detainees. https://www.hrw.org/report/2011/07/12/getting-away-torture/bush-administration-and-mistreatment-detainees, accessed 8 Oct. 2019.

4. Farber, I., Harlow, H. and West, L. (1957). Brainwashing, conditioning, and DDD (Debility, Dependency, and Dread). *Sociometry*, 20(4), p. 271.

5. Komaki, J. (1998). *Leadership from an Operant Perspective*. Routledge.

6. Greer, L. and Bendersky, C. (2013). Power and status in conflict and negotiation research: Introduction to the special issue. *Negotiation and Conflict*

Management Research, 6(4), pp. 239 - 52.

7. CF Publications. https://cfpub.epa.gov/compliance/criminal_prosecution/index. cfm?action=3&prosecution_summary_id=2468

8. Buckley, T., Hoo, S., Fethney, J., Shaw, E., Hanson, P. and Tofler, G. (2015). Triggering of acute coronary occlusion by episodes of anger. *European Heart Journal: Acute Cardiovascular Care*, 4(6), pp. 493 - 8.

9. Einarsen, S., Aasland, M. and Skogstad, A. (2007). Destructive leadership behaviour: A definition and conceptual model. *The Leadership Quarterly*, 18(3), pp. 207 - 16.

6장. 쥐, 겸손이냐 비굴이냐 그것이 문제로다

1. YouTube (29 Jan. 2017). Brian Murphy - WINx Chicago 2016 - The Reluctant Hero [video]. https://www.youtube.com/watch?v=VXSOOrs0flE, accessed 8 Nov. 2019.

8장. 원숭이, 멀리 가고 싶으면 함께 가라

1. Fredrickson, B. (2001). The role of positive emotions in positive psychology: The broaden-and-build theory of positive emotions. *American Psychologist*, 56(3), pp. 218 - 26.

2. Hamilton, D. (11 Feb. 2010). Do positive people live longer? [blog]. Huffpost. https://www.huffpost.com/entry/positive-peoplelive-long_b_774648, accessed 12 Nov. 2019.

3. Rousmaniere, T. (2013). Steven Hayes on Acceptance and Commitment Therapy (ACT). Psychotherapy.net. https://www.psychotherapy.net/interview/ acceptance-commitment-therapy-ACT-steven-hayes-interview, accessed 5 Nov. 2019.

4. Making Caring Common Project (no date). https://mcc.gse.harvard.edu/, accessed 5 Nov. 2019.

9장. 애니멀 서클 활용하기

1. Mulqueen, C., Kahn, A. and Kirkpatrick, J. (2012). Managers' interpersonal skills and their role in achieving organizational diversity and inclusiveness. *Journal of Psychological Issues in Organizational Culture*, 3(3), pp. 48 – 58.
2. Bernieri, F. (1991). Interpersonal sensitivity in teaching interactions. *Personality and Social Psychology Bulletin*, 17(1), pp. 98 – 103.